田园趣事

幼儿田园项目活动的
探索与实践

徐琴 ◎ 主编

上海教育出版社
SHANGHAI EDUCATIONAL
PUBLISHING HOUSE

序

  《田园趣事——幼儿田园项目活动的探索与实践》是上海市嘉定区华亭幼儿园全体教师多年研究与实践的结晶,是遵循"幼儿发展优先"理念,立足幼儿园田园教育特色发展的真实体现,是幼儿园历经五年的研究经验与成果。

  本书从以下三个方面让我感受到华亭幼儿园课程建设过程中坚定探索的步伐,以及园长和教师们创新实践的智慧。

  第一,传承与发展。

  华亭幼儿园位于上海市嘉定区东北部,是一所农村幼儿园,周边自然环境资源丰富。多年来,园所一直致力于田园教育的实践与研究,2016年开展区级课题"大数据视角下提升教师在田园活动中解读3—6岁幼儿探索需求能力的研究",2017年又开展区级课题"基于幼儿核心素养培育的幼儿园田园项目化学习开展的实践研究"。之后,华亭幼儿园团队一直在实践中思考,在思考中再研究,在研究中再进步。

  2019年,园所以项目化学习为导向,开展"基于STEM+理念的幼儿田园项目化学习活动的实践与研究",依托大自然丰富的资源,旨在培养幼儿好奇探究、主动学习、合作协商的学习品质,提升幼儿逻辑思维能力和解决问题的能力。经过三年的实践研究,课题成果荣获上海市嘉定区第十届教育科学研究成果评比二等奖。2022年,园所团队又在已有研究基础上总结经验,挖掘新的课程生长点,成功申报区级重点课题"依托'田园体验场'支持幼儿项目化学习的实践研究",与儿童一起开启了一场"田园探秘"之旅。

  第二,创新与突破。

  多年来,华亭幼儿园始终坚持课程特色创新研究,始终坚信创新是推动教育发展的核心动力,更是课程改革取得巨大突破的关键。在阅读过程中,我看到了华亭幼儿园的园长和教师们始终站在儿童立场开展实践研究,培养可以适应未来社会的健康智慧儿童。团队成员共同构建幼儿园课程领导力共同体,主动思考并开展课程实践与研究,以问题为导向,挖掘支持课程不断优化的有效路径、策略、方法,推动田园教育特色不断向纵深发展。

第三,丰富与真实。

本研究全面呈现了华亭幼儿园全体教师创新实践的经验成果。"理论研究与思考篇"是团队成员在整个实践过程中对相关研究的总结和凝练,是教师不断梳理、总结、反思、再梳理的过程呈现。"实践操作与经验总结篇"由丰富的、完整的项目故事构成,每个故事记录了师幼在项目活动中的共同经历,真实、动人,可读性强。"实践操作与经验总结篇"尽可能地厘清项目实施路径,明确项目实施过程,总结项目实施过程中的经验及做法,让读者在轻松的阅读过程中产生共鸣、启发思考,以利于实践的迁移运用。

衷心希望《田园趣事——幼儿田园项目活动的探索与实践》能坚定华亭幼儿园教师的专业自信,激励更多的一线教师积极参与教育科研,将日常的教学过程变成研究过程,用自己的语言讲述师幼间真实、生动、有趣的故事。真心祝愿华亭幼儿园在田园特色教育课程研究的道路上砥砺前行,助力教师专业成长,提升幼儿园办园品质,成就每一个幼儿出彩的童年。

上海市特级校长、特级教师 周 剑

2024 年 3 月

前　言

幼儿有着与生俱来的好奇心和探究欲望，对大自然充满热爱。但随着数字化时代的到来，幼儿越来越依赖电子产品，逐渐与自然疏离。因此，带领幼儿经常走入大自然，以幼儿的兴趣和需求为导向，让他们在自然中进行有意义的学习、探索和体验尤为重要。

近年来，华亭幼儿园以"幼儿发展优先"理念为导向，确立了"亲近自然，遇见美好"的办园理念，深入推进课程建设与改革，落实办园理念，追求突破创新。结合乡村地理优势，我园挖掘美丽乡村的自然生态教育资源，将其融入园所发展，并开辟了户外"娃娃田园"、空中游戏花园、种子探趣室等具有田园特色的教育阵地。通过努力，我园构建了具有地域特色的"小田园"课程，将"野趣探究""农趣体验""雅趣陶冶""乡趣感受"的田园四趣特色内容贯穿其中，推动田园教育不断发展。

《田园趣事——幼儿田园项目活动的探索与实践》梳理了我园教师在"小田园"课程创新实践与研究过程中的感悟。以田园为载体开展项目活动，既满足了幼儿自主体验、自主探索和自主建构的需要，又丰富了幼儿的多元经历；既培养了幼儿良好的学习习惯，又形成了幼儿良好的个性品质。田园教育归根结底是育人，立德树人是我们教育追求的终极目标。

《田园趣事——幼儿田园项目活动的探索与实践》分为"理论研究与思考篇"和"实践操作与经验总结篇"，全面展现了项目学习方式在我园田园教育中的本土化实践情况，希望能为学前教育课程建设贡献绵薄之力，也希望广大读者批评指正。

目　录

理论研究与思考篇

幼儿田园项目活动的实践与探索 ……………………………………………… 3

幼儿田园项目活动中师幼互动策略探析 …………………………… 12

田园项目活动组织与实施策略初探 …………………………… 19

幼儿田园项目活动中教师支持策略初探 …………………………… 28

幼儿田园项目活动中渗透劳动教育的实践初探 ……………………… 35

田园项目活动中家园协同共育模式初探 …………………………… 41

浅谈田园项目活动中的家园协同共育 …………………………… 49

依托"田园体验场"支持中班幼儿美术学习活动的实践初探 …… 55

平板电脑在田园项目活动中的应用 …………………………… 61

在田园项目活动中践行评价的创新 …………………………… 66

实践操作与经验总结篇

项目活动1：造船 ……………………………………………… 79

项目活动2：铺路 ……………………………………………… 91

项目活动3：有趣的橘子宝宝 …………………………… 104

项目活动4：鸡宝诞生记 …………………………… 115

项目活动5：好吃的萝卜 …………………………… 131

项目活动6：神奇的浇水器 …………………………… 146

项目活动 7：奇特的树 ･････････････････････････････ 158

项目活动 8：我的养护小百科 ･････････････････････ 175

项目活动 9：向日葵 ･････････････････････････････ 186

项目活动 10：桂花飘香 ･････････････････････････ 199

项目活动 11：蚂蚁探秘 ･････････････････････････ 214

项目活动 12："蒜"你有趣 ･･･････････････････････ 228

项目活动 13：搭架子 ･･･････････････････････････ 239

项目活动 14：孵蜗牛 ･･･････････････････････････ 253

项目活动 15：拜访大树 ･････････････････････････ 267

后记 ･･･ 284

理论研究与思考篇

学龄前儿童对周围的一切事物都充满好奇。《3—6岁儿童学习与发展指南》明确指出,幼儿教育"要充分尊重和保护幼儿的好奇心和学习兴趣,帮助幼儿逐步养成积极主动、认真专注、不怕困难、敢于探究和尝试、乐于想象和创造等良好学习品质"。在当今教育多元化发展的背景下,幼儿田园项目活动作为一种贴近自然、回归本真的教育活动,以其独特的魅力和深远的教育意义影响着我们。在与幼儿共同实施田园项目的过程中,我们发现教师的教育观念、意识行为发生了改变,资源建设开发能力得到了发展,课程领导力得到了提升。通过实践与研究,幼儿园的课程内容更凸显园本化特色,课程环境更聚焦浸润与渗透,课程实施更发挥共同体的作用。

幼儿田园项目活动的实践与探索

【摘要】

项目活动强调以培养幼儿的核心素养为导向，以多元、整合、创新的理念激发幼儿的主动学习意识，注重学习内容与现实世界的联系，注重幼儿在真实问题情境中的实践与协作，注重培育幼儿的创造力和想象力，提升幼儿的学习品质。在以田园为载体，开展幼儿田园项目活动的过程中，我们致力于拓展幼儿的自然探究空间，引导幼儿主动学习、积极探索，全面提升幼儿的综合素养。

【关键词】

田园　项目活动　实践与探索

《中国教育现代化2035》重点部署了面向教育现代化的十大战略任务，其中"发展中国特色世界先进水平的优质教育"这一任务指出：创新人才培养方式，推行启发式、探究式、参与式、合作式等教学方式以及走班制、选课制等教学组织模式，培养学生创新精神与实践能力。这些教学方式和组织模式的改变，推动教育的深度变革，而项目活动正以独特的创新视角，多元、整合、创新的教育理念助推教育综合改革。它注重培养幼儿的核心素养，注重学习内容与现实世界的联系，强调幼儿在真实的问题情境中进行实践与协作，激发幼儿的创造潜能，提升幼儿的学习品质，促进幼儿知识、技能、情感、态度、价值等多方面的发展。

我园地处上海市嘉定区最北部的华亭镇，华亭镇有着"最美乡村"的美誉。基于地域优势，我园确立了"亲近自然，遇见美好"的办园理念，充分运用区域优质资源开展"小田园"特色课程的实践研究。以田园为载体，开展丰富多元的幼儿项目活动，满足各年龄段幼儿的学习需求。在项目实施过程中，我们将田园自然环境作为幼儿学习探究的实践课堂，让幼儿以一种自由、自主体验的方式，愉悦地参与各类项目活动,最大限度地开阔幼儿的学习视野。田园项目活动让幼儿在自然环境中对真实且具有挑战性的问题进行持续探究,实现对核心知识的建构和迁移,养成乐学、乐思、乐做的良好品质。

一、问题提出

幼儿田园项目活动的实践与研究契合3—6岁幼儿的学习特点,能够满足幼儿好奇探究、主动学习、合作协商的学习需求,增强幼儿初步探究、解决问题的能力,促进幼儿综合素养的持续发展。

二、研究目标

通过基于问题的实践与研究,挖掘田园项目活动的价值,促进幼儿逻辑思维、问题意识等多元能力的提升及良好学习品质的养成。结合本园田园教育特色,深入探索田园项目活动的内容构成、组织形式、支持策略、评价方式等,拓展田园文化内涵,为人才培养奠定良好基础。

三、研究过程与方法

研究过程分为准备、开题、实施、总结四个阶段。准备阶段运用文献研究法,查阅相关文献资料,厘清田园项目活动的教育理念,辨析田园项目活动的核心价值与基本特征,在此基础上拟定研究实施方案。接着,以目标为导向,运用调查研究法,调查田园项目活动的特点、组织形式,明晰教师对项目实践活动的认识及实施策略等。实施阶段运用案例研究法、行动研究法,对不同年龄段幼儿项目活动的内容编制及组织形式、教师支持策略等进行实践研究,完善田园项目活动的评价机制,对活动的实施效果进行实践验证。总结阶段运用经验总结法,梳理研究资料和典型案例,归纳研究成果及实践成效。

四、研究内容

(一)调研分析田园项目活动中教师和幼儿的发展态势

在实践探究的初期与后期,运用问卷对教师的教学理念和幼儿的学习素养进行调研。调研发现:教师通过多途径、多层面、多领域的学习和实践,教学理念发生了改变,专业知识得到了充实。教师对幼儿的指导逐渐从干预走向支持。幼儿的语言、认知、社会交往、情绪管理、解决问题等能力在项目活动中得到显著提升。小组式合作学习模式的运用,让幼儿聚焦问题解决的策略和方法,逻辑思维、求异思维、合作协商等方面的意识与能力均得到有效提升。

(二) 形成田园项目活动的内容及组织形式

结合幼儿年龄特征,开展了"造船""鸡宝诞生记""铺路""有趣的橘子宝宝"等田园项目活动。教师引导幼儿积极探索与主动发现,鼓励幼儿运用"问题板、信息墙、计划书"等学习工具,随时随地进行思维碰撞,积累跨学科、多领域的知识与经验,并形成先计划、后分工、再实施、续反思、再改进的田园项目活动模式,清晰呈现项目活动实践研究、持续优化的全过程。

通过实践探索,确立了田园项目活动的主要流程:第一步,由教师或幼儿发起,从田园真实情境、幼儿真实问题出发,确立项目主题;第二步,共同商量判断项目是否可行;第三步,制订项目计划,分工实施,挖掘有效资源、工具、策略等;第四步,项目发布、展示并交流,完成项目评价。项目推进中,教师尝试将集体、小组、亲子、个人等学习活动形式结合起来,将探究、实践、参观、分享、交流等研究环节结合起来,将园内和户外田园探究结合起来,利用多样化的学习方式调动幼儿参与项目活动的兴趣,激发幼儿对项目活动积极探索、主动学习的意识。教师根据幼儿年龄特点,运用多种形式灵活调整项目活动进程及实施环节,让田园项目活动更具开放性、创新性,让幼儿的学习过程更具自主性。

(三) 优化田园项目活动中的教师支持策略

1. 环境资源的支持

结合区域优势,拓展空间环境资源,有效运用教学环境、多元材料、周边资源、家园社区等支持幼儿田园项目活动的深入推进。我们先后创设户外"娃娃田园"、种子探趣室、空中花园、农趣沙水园等课程八大板块(见图1),满足幼儿的多样化体验。积极挖掘周边"一村一品"的特色资源,如位于华亭镇双塘村的迎杏树公园,位于华亭镇毛桥村的愚农庄园等(见表1),拓展幼儿参与田园项目活动的渠道,将农耕文化、劳动教育、民俗民风等渗透在幼儿的学习体验中,使幼儿田园项目活动的价值意义更为广泛。

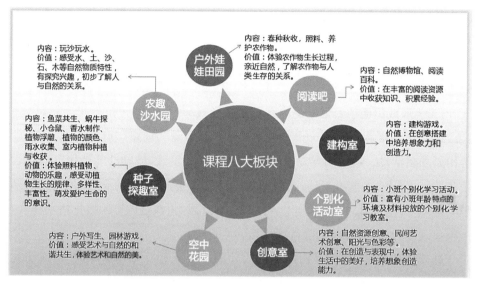

图1　课程八大板块

表1　"一村一品"特色资源一览表

资源类别	所属村居	资源内容	项目学习
田园自然生态类	双塘村	浏岛野生动物栖息地、银杏树公园	植物、昆虫、动物探究
	联三村	稻田、大蒜种植区	
	北新村	田地、花海	
田园现代农业科技类	塔桥村	月季公园、草莓园	果实培育、采摘体验、劳动体验
	华亭村	八月瓜种植基地、梨园	
	联一村	哈密瓜主题公园	
田园乡村振兴类	金吕村	"聚念飧宅"乡村轻松休闲文旅驿站	参观体验、社会实践、特色建筑写生
	联一村	华亭人家、江南小院建筑住宅群	
	毛桥村	愚农庄园、亨嘉庄、和沁园	
田园文化传承类	连俊村	连心小广播、党群服务站	红色教育、爱国主义教育、劳动教育、非遗文化传承、幼小衔接
	毛桥村	集市(草编、酿酒、醋大蒜制作体验)	
	双塘村	浏河营地、学农基地	
	袁家桥	华亭学校、耕读园	

2. 活动过程的支持

在活动过程中,教师给予幼儿项目支持。项目活动以真实问题为导向,驱动幼儿主动探究、积极思考,让幼儿在实践中建构知识经验。田园真实情境引发幼儿深度思考、主动探究,培养幼儿的问题意识、计划能力、逻辑思维能力、合作协商能力。项目活动的实践告诉我们,从幼儿的兴趣出发,引导幼儿思考、分析、讨论、记录、梳理和总结才是有效的教学策略。

教师聚焦以幼儿学习素养为导向的项目探究支持。《3—6岁儿童学习与发展指南》提出:要重视幼儿的学习品质,帮助幼儿逐步养成积极主动、认真专注、不怕困难、敢于探究和尝试、乐于想象和创造等学习品质。当幼儿在田园活动中遇到想持续探究的问题时,教师可以将其视为促进幼儿主动学习的契机,注重激发幼儿的深度探索,推动幼儿的深度学习,即幼儿能够在持续的活动探索中开展基于问题解决和实践探索的复杂的、有意义的高阶学习。这一学习模式分为思考、设计、行动、完善四个基本环节,可以引导幼儿对探究活动作出整体规划,帮助幼儿熟悉和掌握探究的过程和方法:引导幼儿进行思考和分析,进行计划与设计,鼓励幼儿进行实践与操作,对问题解决过程进行改进和完善。

教师对项目持续推进给予时间支持。开展户外田园项目活动要充分保障幼儿参与活动的时间,常规作息无法满足幼儿户外田园探究学习的进行。因此,结合项目内容需求,教师制订个性化作息制度,给予幼儿充足的活动时间,将生活、学习、运动、游戏四类课程融合在项目活动中,推动幼儿全面发展。

3. 策略方法的支持

(1)问题情境法

教师应结合田园项目活动,从幼儿的兴趣出发创设问题情境,引导幼儿思考、分析、讨论、记录、梳理和总结。如在自然角的护理中,当幼儿提出"土豆可以生活在水中吗?""水里和泥里会一样吗?"等问题时,教师可以鼓励幼儿将问题转化为项目活动过程,在实践中探索与发现。通过活动实施,幼儿不仅能获得知识和技能的发展,更能获得情感、态度与能力的发展。

(2)材料支持法

在操作与探究的过程中,幼儿会发现新的问题,并反复实践,进一步寻找答案。因此,教师可准备各种能随时取用的材料供幼儿操作,以便幼儿更好地发现问题、解决问题。一是设立"材料超市",教师和幼儿一起收集材料并分类摆放,以便幼儿在探究过程中随时取用;二是准备人手一个材料包,以便幼儿在户外田园探究时及时取用工具和材料;三是在室内区域和户外田园中设置空白信息板、互动板、问题板、翻翻书半成品、记录单、小黑板等,引导幼儿随时记录项目过程中的所思所想。同时,以田园为载体的项目研究材料多来源于幼儿的生活及自然环境,比如枯树枝、落叶、小石头、泥巴、植物的果实、根、茎、叶等,幼儿可以再利用、再探究,生活中随处可见的自然材料能支持幼儿的主动学习。

（3）空间支持法

给幼儿创设一个主动学习、自主探究的空间,拓宽幼儿的学习视野。一是室内活动区域结合幼儿的需求可灵活调整为项目研究区域,由幼儿自主设计调整;二是时间上结合幼儿需求做灵活的作息调整,特别是有分组活动时,如果有个别小组在户外田园里开展项目活动,可以给他们延迟活动时间;三是有效运用幼儿园、社区、家庭、户外等多元的空间资源开展项目研究,支持幼儿的主动学习。

（4）信息支持法

在项目活动中,幼儿只有不断寻找与获取信息,才能解决问题,获得成果。因此,教师要为幼儿提供各种获取信息的途径,培养幼儿自主学习的能力。例如,教师可以在活动室设立专门的图书区,提供幼儿可操作的电脑,引导幼儿与信息板、问题信箱等积极互动,通过多种途径获得信息,以促进项目活动的顺利开展。

（5）内外转换法

内外转换法是指室内和室外空间灵动转换。田园项目活动基本是在田园的环境中结合实际问题情境进行的,在项目研究过程中经常会出现户外活动和室内活动转换的需求。比如把室内的自然角、种子探趣室和户外的"娃娃田园"活动结合起来,达到相辅相成的作用:先在自然角水培一些种子,让幼儿熟悉了种子发芽的过程后,再将培育的幼苗带到户外去种植,进一步观察植物生长的过程。同时可以在室内空间创设田园模拟场地,特别是碰到连续阴雨天,幼儿无法在户外活动时,可以引导幼儿充分利用室内条件完成活动探索,让幼儿持续进行项目探索。

（6）经验分享法

经验分享法指在田园项目活动开展过程以及结束分享环节,教师引导幼儿将自己在活动中的体验、感受、发现,或者是产生的疑惑与同伴互相交流表达,同伴间相互分享,共同思考和探索。经验分享给幼儿搭建了同伴交流的平台,帮助幼儿积累活动知识和经验,促进幼儿认知水平的提高,让幼儿感受到讨论与交流的乐趣,为下一步探究奠定基础。

五、活动价值

(一) 顺应教育改革的要求

项目活动以真实问题为导向,倡导幼儿主动思考、积极探索解决问题的策略与方法,其多元、整合、创新的教育理念优化了既有的教学体系。我园基于田园项目活动,有效运用周边广阔的田园资源,重点提升幼儿以多元能力为核心的综合素养,顺应了深化教育综合改革的目标要求,有着重要的价值意义。

(二) 促进幼儿综合素养的提升

田园项目活动注重幼儿学习内容与社会生活的有机联系,拓宽了幼儿的学习视野,为幼儿的深度学习注入活力。以田园为载体开展项目活动的研究,契合幼儿的身心发展特点,倡导幼儿走出校园,走向社区,走进自然,强调幼儿真实的实践与协作,有利于培养幼儿的创造力、想象力,帮助幼儿逐渐养成乐于尝试探究、敢于想象创造的学习品质。

(三) 助推创新型教师的培养

项目活动倡导通过课程整合将各个领域知识进行融会贯通,促使教师秉持"幼儿发展优先"的理念去发现问题、解决问题;促使教师迸发教育智慧,深入实践探究,注重知识与经验的积累,形成有效的教学策略,在与幼儿共同实践体验的过程中获得专业成长。

六、教育教学效益

(一) 幼儿的发展变化

1. 提升多元能力,培养幼儿良好的学习品质

田园项目活动的实践探索,提升了幼儿合作协商、解决问题的能力。幼儿在问题情境中主动学习,逐步形成良好的学习品质,为终身学习奠定基础。

2. 满足多元体验,丰富幼儿的情感表达方式

通过实施充满农趣、野趣、雅趣、乡趣的田园项目活动,满足了幼儿向往多元体验的需求,以"劳动教育""探究学习""社会实践"等多种形式丰富幼儿的情感

表达方式。

3. 激发劳动兴趣,助推幼儿可持续发展

多样的田园劳动体验,让幼儿逐渐养成吃苦耐劳、勤俭节约、珍惜劳动成果的良好品质,树立起正确的劳动观,促进幼儿的全面发展。

(二)教师的发展变化

1. 教师的教育观念、意识行为发生改变

田园项目活动的实践探索,使教师的教育观念得以更新,更多地关注幼儿的发展需要,观察幼儿的表现行为。同时教师的角色站位发生了变化,能够基于儿童立场,重视换位思考,注重问题导向,主动研究探索,聚焦行动研究。

2. 教师的资源开发能力得到发展

教师能站在课程改革角度思考资源对幼儿发展的促进作用。在选择资源时,能将多元资源进行有序分类、有机融合,既能发现与课程融合有直接联系的资源,也能捕捉与学科知识、技能、情感有间接关联或具有拓展、延伸价值的资源。

3. 教师课程实施领导力得到提升

田园项目活动的推进使教师的课程意识不断增强,注重在实践—反思—调整—再实践的过程中反复钻研,及时梳理研究成果,为田园课程的后续开发奠定基础,提升教师的课程领导力。

(三)幼儿园课程体系的发展变化

1. 课程内容更凸显园本化特色

既凸显课程实施的价值意义,又凝练了我园具有乡村区域优势的园本化课程特色品质;既丰富了课程多元形态与内容,又因地制宜、科学有效地挖掘了自然、社会、人文资源,让田园特色课程更好地为幼儿发展服务,为课程文化发展奠基。

2. 课程环境更聚焦浸润与渗透

八大课程板块的构建,进一步拓展了幼儿主动学习的实践空间。同时注重环境育人作用,让环境凸显感知与互动,强调浸润与渗透,让课程理念在环境中看得见、摸得着,滋润童心,呵护成长。

3. 课程实施更发挥共同体作用

基于课题研究,教师注重发挥共同体的联动作用,所有保教人员、家长、社区以联动方式支持各阶段幼儿学习的需求。打破时间与场域安排,激活课程的边界,从园内走向田园,从田园走进社区、企业,倾听来自多方的多元评价,让课程实施真正落地生根。

参考文献

[1] 王振宇.儿童心理发展理论[M].上海:华东师范大学出版社,2016.

[2] 丽莲·凯兹,西尔维亚·查德.开启孩子的心灵世界:项目教学法[M].胡美华,译.南京:南京师范大学出版社,2007.

[3] 黄轩勤.幼儿学习环境项目化创设促进幼儿自主表现的实践研究[J].上海教育科研,2005(11):91-93.

[4] 刘景福.基于项目的学习模式(PBL)研究[D].南昌:江西师范大学,2002.

[5] 吕彩萍.幼儿园选择性教学策略的运用[J].学前教育研究,2009(9):57-59.

[6] 克拉耶克,查尔内克,巴杰.中小学科学教学:基于项目的方法与策略[M].王磊,等,译.北京:高等教育出版社,2004.

[7] 周琼.初探小班幼儿自然项目活动的开展[J].早期教育,2020(3):50-51.

[8] 李蓓.让幼儿心智自由地学习——幼儿园项目化学习的实践与思考[J].幼儿教育,2018(12):11-14.

[9] 艾莉.让学习走向主动——引导幼儿主动学习的策略探讨[J].家教世界,2022(2):59-60.

(徐　琴)

幼儿田园项目活动中师幼互动策略探析

【摘要】

师幼互动贯穿幼儿一日生活的各个环节,在教师和幼儿之间产生各种形式、各种程度的相互作用和影响。项目活动强调师幼以问题解决为核心,在真实的问题情境中通过实践、思考、协作、互动开展探究性学习,学习过程注重实践性与互动性,强调师幼面对问题时的共同计划、分工、实施与评价,并共享决策、成果等一系列的师幼互动过程。因此,师幼互动的有效性直接决定了幼儿项目活动的质量。我园依托周边田园资源,开展幼儿田园项目活动的实践研究,从中探索并梳理出幼儿田园项目活动中提高师幼互动质量的一系列有效策略。

【关键词】

田园项目活动　师幼互动　策略

师幼互动是指在教师和幼儿之间发生的各种形式、各种性质和各种程度的相互作用和影响。它贯穿幼儿的一日生活,是最常见的、双向性的互动过程,是幼儿园教育中最重要的人际互动。作为影响学前教育质量的关键因素,其对幼儿发展的重要性不言而喻。如何提高师幼互动质量以促进幼儿的全面发展,一直以来都是备受教育研究者和实践者关注的焦点。

近年来,幼儿项目活动作为国内比较热门的活动组织形式,注重学习内容与现实世界的有效联系,强调师幼以真实问题解决为中心,在真实的问题情境中进行实践、思考、协作、互动,注重多种学习途径的有机整合。整个学习过程注重实践性与互动性,强调教师与幼儿面对问题时的共同计划、分工、实施与评价,并共享决策、成果等一系列的师幼互动过程。因此,师幼互动的有效性直接决定着幼儿项目活动的质量。2018年至今,我园有效利用周边田园资源,开展幼儿田园项目活动的实践研究,探索出在幼儿田园项目活动中提高师幼互动质量的一系列有效举措。

一、幼儿田园项目活动中的师幼互动概述

《幼儿园教育指导纲要(试行)》中提出,教师应该在一日活动中关注幼儿在活动中的表现和反应,敏感地察觉他们的需要,及时以适当的方式应答,形成合作探究式的师生互动。由此可见,高质量的师幼互动强调教师在对幼儿进行细致观察、敏感捕捉需要和有效支持幼儿探索与表达的基础上,形成一种合作探究式的师幼互动关系。

"项目教学法"最早是由美国教育家凯兹(Lillian G. Katz)和查德(Sylvia C. Chard)在其合著的《开启孩子的心灵世界:项目教学法》中提出的,项目化学习是一种基于真实问题的探究性学习,项目设计通常围绕某个问题解决而展开,让学生自己选择感兴趣的内容作为学习主题。

幼儿田园项目活动是以田园为载体开展的幼儿项目活动,要求教师必须基于幼儿在田园中碰到的真实问题而展开,以问题解决为导向,与幼儿协商并拟定问题、策划乃至实施整个项目活动的过程,进而就相关活动内容进行分析、讨论与分享总结,在师幼共同合作探究的过程中实现问题解决与幼儿发展。由此可见,幼儿田园项目活动要求师幼之间必须形成一种合作探究式的师幼关系,而这正是高质量师幼互动的重要体现。

二、幼儿田园项目活动中的师幼互动特征

在各项研究中,众多学者就师幼互动的核心要素、特征等提出了诸多论断。我园在学习借鉴相关理论的基础上,结合近四年来开展田园项目活动的实践经验,提炼出幼儿田园项目活动中师幼互动的三个特征:凸显幼儿的主体性、重视主体间的对话、关注大自然元素的渗透。

(一) 凸显幼儿的主体性

诸多学者在对"幼儿园的师幼互动现状"进行调查研究时发现,当前教育实践场域中的师幼互动仍面临着"幼儿主体性缺失"的困境:幼儿"失声",缺少表达表现或是发言被打断,成为幼儿园活动实施的配合者;幼儿"缺席",大多数活动规则或是游戏规则由教师自行确定,幼儿成为活动规则的遵守者;幼儿"被动",成为幼儿园各类活动的执行者。

因此,在田园项目活动中进行师幼互动的前提是凸显幼儿的主体性,让幼儿真正成为田园项目学习活动的主人。具体表现为:基于幼儿兴趣产生学习主题;师幼共同发起,幼儿主导学习过程,教师适时给予支持和引导;教师与幼儿,幼儿与幼儿进行合作、协商,凸显幼儿的计划性和问题意识;项目内容的拓展基于幼儿真实需要,多元且富有个性化;项目评价中让幼儿成为主要评价者,共同参与项目的回顾与反思过程。简单来说,在幼儿田园项目活动开展的过程中,赋予幼儿自主参与权、选择权、决策权、表达权及活动权等,凸显幼儿在项目活动中的主体性。

(二)重视主体间的对话

对话不是一方走向另一方,而是双向奔赴。幼儿田园项目活动中的师幼互动强调从教师单向提问转变为双边对话,幼儿与教师是对话的双方,两者共同参与,彼此协商达成一致。在幼儿田园项目活动开展的过程中就存在师幼主体间对话的方式(见图1)。

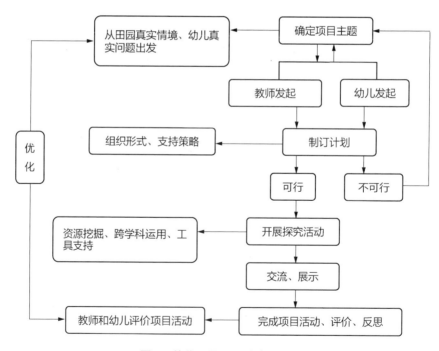

图1 幼儿田园项目活动流程图

如图1所示,在幼儿田园项目活动中,师幼之间的对话贯穿整个过程,包括确定项目主题、制订计划、开展探究活动、评价项目活动等。例如,在确定项目主题时,教师与幼儿均可发起主题,但教师发起的主题也应基于幼儿的兴趣和需要。同时,无论是教师发起的主题还是幼儿发起的主题,最终需要两者平等对话、协商与决策。例如在开展中班田园项目活动"菜叶上的洞"时,教师发现幼儿对菜叶感兴趣,本想以菜叶作为项目探究主题,但与幼儿讨论后发现,幼儿对菜叶上的洞更感兴趣,想要深度探究菜叶上的洞是如何形成的。于是,双方就探究"菜叶"还是"菜叶上的洞"进行协商和投票,最终选择"菜叶上的洞"作为探究主题,并获得了良好的探究效果。

(三)关注大自然元素的渗透

陈鹤琴曾经说过,"大自然、大社会都是活教材"。我园地处嘉定最北部的华亭镇,周边自然环境优越、农业发达、田园资源丰富。因此,在开展田园项目活动的过程中,我园借助得天独厚的地域优势,在大自然情境中实现丰富多样的师幼互动。具体表现为:一是基于大自然情境,支持幼儿浸润在大自然中,自然而然地萌发探究意识。例如在幼儿园对面的田园里,幼儿发现了沟渠,萌发了"造船""引水灌溉"等项目活动;二是鼓励教师基于大自然情境对幼儿的学习进行观察,与幼儿展开互动,为幼儿营造宽松、自然且平等的互动情境,让幼儿充分感受到尊重、信任和支持,进而更有效地激发自主学习和表达的欲望。

三、提升幼儿田园项目活动中师幼互动质量的策略

基于"幼儿主体性""主体间对话"和"大自然浸润"的三大特征,我园开展了四年幼儿田园项目活动的实践探索,积累了诸多实践案例和经验,并由此梳理了提升幼儿田园项目活动中师幼互动质量的有效策略。

(一)师幼共同商议,确定项目主题,建立双主体的师幼互动基础

师幼互动的本质是一个双主体的、以情感为基础的连续过程。只有师幼双方都将情感投入其中,幼儿才会与教师建立亲密的依恋关系,敢于大胆提问,主动寻求教师的指导与帮助;教师才能真正解读童心,追随幼儿的兴趣,耐心地启发引导,使幼儿的主体性和能动性得到发展。

例如,在田园项目活动"铺路"中,本来教师想要借助户外劳动引发幼儿的项目学习兴趣,但在田间劳动时,幼儿发现在各个种植区域穿梭行走并不方便,总是踩坏种植的幼苗。于是,幼儿们萌发了铺路的想法。师幼在协商的基础上,拟

定了"铺路"项目,并且就相关问题开展进一步协商(见表1)。

表1　"铺路"项目中师幼的讨论内容

问　　题	解　决　方　式
为什么要铺路? 用什么材料铺路?铺一条怎样的路?	共同讨论并制订铺路计划。 分工收集铺路所需的材料。
如何根据设计图进行合理规划? 哪种材料铺的路更便于行走? 材料的数量是多少?如何铺成道路?	协商设计施工图。 多种渠道寻找可使用的材料。 计划所需材料的数量、摆放方式。
如何让新铺设的道路既方便行走,又 美观大气?	结合观察、比较、实验结果调整铺路计划。 运用多元方式美化路面。

(二)师幼对话,激活项目过程,灵活运用多元对话的师幼互动形式

师幼对话是师幼互动的重要形式,也是影响师幼互动质量的重要因素。在开展幼儿田园项目活动的过程中,可以灵活运用多元的对话形式。

1. 人际对话:集体、小组及"一对一"对话

在幼儿田园项目活动推进过程中,师幼间的对话包括小组间对话、集体间对话和"一对一"对话三种形式。一般而言,在项目开展初期确定主题和项目末期的评价多采用集体对话形式,且对话的话题是全体幼儿感兴趣且愿意讨论、探究的;小组对话针对有着共同项目问题的幼儿群体,并采用"儿童会议"的形式开展;"一对一"对话则是教师基于幼儿个体的需求开展的师幼间的一对一互动。

2. 思维对话:灵活运用各类思维工具

在开展田园项目活动过程中,教师基于幼儿的思维发展特点和项目需要,灵活使用各类工具,搭建师幼间对话的桥梁。

例如,在进行"造船"项目时,采用了"图式计划书""分工实施表""版面设计图""问题互动版"等工具。

"图式计划书":船怎么造,有哪些构造?造船需要哪些工具和材料?谁去准备这些工具?需要注意些什么?

"分工实施表":大家根据计划书有序分工,以小组为单位领取不同的任务,如各组收集所需材料、准备工具等,为造船做准备。

"版面设计图"：结合田园池塘里的特殊布局，小组绘制造船设计图，制订造船计划，开展造船项目。

"问题互动版"：结合造船进程，幼儿实地考察时发现以下问题：船造得太大，小船在池塘中无法进入沟渠；船造得太小，人坐不上去；用海绵垫造船，海绵吸水，船沉了；用竹竿造船，又容易漏水。

各类思维工具有多元、融合、创新的特点，教师鼓励幼儿进行跨学科整合性思考，引导幼儿基于某一主题不断扩展和延伸，培养幼儿思维的广阔性、发散性和敏捷性，凸显高质量的思维互动。

3. 资源对话：丰富和拓展经验

从广义上看，对话不只是语言上的交流，还包括师幼间隐性的思维对话，以及与环境的间接对话。

例如，基于幼儿兴趣和项目活动开展的需要，在将自然资源引入幼儿园的同时，教师带领幼儿走进大自然，与植物、昆虫等亲密接触，丰富并拓展幼儿的经验。

(三) 师幼共享，反思项目经历，实现合作探究式互动

高质量的师幼互动不仅体现在幼儿田园项目活动开展的过程中，同样也体现在项目活动的评价、回顾与反思阶段。

幼儿 A：我一开始就发现矿泉水瓶是最有用的，因为我和爸爸在家已经讨论过了，所以最后我们成功了。

幼儿 B：粘瓶子的时候是我给你们搬起来的，一定要对齐才能粘得牢固。

幼儿 C：我遇到困难，都会动脑筋想办法解决，比如透明胶粘不住，我就想到了热熔枪。老师的热熔枪很厉害，教室里都用这个。

幼儿 D：我觉得我很会记录。当大家在制作过程中出现问题时，我会用画画的方式记录下来，这样我们可以在活动结束后询问老师或者找其他小朋友帮忙。

幼儿 E：我记性比较好，发布会上的一长串文字内容都是我记住的。

幼儿 F：我会把工具材料归位，还会把物品清洁干净，这样我们每次活动时找东西很方便呢！

幼儿 H：我觉得，我们成功的关键是幼儿 B 家里材料多，每次缺少东西都是

他从家里带来的。

幼儿 I：我觉得幼儿 C 很聪明，他想到了建构室的齿轮，不然我们就做不了升降窗帘了。

幼儿 J：我觉得幼儿 A 也不错啊，主意最多，最会动脑筋。

幼儿 K：幼儿 E 和幼儿 F 很仔细，他们剪刀用得很好，KT 板都能剪下来。

在项目活动回顾与反思的阶段，幼儿能够自主参与，各抒己见。互动式的自我评价、同伴评价不仅赋予了幼儿自主表达的机会，同时也让幼儿进一步反思活动经历，发现自己及同伴的成功经验和学习品质。开展合作探究式师幼互动使得幼儿更自信、更勇敢，综合能力也得到持续提升。

总之，在幼儿田园项目活动中，通过师幼协商确定项目主题，师幼合作推进项目过程，师幼反思共享项目成功经验，逐步建立起一种合作探究型互动关系。师幼双方既能根据自己的计划推动项目进程，同时又能根据对方的意图，调整计划与行为方式，确保活动过程顺利，提高师幼互动质量。

参考文献

[1] 刘晓东，卢乐珍，等.学前教育学[M].南京：江苏教育出版社，2009.

[2] 谢雅倩，杨晓萍.赋权增能：师幼互动中儿童幸福的路径探寻[J].重庆第二师范学院学报，2022，35(2)：76-80.

[3] 肖川.教育的理想与信念[M].长沙：岳麓书社，2002.

[4] 黄娟娟.集体学习活动中积极有效师幼互动模式构建的研究[J].教师教育研究，2012，24(3)：79-84.

[5] 刘晶波.社会学视野下的师幼互动行为研究——我在幼儿园里看到了什么[M].南京：南京师范大学出版社，1999.

（徐　琴）

田园项目活动组织与实施策略初探

【摘要】

  田园项目活动是指以田园为载体,围绕田园中的真实问题,顺应3—6岁幼儿身心发展规律和特点,实施与幼儿发展相适应的开放性探索活动,以支持幼儿自主建构与主动发展的学习方式。在开展田园项目活动时,教师按提出问题—确定主题—实践行动—展示评价的路径,不断推动幼儿利用各种方式呈现他们在大自然中发现的问题,呈现解决问题的学习过程,并分享他们的所见、所思、所得。

【关键词】

  田园项目活动 组织与实施 策略

  我园地处上海市嘉定区华亭镇,园外有一块供幼儿开展田园活动的空地,周边又有丰富的实践体验资源。田园项目活动将幼儿带入大自然,呈现了教师与幼儿之间真实地学习、探索、解决问题的过程。下面就以"菜叶上为什么会有洞洞"项目活动为例,详细阐述田园项目活动组织与实施的方式。

一、基于幼儿兴趣,确定项目主题

  项目活动能够有效促进幼儿的思维发展。在项目活动中,明确项目主题是开展项目活动的第一原则,在确定主题的基础上选择与幼儿生活相关的情境,引发幼儿的学习兴趣。首先,项目主题的选择要尽量契合幼儿的兴趣点,激发幼儿主动学习的内在动机;其次,情境的选择要与主题贴合,尽量与幼儿的生活经验密切相关,提高他们的实践能力。

  在一次亲子播种活动后,教师带领幼儿再次来到"娃娃田园",看看前段时间播种的蔬菜是否长大了。突然,佳怡叫了起来:"哎呀,你们快来看啊,菜叶上面有好多洞洞。"听见叫声,幼儿们一起围了上去,热烈地讨论着。

幼儿 A:青菜肯定是被虫子吃掉了。

幼儿 B:是啊,你看这里全都吃掉了。

幼儿 C:是秋虫吃的,秋天一到,秋虫就出来了。

幼儿 D:是蚯蚓吃的,这里有蚯蚓的便便。

幼儿 E:是青虫吃的,青虫是坏虫,我奶奶告诉我的。

教师:你们说的都有可能,今天回家请和爸爸妈妈一起查查资料,找出吃掉菜叶的罪魁祸首。

当幼儿提出若干问题时,教师捕捉到幼儿对菜叶上的洞产生了兴趣。这时,教师及时捕捉价值话题,引发幼儿的后续探究,同时教师也围绕幼儿在田园中提出的问题开始收集相关信息,区分哪些是幼儿不知道的,哪些是幼儿想知道的。幼儿常常随机快速抛出问题,既多又杂,所以教师需要帮助幼儿梳理归类,并进行合理筛选,以问题为着眼点,为幼儿下阶段的自主探索提供依据。从幼儿的问题讨论可以发现,幼儿对秋虫感到好奇,并纷纷提出自己的想法。那么菜叶上的洞到底是怎么来的? 驱动问题已经产生,项目由此启动。

二、明确项目进程,开展项目实施

项目主题确定后,教师与幼儿共同商讨研究问题,引出项目需要完成的任务(见图 1)。首先,教师将项目划分成若干个小任务,明确项目目标,了解幼儿知识技能的学习目标;其次,教师根据目标要求,制定项目任务的解决方案及策略,幼儿分小组进行探究;最后,各小组熟悉任务,教师为幼儿提供探究材料,以便小组成员合理分工,相互沟通。在这个过程中,教师充当引导者角色,

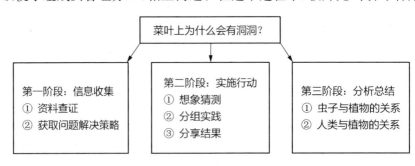

图 1　项目进展图

协助各小组成员有序开展项目活动,给予幼儿方向和思路,促进幼儿项目活动的顺利开展。

如在"菜叶上为什么会有洞洞"项目活动中,教师、幼儿与家长根据驱动性问题共同收集资料、动手实践、反思总结,推进幼儿不断获得有效技能和经验。

(一) 信息收集

青菜的菜叶上有洞洞,那还有哪些蔬菜的叶片上会有洞洞呢?有的幼儿认为不是所有蔬菜的菜叶上都有洞洞,因为旁边田地里的菜没有洞洞;有的幼儿认为菜叶都会有洞洞,因为秋天虫子很多,早晚会被虫子吃掉。为了了解菜叶上是否都有洞以及洞洞形成的原因,孩子们与家长共同完成了"菜叶上的洞洞"调查表(见图 2)。

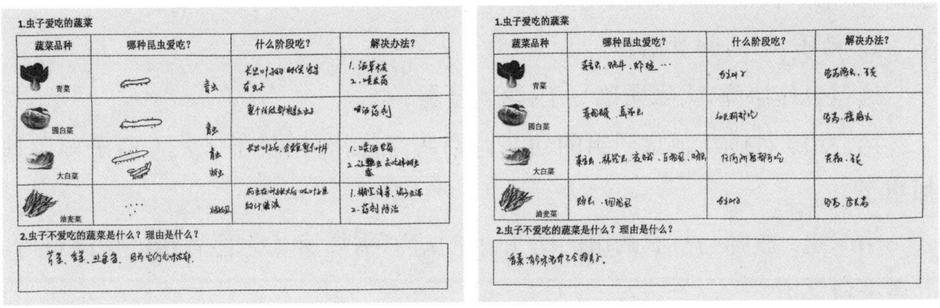

图 2　亲子调查表

通过查找资料,孩子们知道了不同的昆虫会吃不同的植物,深入了解了菜叶上洞洞的秘密(见表 1)。

表 1　亲子调查表汇总

蔬菜品种	哪种昆虫爱吃	什么阶段吃
青　菜	青虫、蜗牛、蚱蜢	生长期
圆白菜	菜粉蝶	整个阶段
大白菜	青虫、蚜虫	长出菜叶开始
空心菜	青虫、蚜虫、斜纹夜蛾	长出叶片开始

由此得到结论,叶茎类蔬菜在生长期容易被虫子啃咬,很多昆虫以食用菜叶

为生。

（二）实施行动

在前期调查的基础上，幼儿了解了蔬菜菜叶上洞洞形成的原因，由此产生了"保护菜叶"的项目行动。教师为幼儿项目活动的展开创造真实且宽松愉悦的环境，根据幼儿的项目进展情况，或及时添置辅助材料，或发出疑问，适时点拨，支持幼儿探究，引导幼儿在自主探究中总结经验。

1. 鼓励猜测，大胆想象

在开展田园项目活动中，教师以启发式的互动激发幼儿进一步探究的兴趣：菜叶上为什么有洞洞？有什么办法可以保护菜叶？有的幼儿提出要抓虫子，但不能用手直接抓虫子，可能会被虫子咬；有的幼儿提出打农药，但是小孩不能碰农药，要请家长帮忙；有的幼儿认为给青菜换个容器（房子）就没有虫子了。

2. 动手操作，初步感知

通过合作协商，大家明确分工，落实任务。

第一组：教师与抓虫子组的幼儿讨论认为，需要用筷子、镊子、瓶子等工具抓虫子。

第二组：教师与打农药组的幼儿讨论认为，需要家长志愿者帮忙喷洒农药，并戴上口罩。

第三组：教师与换房子组的幼儿讨论得出，需要将青菜移栽到花盆中。

● 活动要求

各个小组成员分组合作，在实践中验证自己的办法是否有效，并就最终结果进行交流讨论。

● 行动实录

第一组：抓虫子。

抓虫小组的成员拿着不同的工具来到田园里准备捉虫子，由于幼儿使用筷子的技能还不熟练，虫子又小，所以使用筷子的效果不如镊子好。当幼儿将抓到的虫子放入瓶子后，纷纷讨论起处理虫子的办法，有的认为可以给鱼吃，有的认为可以冲入下水道……

第二组：打农药。

打农药小组的成员邀请了一位老奶奶来为青菜治虫。为安全起见，老奶奶请孩子们站在围栏外面观看打农药过程。这组幼儿坚信，他们的青菜以后肯定不会再出现洞洞了。

第三组：搭房子。

换房子小组的幼儿从家中带来了花盆、矿泉水瓶、碗等容器。他们将青菜移栽到不同的容器中。

● 汇报结果

第一组：抓完虫子后的一周，孩子们发现青菜依旧出现新的洞洞，不能做到真正的灭虫。

第二组：打完农药后的一周，青菜没有洞洞了，而且长大了。

第三组：为青菜重新换好"房子"后的一周，青菜叶片上的洞洞变少了，但是移栽到容器中的青菜生长受到限制，菜叶蔫了。

在活动过程中，教师放手让幼儿自主设计解决问题的策略，付诸实践，并进行验证。在实践过程中，幼儿学会了重新审视自己的想法，思考新的解决问题的方法，锻炼了自我的思维能力。

（三）分析总结

通过信息收集及分组实施行动，幼儿对"菜叶上为什么会有洞洞"的探究逐步深入。幼儿以小组形式展开合作探究，对问题进行实践探究，培养了团队合作意识和沟通能力。活动中，教师注重情境创设和引导，给幼儿创设自主探究的空间，让每个幼儿都能在问题驱动下寻求答案，在解决问题中快乐成长。

随着探究的深入，孩子们新的问题来了。

幼儿A：为什么田园里有些蔬菜的叶子上没有洞洞？是虫子挑食吗？

幼儿B：秋虫有益虫和害虫，农药会不会把益虫也杀死了？

幼儿C：请益虫来帮助我们杀死害虫。

幼儿提出了一系列问题，也给出了不同假设。那么，问题的答案是什么呢？教师请幼儿与家长分组去田园里寻找答案。

1. 尝一尝：没有洞洞的菜有啥特别？

为了更全面地了解菜叶上洞洞的秘密，了解为什么有的菜叶上没有洞洞，幼儿与家长共同采摘了没有洞洞的蔬菜进行烹制，如香菜、韭菜、红苋菜等。在品尝的过程中，幼儿发现香菜有特殊的香味、苋菜有颜色、韭菜吃了嘴巴臭等情况，也找到了虫子不喜欢这些菜叶的原因（见表2）。

表 2 对蔬菜是否招虫的区分与认识

蔬菜品种	是否招虫	原　　因
青　菜	√	虫子喜欢吃青菜嫩叶。
圆白菜	√	虫子不但吃圆白菜,还会藏在里面。
大白菜	√	虫子会把大白菜叶片全部吃光。
空心菜	√	空心菜在高温高湿条件下易生虫。
香　菜	×	香菜的香气对虫子来说是刺鼻的。
韭　菜	×	韭菜叶味辣,虫子不吃,虫子只吃韭菜根。
红苋菜	×	虫子只吃苋菜幼芽,不吃叶。

2. 问一问:拓展了解生态防虫的办法

为了发挥幼儿园与社区联动的作用,幼儿园充分开发和利用社区教育资源,与周边蔬菜大棚农户联合,让幼儿走进蔬菜大棚,了解农户们是如何为蔬菜防虫的(见图3)。

图 3 幼儿参观蔬菜大棚

通过参观蔬菜大棚,幼儿了解到:病虫害的防治是影响农业产出的重要因素。农作物在生长爆发期遭遇虫害,如果不及时防治的话,必然会造成严重的经济损失,但是使用农药不仅会加大成本投入,而且会污染环境,农作物的品质和营养也会受到影响,因此有经验的农户一般会采用生态防治方法,没有农药残余,产品也更绿色健康(见表3)。

表3 生态防虫办法

生态防治办法	防治昆虫	方　　　法
草木灰	蚜虫、金龟子	草木灰与水1∶5浸泡,过滤后喷洒。
杀虫灯、捕虫板	各类飞虫	引诱成虫扑灯;捕虫板粘住害虫。
生物防虫	各类昆虫	用害虫的天敌控制或消灭害虫,如:蜘蛛、壁虎、蜻蜓、蜜蜂、螳螂、青蛙、蚯蚓、赤眼小蜂、七星瓢虫等。
各类生态液	各类昆虫	青菜:用南瓜叶加水和皂液捣烂后的过滤液喷洒。 圆白菜:用丝瓜捣烂加水后的过滤液喷洒。 大白菜:用韭菜加水浸泡后的汁液喷洒。 空心菜:用洋葱加水浸泡后的过滤液喷洒。

通过一系列的探究活动,幼儿从探寻青菜菜叶上洞洞的秘密延伸到探寻蔬菜菜叶上洞洞的秘密,在寻求答案的过程中梳理出生态防虫的方法。在项目开展的过程中,幼儿们共同学习、探索、实践、总结,形成了良性的同伴互动关系。

三、组织项目发布,总结项目成果

在项目探究接近尾声时,教师鼓励幼儿开展项目发布会,围绕田园项目活动过程,呈现大家在项目实施过程中的探究、思考与发现。

在项目发布会上,幼儿将自己的体验、感受、发现、疑惑表达出来,与同伴进行交流。幼儿运用日常积累的照片、视频、问题板、信息板等资料支持发布会的召开,把习得的经验分享给同伴,共同促进认知水平、语言表达能力的提高。

如在项目活动"菜叶上为什么会有洞洞"项目发布会上,小小汇报员们在项目成果展示区,生动地向大家介绍了自己小组的项目成果,讲述了播种后发现的问题。幼儿们非常自信,像小小农学家一样思考和探究,把劳动探索中发生的那些有趣的故事娓娓道来。

同时,项目发布也是教师反思总结的最好时机。项目是否促进了幼儿与自然环境、家庭和城市文化之间的连接?幼儿有没有将学习融入真实的场景中?

幼儿是否真正理解自己积累的相关知识和经验？项目目标是否达成？项目发布激发教师更进一步思考教与学的方式,思考项目的整合性,思考如何为幼儿有意义的学习提供支撑与保障。

四、开展过程评价,梳理项目成效

为了保证项目活动的效果,教师要充分发挥校内外资源的作用,不定期反思项目执行情况,获取多方的过程性评价意见及建议。教师需要立足项目成果,将项目完成看作新的项目起点,构建幼儿自评、教师评价、家长评价等多元主体评价体系。

（一）幼儿自评

在项目进行过程中,教师可组织幼儿针对项目的不同阶段开展讨论,如在"菜叶上为什么会有洞洞"中,幼儿分为三组进行驱虫实验,实验后对实验结果进行讨论。过程中,幼儿与幼儿合作、幼儿与家长合作,大家进行经验分享,互相帮助、互相促进,共同完成合作任务。在合作过程中,幼儿学会了接纳他人、尊重他人,友好地与同伴共同活动。在项目结束后,教师也可以引导幼儿反思：在进行田园项目活动时,遇到的困难是什么？自己和同伴是如何一起解决的？每个人的贡献如何？

（二）教师评价

教师在幼儿开展项目的过程中需要收集多方面的视频及资料,在全面了解幼儿项目活动的前提下,分析项目活动的优点与缺点,进一步提升评价的针对性。如：幼儿通过观察和对比,发现不同的秋虫可以有不同的防治方法。教师及时发现幼儿的困惑,充分挖掘社会资源,带幼儿来到蔬菜大棚中进行观察与沟通,了解农户们的生态防虫办法。

（三）家长评价

在开展项目活动时与家长合作,增进家长对幼儿园项目活动的了解,为幼儿的探索活动提供更多支持,如：让家长和幼儿一起进行田园规划,一起开展种植、照护、收获活动,丰富幼儿的生活经验,增进亲子情感；亲子共同调查,解答幼儿的疑问；邀请具有相关专业背景的家长参与活动,为幼儿答疑解惑。

（四）过程性交流评价

在田园项目活动分享环节,教师引导幼儿与同伴分享自己在活动中的发现,引导幼儿发出疑问,实践探究,寻找答案,为幼儿搭建同伴交流的平台,帮助幼儿积累活动经验,提升幼儿的认知水平。

田园项目活动对幼儿的学习有积极意义,教师在开展活动时要满足幼儿探究的需求,通过多元的活动组织形式开展丰富多样的活动内容,促进幼儿综合能力的发展。

参考文献

贾静.幼儿园班本项目活动组织与实施策略——以中班"叶子趣事多"项目活动为例[J].山西教育,2023(10):64-66.

（李　莉）

幼儿田园项目活动中教师支持策略初探

【摘要】

田园项目活动以亲自然情感为出发点,遵循幼儿自身发展规律,满足幼儿全方位接触自然、探索自然的需求。本研究尝试以"玩泥"项目为例,阐述教师如何有效运用户外活动资源,支持幼儿在轻松、愉悦、自主的氛围中发现问题、解决问题。

【关键词】

幼儿 田园项目活动 支持策略

一、项目背景

(一) 项目价值

《3—6 岁儿童学习与发展指南》提出了"亲近自然,喜欢探究"的教育目标;2018 年,中共中央、国务院出台的《关于学前教育深化改革规范发展的若干意见》指出,鼓励支持幼儿通过亲近自然、直接感知、实际操作、亲身体验等方式学习探索。《幼儿园教育指导纲要(试行)》中也明确指出:环境是重要的教育资源,应通过环境的创设和利用,有效地促进幼儿的发展。国家学前教育指导性文件不断强调自然环境对幼儿发展的教育价值。

田园项目活动正是在自然、真实的情境中,以真实问题为导向,通过幼儿的亲身体验、同伴合作,尝试解决问题、主动探索,从而获得新经验。田园项目活动的有效开展能促进幼儿学习品质、语言能力、社交能力、动手能力等方面的发展。

教师应充分挖掘和拓展园本资源,因地制宜,创造条件,开拓适合不同年龄段幼儿的田园项目活动场域,支持幼儿的学习。

（二）项目缘起

由于一些特殊原因,幼儿园户外的"娃娃田园"需进行大规模的拆除和整修工作。亭子被拆除,旁边的一块草坪被翻了土,大片的草坪变成了泥地,环境变得开阔了,材料的结构性也更低了。大家看着新环境,积极思索:这些泥土可以怎么玩?

图 1　整修前的"娃娃田园"　　　　　图 2　整修中的"娃娃田园"

二、支持策略

（一）基于真实问题,倾听真实想法

基于幼儿发展优先的理念,教师将如何玩的问题抛给幼儿,倾听幼儿内心真实的想法。有幼儿提出"去翻了土的草地玩泥",该建议获得了大部分幼儿的肯定和支持。

进入这片泥巴地以后,有的幼儿说:"我们可以在泥地里找宝藏。"有的幼儿说:"可以用泥巴捏小动物和小人。"有的幼儿说:"可以用泥巴和砖头搭房子。"最后,大家经过讨论,自觉分成捏泥人组、搭灶头组、挖宝藏组进行游戏。

表 1　幼儿玩泥所需材料

防护类	工具类	辅助材料
反穿衣	铲子、耙子	彩色棒
套鞋	水壶、水瓢	颜料
	竹篮	矿泉水

同时,教师梳理了幼儿的主要活动方式:泥塑类,主要捏制食物、动物、人物等造型;建构类,搭建房子、城堡等建筑;探秘类,通过挖泥探索泥地里的秘密。为了确保活动的顺利开展,幼儿就玩泥游戏需要准备的材料进行了讨论。

(二)基于田园场域,展开项目活动

1. 捏泥人组

捏泥人组的幼儿选择了一块空地,首先尝试用泥地里的土捏制不同的造型。他们将玩橡皮泥的经验迁移到玩泥游戏中,但很快发现了两者的不同。有的幼儿马上提出:"这个泥怎么捏不牢?里面还有土块和石头。"又有幼儿问:"那怎么办?泥巴里有石头就捏不出造型了。""我们把石头挑出来是不是就可以了?"

幼儿们开始了第一次尝试。小组成员围坐在一起,把泥土里硬硬的石子、石块挑出来后,再捏制自己想要的造型。

这次没有了碍事的石子,可是新的问题又产生了:"泥块的黏性不够,没办法粘在一起,怎么办?"有的幼儿说:"能不能用胶水粘起来?""可是我们没有带胶水过来。"一个幼儿观察了自己套鞋上的泥后说:"泥变湿了就有黏性了,我们在泥块表面洒点水试试看。"

幼儿们开始了第二次尝试。他们将水倒入泥中,泥土变湿、变黏稠了便容易塑形了。在捏制过程中,有的幼儿发现,水太多了泥会粘在手上,很难捏出造型。这时,他们尝试将干的泥土混在湿的泥土中,调配自己想要的黏度。

终于,有幼儿用泥土捏出了一个可爱的动画形象派大星,并说他的派大星在晒太阳。另一个幼儿则用周边的树枝与泥土给派大星搭了个小帐篷。一个帐篷连接起了两位幼儿的友爱心意。

在玩泥的过程中,捏泥组的幼儿遇到了"泥土太干,捏不出造型"的问题,他们通过发现问题—实践操作—反思原因—寻找对策—再实践的方式,尝试探索

图3　幼儿捏派大星　　　图4　泥巴派大星　　　图5　派大星的小帐篷

用不同的方法解决问题,在真实的情境中主动学习、积极思考、大胆实践。

2. 搭灶头组

游戏过程中,有四名幼儿突发奇想,想要搭灶头玩过家家的游戏。其中一名幼儿说:"乡下的老房子里就有灶头,每次去奶奶家,奶奶就在灶头上烧饭给我吃。"另一个幼儿说:"我也见过,是用砖头围起来的土灶,上面可以放铁锅煮东西吃。"由此,"用泥搭建灶头"的项目行动开启了。

幼儿找来了几块砖头,糊上泥巴将砖头粘在一起。他们很快发现,这样糊的砖头不够牢固,当把"锅子"放上去时,砖头就瞬间倒塌或变形。原来,泥巴没有起到黏合的作用,"是不是泥太少了?""不对,应该水太少了。"一系列围绕问题解决的探究行动又开始了……通过反复尝试,幼儿将水和泥调整到了合适的比例,砖块终于被完美地黏合在了一起,灶头也顺利搭建成功。

展示分享环节中,原本以为灶头搭建已经非常完美,却有幼儿提出疑问:"我看到的灶头不是这样的,灶头后面应该有个洞,要生火才能煮东西。"原来,大伙只想着把砖头用泥巴固定起来,却忘了预留生柴火的洞。于是,解决新问题的项目活动又开启了……

在"搭灶头"的项目活动中,幼儿的生活经验给予了他们活动的创意灵感,助推了项目问题的解决。幼儿也在项目实施的过程中锻炼了思维能力,培养了同伴合作能力。

图6 幼儿搭建灶头　　　图7 幼儿介绍灶头

3. 挖宝藏组

泥土里面会有什么?挖宝藏组的成员根据自己的生活经验大胆猜想,有的

31

说会有蚂蚁、蚯蚓,有的说有石头、沙子,还有的说有螺蛳、化石。带着这些猜想,幼儿们开始了泥土寻宝之旅。

大家在玩泥巴的过程中不断翻找,发现泥土里有许多泥螺的壳、奇形怪状的石头、长长短短的绳子等。其中,幼儿最感兴趣的是泥土里的贝壳,挖出的泥螺壳有的像独角兽的角,有的像圣诞帽。他们将泥螺壳收集起来玩游戏:用贝壳做"货币",用贝壳做"蛋糕"等,玩得不亦乐乎。

图8　打造泥螺沙滩

(三) 基于活动现场,开展项目评价

每一次玩泥结束,教师都利用分享交流时间倾听幼儿对活动的感受和想法,鼓励幼儿分享活动中有趣的经验,同时将幼儿活动的精彩瞬间以照片、视频的形式分享给家长们。

● 幼儿自评

幼儿 A:太好玩了,泥坑里有好多宝贝,下次还想来玩。

幼儿 B:我今天用泥做了一份"肯德基套餐",下次要来吃。

幼儿 C:下次我打算挖一座岛,大家可以去岛上玩。

幼儿自评有情感的抒发,有对活动的肯定,还有对再次活动的自我思考。

● 同伴互评

幼儿 A:他捏的动画人物真好,我要帮他再造一个战斗的地方。

幼儿 B:我觉得 A 很厉害,他会搭灶头,我以前都没见过灶头。

幼儿 C:B 很有办法,他跟他爸爸在网上搜集了很多关于灶头的资料,原来以前的灶头和现在的灶头有这么大的区别。

● 家长评价

家长 A：家里收拾的时候，有一些废旧的锅碗瓢盆要扔掉，没想到宝宝说可以带到幼儿园玩泥巴，正好物尽其用，他们一定会玩得很开心。

家长 B：小时候我也在乡下的泥巴地里玩过泥巴，那段时光是我童年珍贵的回忆，很高兴宝宝的童年里也能有泥巴的陪伴。

家长 C：我不懂什么叫"项目活动"，但是通过这次的"泥巴活动"分享，我看到了宝贝在探索过程中的专注和投入。

通过多方面的项目评价，幼儿对"玩泥"项目的开展又有了一些新想法，如可以用自然物与泥土一起活动，可以从家里带来各种各样的材料玩泥巴等（见表2）。

表 2　幼儿活动后的总结

可以用的自然物	下次需要带的材料	还可以怎么玩
修剪下来的黄草	各种材质的布料	场地扩大
菜地里掉落的菜叶	各式各样的容器（塑料杯、纸盘等）	团队组合
沙石地里的小石子、黄沙	有颜色的干花	
竹林旁的枯竹枝	水	
银杏树下的枯叶		
挖出来的泥螺壳、石头		
砖头、瓦片		

三、思考与感悟

田园项目活动让幼儿走出校园、走进自然，为幼儿的活动拓宽了场域，充实了活动内容，丰富了活动经验。本次项目活动的开展为幼儿提供了丰富的感官体验，让幼儿在已有经验水平的基础上进行探索与发展。

（一）幼儿的发展

1. 以问题为导向的探究能力初步显现

幼儿天生具有好奇好问的特点，教师应利用幼儿的问题推进活动的进程，在尝试解决问题的过程中促进幼儿探究能力的发展。例如,面对"泥土捏不起来"问题时,教师引导幼儿探索泥水比例,进而发现泥土的特性。

2. 合作协商解决问题的能力不断凸显

玩泥活动中的野趣与问题,触发了幼儿间的协商和合作。幼儿面对难题,积极寻找解决问题的方法。不管是挖泥时的默契配合,还是搭灶头时的出谋划策,都体现了幼儿良好的团队合作意识。

3. 主动学习以及良好学习品质不断形成

在本次项目活动中,每组幼儿都能主动探究、主动学习、主动挖掘有效的策略。这种积极主动的学习态度有利于良好学习习惯的养成,为终身学习奠定扎实的基础。

(二) 教师的发展

1. 提升了观察解读幼儿的能力

在项目活动中,教师不断观察、关注幼儿,了解幼儿的兴趣与需求,发掘有价值的驱动性问题,发挥支持者、合作者、引导者的作用。在活动过程中,教师应观察解读幼儿活动中的行为,对幼儿做好支持引导,使幼儿在项目活动中获得深度学习,获得认知、探究、合作等能力的发展。

2. 提高了资源运用能力

教师应合理探索可利用的户外场域,开拓多元场域资源支持课程实践。例如,教师合理利用户外场地开展"玩泥"项目活动。

3. 提升了课程领导力

由"玩泥"项目活动引发的资源拓展,如:场域资源的有效利用,家长资源的有效挖掘,观察评价方式的多元化,都验证了教师课程意识的不断提升。在项目推进过程中,教师的课程执行力、设计力、领导力也逐步提升。田园项目活动将不断丰富"田园特色教育"园本化课程,推进课程建设的不断深入。

参考文献

[1] 王莉,陈知君,何蓉娜. 基于儿童天性的幼儿亲自然课程的探索与实践[J]. 早期教育,2021(12):46 - 50.

[2] 纪艳红,康庆苗,刘超,卢可伦. 幼儿园探究式学习项目课程[M]. 北京:清华大学出版社,2022.

(傅佩瑶)

幼儿田园项目活动中渗透劳动教育的实践初探

【摘要】

　　田园项目活动是指依托田园自然资源，以幼儿为主体深入探究特定主题，让幼儿主动参与、动手实践、亲身体验、团队合作的项目化学习活动。本研究主要围绕幼儿田园项目活动中渗透劳动教育的实践，分析和梳理了幼儿田园项目活动中劳动教育的价值、契机、实施方式和评价。本研究旨在让劳动教育自然发生、点滴渗透，引导幼儿在多元、真实的情境中主动参与劳动，养成良好的劳动习惯及能力。

【关键词】

　　田园项目活动　　劳动教育　　实践

　　我园周边乡村自然资源优越，田园环境丰富，有北新花海、毛桥集市、浏岛野生动物栖息地、华亭人家等。多年来，我园致力于田园教育的实践研究，围绕田园特色运用项目化学习方式开展了丰富多样的活动，让幼儿充分实践和操作，旨在培养幼儿初步探究、解决问题的能力。

　　周边的田园资源无疑为幼儿田园项目活动的开展提供了独特的优势，幼儿在大自然中积极探索、发现创造，享受大自然中的"活教育"。

　　在开展田园项目活动的过程中，我们发现劳动教育无处不在。劳动教育是幼儿教育的重要组成部分，突出育人导向，强调在实践中提升育人质量。幼儿用感官去认知、学习和体验，开展力所能及的劳动，萌发劳动兴趣，树立正确的劳动观念，养成良好的劳动习惯。开展田园项目活动可以让幼儿从室内走向户外，从教室走进劳动现场。

一、幼儿田园项目活动体现劳动教育价值

依托乡村自然资源,田园项目活动具备良好的实施条件。一沟一渠皆是真场景,一草一木皆是活教材。幼儿在实际操作、亲身体验的过程中,不仅能够享受项目活动的趣味性,还能充分接触大自然,锻炼劳动能力。

借助乡村自然资源,田园项目活动能够给幼儿提供充足的劳动机会。在开展项目活动之前,幼儿大多是在幼儿园与家庭中参与劳动,做些力所能及的事情,服务自我,劳动带有一定的任务性。而在田园项目中,场地开阔,资源丰富,能够给幼儿提供充足的劳动机会,有效激发幼儿主动劳动的意识,锻炼幼儿在田野劳动的能力。

劳动教育不是简单的家务劳动,在田园项目活动中,幼儿可以通过各种感官体验生活,获得经验,比如拔草,田园种植的第一步是要清除大面积的杂草。我们引导幼儿开展了循序渐进的拔草劳动,让幼儿体验到了劳动的辛苦和收获,也锻炼了动手劳动的能力。

田园项目活动也有效提升了幼儿的劳动智慧。我们在八月瓜基地、哈密瓜种植园、蔬菜大棚等区域开展项目活动,让幼儿了解种植技术,亲身体验种植的过程。种植是一项蕴含劳动智慧的活动,幼儿在种植过程中会遇到诸多问题,比如:"菜叶上为什么有洞洞?""我们怎样做,让植物的叶子不变黄?"幼儿在解决这些问题的过程中能有效提升自我的劳动智慧。

二、捕捉幼儿田园项目活动中劳动教育的契机

(一)在真实的田园活动中实施真实的劳动

我园门口有一块小田园,取名为"娃娃田园",寓意是属于幼儿的快乐田园。"娃娃田园"布局合理,根据面积大小以及植物的生长习性,被划分为种植区、泥地、山坡、沟渠、竹林等。每个班级承包一块种植区。

为了完成种植项目,幼儿带着使命感开展种植、耕作、收获等活动,在真实的场域中实施真实的劳动。春种夏长、秋收冬藏,想要收获果实,需要漫长的种植过程和精心的呵护。幼儿在数月的种植过程中,自己动手除草、挖土、播种、施肥、剪叶……在真实的生活场景中体验种植的过程,体会劳动的艰辛,积累了完整的种植劳动经验,养成爱劳动的良好品质。

真实环境下的劳动教育具有许多优势,它拓展了幼儿的劳动空间,满足了幼儿的劳动情感体验。所有幼儿都可以走出教室,积极地投入到真实的劳动体验中,积累种植经验,锻炼种植能力。

(二)在项目过程中获得完整的劳动体验

田园项目活动中幼儿的劳动与日常劳动不同。田园项目活动的开展是幼儿持续性的自主探究过程,劳动具有专业性和持续性。

水稻项目来源于幼儿间的一次谈话,幼儿对日常食用的大米的来源产生了浓厚的兴趣。在开展水稻种植项目时,幼儿带着对水稻的好奇,亲自种植水稻,探究水稻的生长过程。水稻从播种到最终成熟一般耗时四个月左右,这也促使幼儿必须完整地、全身心地投入到水稻项目的劳动中。项目初期,幼儿灌溉水田,将种子播撒在水田中,等待种子发芽;在大自然的呵护下,种子逐渐发芽长大,变成小苗,幼儿穿上雨鞋,将秧苗移栽到更大的水田中;生长到一定高度后,水稻开始分枝,幼儿又利用工具给稻田除草;当水稻生长到一定阶段时,它们开花生穗,再等待一段时间,收获水稻的季节到来了,幼儿戴上手套、卷起裤脚,亲自收割水稻。当水稻项目完成时,幼儿收获了自己种植的水稻,从自己的劳动中寻找到了问题的答案。

从种子到大米、从等待到收获,漫长的水稻种植过程培养了幼儿的坚持性。幼儿用自己的汗水和坚持换来了项目的成果,让劳动真正落地,让自己获得成长。

(三)在乡村特色资源中体会劳动的珍贵

我园地处乡村振兴背景下的新农村,周边村居品牌特色丰富,比如:联三村以稻香闻名,联一村以徽派建筑闻名,毛桥村以文旅闻名,华亭村以果香闻名……丰富的特色资源,不仅为幼儿实施田园项目活动奠定基础,更让幼儿走出校园,感受家乡日新月异的变化和美好,感悟乡土情怀。

幼儿对华亭村的"八月瓜果园"充满了好奇与疑惑:"什么是八月瓜?""八月瓜怎么吃呢?"于是,我们带着幼儿初步认识了八月瓜:八月瓜是一种野生果子,熟了之后会裂开,形状像香蕉,味道清甜;由于八月瓜生长条件特殊,能够生产它的地方非常少;恰好华亭村就有一个八月瓜种植基地,基地的爷爷奶奶们通过多年的培育,让八月瓜成为华亭镇独有的特色水果。幼儿纷纷表示想去参观八月瓜种植基地,亲自采摘并品尝八月瓜。通过前期调查,幼儿了解到八月瓜生长在树上,于是我们就"如何采摘八月瓜"进行了讨论,对采摘八月瓜做好了充分的准备:带上工具(剪刀、手套、箩筐)和梯子,邀请爸爸妈妈共同前往。带着对八月瓜的好奇,幼儿走进种植基地,爬上梯子,动手采摘,收获了属于自己的八月瓜。这样的劳动,不仅让幼儿解答了心中的疑惑,更让幼儿感受到家乡物产资源的丰富与美好。幼儿在乡土劳动中感受到前辈们艰苦奋斗的精神力量,逐渐形成爱家乡、爱劳动的情感追求。

三、探索幼儿田园项目活动中劳动教育的实施方式

根据田园项目的具体内容,教师探索出多样的田园项目活动实施方式,让幼儿体验不同形式的劳动。具体包括:自主式小组分工劳动、凝聚型集体合作劳动、家庭化亲子共育劳动。

(一) 自主式小组分工劳动

自主式小组分组劳动是将劳动任务有目的地进行分解,让幼儿能够根据自己的兴趣选择劳动任务,共同分享劳动果实。

在收获水稻的过程中,有的幼儿想要尝试收割水稻,有的幼儿想要运送水稻,有的幼儿想要给稻谷去壳,还有的幼儿对水稻的捆扎产生兴趣。因此,幼儿自由分组,分别选择不同的工具和材料,完成自己小组的劳动任务。在分工合作的过程中,每个小组都有自己独特的收获,收获了水稻,也收获了劳动技能、劳动兴趣和劳动习惯。

通过自主式小组分工劳动,幼儿能够积极投入劳动,能对不同的劳动任务产生不同的看法,一起完成项目中的劳动工作,分享劳动果实。

(二) 凝聚型集体合作劳动

在水稻项目中,水稻的种植时间长、面积广、难度高,仅靠幼儿的个人劳动难以顺利完成。因此,幼儿集体合作,凝聚力量才能成功完成水稻的种植过程。

集体的力量是强大的,集体性的劳动能够展现劳动的教育价值,增进幼儿情感,培养幼儿的团队合作意识。在水稻苗插秧时,由于小苗非常多,负责插秧的幼儿无法单独完成这项任务。班中的幼儿自发提议,大家一起穿上雨鞋进入水田帮助插秧组幼儿。他们通过合作的方式,规划个人劳动区域,制订劳动清单,有序完成劳动任务。

通过开展集体合作性劳动,让幼儿人人参与劳动,收获劳动的果实,让项目

中遇到的劳动问题轻松解决,提升幼儿的团队精神。

(三)家庭化亲子共育劳动

我们对田园项目劳动进行进一步探索,家园合作是全新的劳动形式。

教师带领幼儿在以稻香闻名的联三村开展收割水稻的活动,由于水稻数量非常庞大,地域广阔,故邀请家长共同参与。幼儿与家长一起观摩农民伯伯的劳动过程,体会乡土劳动的意义;还一起进行剥稻谷、绑稻草人和扎草堆等活动。在家长的参与下,幼儿的劳动内容更丰富,形式更多样。

通过家庭化劳动,幼儿与家长走出校门,走进田间地头、农场等实践基地,共同参加田间劳作,养成良好的劳动习惯。在此过程中,我们也创建了灵活多样的教育互动渠道,形成了系统科学的劳动教育体系,推动项目的有序发展。

四、幼儿田园项目活动中的劳动教育评价

在田园项目活动中,参与主体是幼儿,参与者还包括教师和家长等。因此,开展多元劳动教育评价时,评价渗透于田园项目活动的全过程,要将幼儿自评、同伴互评、家长参评有机结合起来。

(一)幼儿自评

自我评价是自我意识的体现,是幼儿对自我身心发展产生的判断与认识。在幼儿园的评价体系中,应充分发挥幼儿自我评价的作用,逐步引导幼儿形成正确的自我意识。

每一次活动后,幼儿从自己的表现、自己的感受出发,针对"我做了什么?""我体会到了什么?""我的劳动有什么收获吗?"等问题阐述自己在项目过程中的行为表现。

在项目实施过程中,幼儿自我评价的积极性很高。他们勇敢表达,自信满满,能够客观地看待自我的成长。

(二)同伴互评

以往对幼儿的评价,往往是教师视角,而幼儿对同伴的评价正是从成人视角转为幼儿视角,让幼儿易于理解和接受。

同伴评价可以穿插在项目活动开展过程中,以下是幼儿对同伴采摘活动的评价和建议:

幼儿A：哇,你摘的水果真多啊,箩筐里快满了。

幼儿B：因为我和C一起摘的。

幼儿C：我帮她扶好梯子,她爬上去摘下来的。

幼儿A：两个人合作就是快。

幼儿B：你去找朋友试试吧。

同伴评价能够帮助幼儿更好地学习同伴经验,发挥同伴之间的相互作用。

(三)家长参评

在每一个项目活动后期,我园都为幼儿搭建交流展示的平台,开展项目成果发布会。

针对展示成果,家长们不由得感叹:"原来孩子们的田园劳动如此有趣,孩子们如此开心。""孩子在田园项目中劳动的积极性更高,主动性更强。"通过家长评价,幼儿能够了解家长对自己的看法。家长评价有利于教师教育水平的提升、家园合作方式的优化、田园项目的优化。

在田园项目活动中,幼儿积极承担劳动教育的任务,动手操作,积累劳动经验,提升劳动品质,培养爱劳动、爱人民的情感,获得全面发展。

参考文献

[1] 侯美珠.幼儿园种植区项目活动的实践[J].亚太教育,2024(2):176-178.

[2] 马海燕.打造田园劳动课程 提升儿童生活幸福感[J].山西教育,2023(11):28-29.

[3] 任雯.STEAM理念下开展小学田园种植创新教学[J].小学生,2023(18):13-15.

[4] 郭蕾,王志文.城乡接合部幼儿园劳动教育清单开发和实施策略[J].教师博览,2023(12):13-15.

[5] 张长文,程丹丹.根植田园教育 成就多彩人生[J].河北教育(德育版),2023(5):14-15.

(田马燕)

田园项目活动中家园协同共育模式初探

【摘要】

2023 年《教育部等十三部门关于健全学校家庭社会协同育人机制的意见》印发,进一步明确了学校、家庭、社会协同共育的重要性和必要性。幼儿园与家庭共同为幼儿的健康发展提供全方位的育人服务,是当前幼儿园教育的重要组成部分。本文主要阐述了以田园为载体开展项目活动时,如何采用家园协同共育模式,让教师和家长基于幼儿需求,在项目活动开展的不同阶段给予不同的支持。

【关键词】

田园项目活动　家园协同共育　模式

《教育部等十三部门关于健全学校家庭社会协同育人机制的意见》明确了学校、家庭、社会在协同育人中的职责定位及相互协调机制。同时,《幼儿园教育指导纲要(试行)》明确指出,幼儿园应与家庭、社区密切合作,综合利用各种教育资源,共同为幼儿的发展创造良好的条件。因此,我们应重视建立综合教育模式,与家庭形成教育合力,协同育人,逐步强化双方合作,整合各方教育资源实现保教质量的提升。

一、田园项目活动中家园协同共育的意义

"家园协同共育"是指幼儿园与家庭一起为幼儿的健康发展提供全方位的育人服务,是当前幼儿园教育的重要组成部分,同时也是促进幼儿健康成长的重要途径。我园地处嘉定北部农村,有着广阔的自然、人文、社会资源,户外农田、苗圃、果树园及周边的自然、社区资源都成为我们开展项目活动的基础。田园项目活动是以田园为载体,以问题为导向,让幼儿通过持续探索、反思调整等学习知识,获得能力。同时,在开展田园项目活动中需要家庭助力,通过家园协同共育,

全方位引导幼儿在真实情境中主动学习、主动建构。家园协同共育对于推进项目活动的开展具有重要意义。

（一）有利于推进田园项目活动

在田园项目活动的前期策划、中期实施、后期总结等阶段都需要家园共同参与，使家长与幼儿园之间形成互动、联系和合作的关系。在这个过程中，家长可以与幼儿一起探索、发现、解决问题，共同成长和进步，有效促进田园项目活动的开展。

例如：田园项目活动"好吃的萝卜"中，家长参与了田园项目活动启动前的讨论、推进中的共探、完成后的评价，对田园项目活动有了深入而全面的了解。同时，整合多元教育资源是开展项目活动的有效途径。本项目活动将充分整合幼儿园资源与家长资源，有效推进项目活动的开展。

（二）有利于开拓家园协同育人的新路径

当前社会，随着手机、平板电脑等电子产品的普及，越来越多的幼儿沉迷其中，造成了诸多发展问题。田园项目活动的开展，有利于教师和家长带领幼儿开展高质量的户外活动，有利于家长树立科学的育儿观念，引导幼儿在户外真实的情境中主动学习。比如，在种植类项目活动中，随着项目的不断推进，家园联动引导幼儿获得自然知识和种植经验。成人基于儿童视角观察、分析、解读幼儿的行为，进而开展适宜的指导，提升家园协同育人的成效。

（三）有利于营造良好的亲子氛围

田园项目活动支持园内外场域的灵动转换，支持家园联动推进。家长与幼儿共同收集项目信息，帮助幼儿查找项目问题解决方案，一起参与项目活动现场实践。同时，家长又积极参与项目联动教研，在获取育儿经验的同时，分享项目推进过程中的故事，沉浸式观察幼儿成长。

二、田园项目活动中家园协同共育模式的探索

田园项目活动中家园共育模式不仅可以丰富幼儿的劳动体验，有效提高幼儿的劳动认识与劳动技能，同时也为幼儿多元能力的发展提供机会，让幼儿在田园项目活动中发展合作能力和解决问题的能力。

（一）共议

当项目驱动性问题确立后，项目活动正式启动前，教师就应该实时跟进项

目,倾听记录幼儿的真实想法,包括项目前需要准备什么,推进过程中可能遇到的困惑,幼儿想要了解的内容等。结合项目需求,及时开展家园共商。例如:在启动田园项目活动"好吃的萝卜"前,通过与幼儿的互动,了解到幼儿对萝卜的种类及种植方法很感兴趣。于是结合项目需求,召开家长会,教师与家长沟通项目的缘起与价值意义,发放问卷调查,鼓励家长在家里与幼儿共同完成项目的相关调查,同时还招募家长志愿者共同推进"好吃的萝卜"项目活动的实施。在与家长共议的过程中,我们捕捉到了许多令人感动的瞬间。

玲玲妈妈:老师,我觉得这张问卷表是不是可以分成两部分,一部分是对萝卜种类的调查,因为萝卜其实有好多不同的种类,包括颜色、大小都不同。另一部分可以针对种植方法进行调查。

珺珺爸爸:老师,虽然我不是很懂项目,但是我会种萝卜,我家蔬菜大棚里就种了很多萝卜,如果有需要可以带孩子们来参观。

依依妈妈:老师,我觉得可以让孩子在幼儿园里种萝卜,我们在家也会带着孩子一起种,丰富孩子的种植经验。

恺恺妈妈:我们家里就种着萝卜,我明天拍点照片让孩子们先看看萝卜的外形特点,先对萝卜建立基本的认识。

(二) 共探

通过招募,我们惊喜地发现,竟然有一半家长愿意参与"好吃的萝卜"项目活动,还有一些因工作原因没法参与的家长也纷纷表示会在后续过程中多多支持和配合。

教师邀请家长志愿者来园共同开展协同共育教研活动,就项目推进过程中幼儿的需求、幼儿的已有经验和未知经验、项目开展计划、家园共育策略、应用效果等进行协商,进一步明确项目活动推进过程中家园配合的方式。

1. 探幼儿

充分关注幼儿关于萝卜的经验、兴趣和各种问题,与幼儿共同讨论,引导幼儿采用多种方式表征自己想要探究的问题。通过确定问题—开展探究活动—用多种方式表现获得的经验—确认新问题的过程,让幼儿成为项目活动的建构者。

表1 "萝卜大调查"情况分析表

幼儿对萝卜的已有经验	幼儿想要了解关于萝卜的未知经验	针对幼儿的未知经验，家园形成的策略
知道萝卜有白色和橘色。橘色的是胡萝卜，小兔子爱吃。	除了白色、橘色，还有其他颜色的萝卜吗？	带领幼儿参观蔬菜大棚，实地观察萝卜的外形。
知道萝卜有不同的大小和种类。	最大的萝卜有多大，最小的萝卜呢？	亲子查阅资料，并做简单记录。
多吃胡萝卜，对眼睛有好处。	除了对眼睛有益处，萝卜还有什么营养价值？	利用医生家长的资源，采访医生妈妈，获取信息。
萝卜是长在地下的。	怎样种萝卜？	祖辈家长带领幼儿，共同参与萝卜种植活动。

在此过程中，教师和家长惊喜地发现，整个项目过程是幼儿亲身体验的，每个幼儿都积极参与，愿意分享自己在项目实施过程中的发现。同时，在共同种植萝卜的过程中，幼儿经常观察萝卜的生长进程，了解科学种植的知识。在项目开展的过程中，幼儿愿意探究自己未知的经验，愿意在发现问题的时候，主动尝试解决问题，或者寻求成人的帮助。

家长们渐渐也了解到项目活动有别于课堂教学，蕴含丰富的教育价值。在项目学习中，幼儿主动学习的积极性提高了，学习的广度、深度也提升了，为后续的学习奠定了良好的基础。

2. 探地点

在家长调查时，珺珺爸爸提出，家里有种植萝卜的大棚，可以邀请幼儿前去参观。这样的资源有效助推"好吃的萝卜"项目活动的深入。但是，在去参观之前，部分家长有所顾虑：这么远怎么去？家长可以一起去吗？到了大棚后，幼儿到底要看什么？基于家长的顾虑，园所开展了一次参观前的家长调研活动。

萱萱爸爸：珺珺爸爸家的蔬菜大棚在哪里呢？如果全班都去的话，幼儿怎么去呢？

玲玲妈妈：可以让部分家长开车接送，或者幼儿园里租借大巴？

教师：关于交通工具，我可以向幼儿园申请一下。

文文妈妈：如果学校能提供车辆最好了，但是这么多幼儿，只有三位老师看护，会不会有安全问题？毕竟是在户外，而不是在园内。

教师：活动当天，可以招募几名家长志愿者，协助老师一起前往。同时幼儿园也会邀请一位保安共同前往，确保安全。

萱萱爸爸：那最好了，我愿意做志愿者。

在与家长达成一致后，幼儿在教师、保育员、安保人员、家长的陪同下，安全、顺利地完成了萝卜大棚的参观活动。过程中，幼儿对不同时期萝卜的形态非常好奇，纷纷发出感叹："原来萝卜的叶子那么小。""刚长出来的萝卜那么小，好可爱。""小小的萝卜下面也有根须。"家长在本次活动中也受到了启发，表示愿意挖掘更多的周边资源丰富幼儿的田园项目活动，例如到周边的"愚农庄园"进行萝卜采摘活动，让孩子们亲近自然、走进田野。

3. 探过程

种植类项目最大的特点是等待植物发芽、成长的过程十分漫长，由于等待周期长，往往会出现幼儿兴趣转移、项目停滞不前的情况。家园教研联动又再次启动，大家认为在等待过程中，可以通过家长助教、亲子游戏等形式丰富幼儿对项目活动的认识。

例如：在"好吃的萝卜"项目活动开展期间，家长共同探讨项目活动进展的有效性，对项目开展过程及时进行调整。项目进行到照护、收获、品尝萝卜美食阶段时，由于照护时间长，大部分幼儿对该项目的兴趣度、关注度有所下降。教师与家长讨论保持幼儿兴趣度与关注度的方式，并梳理出以下活动措施：美工类活动"做一个萝卜娃娃""我与萝卜宝宝拍个照"；科学类活动"不同萝卜的叶子""量一量"。通过这些活动让幼儿在漫长的等待期内，对各类萝卜有进一步的认识与了解。

4. 探策略

教师通过家园合作的方式，可以更好地了解幼儿的家庭背景和兴趣爱好，从而有针对性地进行教学，同时发挥家庭环境对幼儿语言发展、认知能力和社交能力等方面的重要影响，为幼儿成长提供良好的环境。

（1）提高认识，拓宽沟通渠道

家园共育是一个不断发展和优化的过程，教师可以建立更加顺畅和有效的沟通渠道。在"好吃的萝卜"项目活动开展之前,定期开展家长会议,进行家访,通过家园直通车、社群交流等形式及时了解家长与幼儿在项目开展中的期望与困惑,分享幼儿在家庭中的表现。如此一来,教师可以提高对家园共育的认识,拓宽与家长的沟通渠道,建立良好的家园合作关系。

(2)明确流程,共同推进项目活动

在项目活动开展前,与家长共同制订项目活动开展的计划,明确双方的角色和责任,并在过程中根据幼儿开展活动的实际情况,与家长不断进行研讨和调整。例如:在"好吃的萝卜"项目活动中,当幼儿由于等待而失去兴趣时,教师与家长共同探讨解决方案,开展相关延伸活动(田园照护活动"萝卜秧苗搬新家""照顾萝卜宝宝""萝卜大丰收"等),让幼儿始终对项目活动保持浓厚的兴趣,打造有利于幼儿成长的家庭环境。

(三)共评价

《幼儿园教育指导纲要(试行)》中明确指出,管理人员、教师、幼儿及其家长均是幼儿园教育评价工作的参与者。评价过程是各方共同参与、相互支持与合作的过程。"好吃的萝卜"项目活动中呈现了多元评价的特点,主要表现为评价主体的多元、评价方法的多样、评价标准的多维。

1. 同伴互动中的相互评价

在项目开展过程中,同伴间的相互评价能激发幼儿与同伴之间沟通的兴趣。通过与同伴之间的互评不仅能提升幼儿的社会交往能力,同时也提高了幼儿的语言表达能力。

例如在"好吃的萝卜"项目中,幼儿对项目活动中同伴的行为进行了评价。

幼儿A:我觉得××很厉害,各种萝卜都叫得上名字。

幼儿B:××很勇敢,上次我们发现萝卜上有虫子,他直接用筷子把虫子夹走了。

幼儿C:××和他妈妈做的萝卜糕特别好吃,我下次也要和妈妈做一次萝卜美食,带来和朋友们一起分享……

幼儿针对同伴在项目中的表现进行评价,虽然评价语言很朴实,但却准确捕捉到了同伴身上的很多亮点。同伴互评的实施过程体现了幼儿的主体性,让幼儿成为互评的主人,激发了幼儿参与评价的积极性。

2. 师生互动中的教师评价

在田园项目活动中,教师要运用专业知识审视教育实践,通过观察、记录、分析、判断,得出评价结果,并依据评价结果,制定有针对性的、适合幼儿发展的培养目标。

例如在"好吃的萝卜"项目中,教师肯定、鼓励幼儿,对幼儿进行正向评价,如:"你想的办法很有用,你看一下子就成功了。""你的想法和别人不一样,你还愿意自己去尝试。""你种萝卜的方法是和同伴认真商量出来的,做事真有计划。"有效的教师评价能推动幼儿多元能力的发展。

3. 家园互动中的家长评价

随着田园项目活动的不断推进,家长们的教养观念也在悄悄发生变化,不再"一言堂"了,而是经常倾听幼儿的想法;不再手把手地教了,而是充分放手,让幼儿自主尝试。"玩泥巴"活动一开始并没有获得家长的普遍认同,大家觉得孩子玩泥巴太不卫生,太脏了,如今他们却说:"去玩吧,原来泥巴还能画画。""我家娃竟然用泥巴堆了一个土灶头,真厉害。"家长的观念和行为变得更开放、更自由。

三、田园项目活动中家园协同共育的成效

(一) 幼儿从"我不会"到"我可以"

1. 劳动意识有提升

"好吃的萝卜"项目活动提升了幼儿的劳动意识,幼儿会主动投入到松土、浇水、种植、照护、收获、制作美食等一系列活动中,劳动后也会主动整理和清洁自我。久而久之,幼儿的劳动意识和劳动能力都得到了显著提升。

2. 多元能力有发展

田园项目活动强调幼儿的主动经历、亲身体验和情感参与,强调采用启动—探究—展示的过程发展幼儿的多元能力。

例如在"好吃的萝卜"项目活动中,在收获萝卜时,工具组成员出现了把萝卜挖断的现象,于是大家通过商议和尝试,改进了挖萝卜的方法:可以先将周边的土壤铲松,然后直接用手把萝卜拔出来。

在实施田园项目活动的过程中,起初,经常听到幼儿胆怯的声音,"我不会""我不想试""我不知道怎么做",而现在却常常会听到幼儿自告奋勇地说:"我来

试试。""我有好办法。""我可以的。"我们相信：这才是项目活动的意义所在。

（二）教师从"我帮你"到"你行的"

1. 课程领导力有提升

幼儿园课程的发展离不开顶层设计,离不开教师群体的支持。在田园项目活动中,通过适宜的外部环境刺激,激发了教师参与课程实践的积极性。在项目推进过程中,教师经常性地进行教研和反思,不仅对课程的顶层设计有了更深的了解,同时也对项目活动与园所特色之间的联系更加清晰,教师的课程领导力逐步提升。

2. 课程执行力有提升

田园项目活动开展以来,教师的课程执行力也在转变。从传统的重知识、重结果的教学模式,转变为重体验、重过程的课程模式。教师通过创设灵活的课程环境,与幼儿共同探讨活动需求,再与幼儿共同收集活动材料,让幼儿充分感知、亲自体验,在体验中获得相关经验。

（三）家长从"不理解"到"我支持"

我园大部分家长生于农村,参与过农耕生活,因此他们更希望幼儿在园能学到丰富多元的知识,摆脱农耕劳动。但随着田园项目活动的开展,家长逐渐改变了对幼儿园田园特色教育的看法,深刻领会到田园项目活动对幼儿多元能力发展和良好品质形成的意义,积极支持幼儿参与田园项目活动。

总之,幼儿园作为教育主体,应充分发挥主导作用,与家庭协同育人,为幼儿的健康成长保驾护航。

参考文献

[1] 丽莲·凯兹,西尔维亚·查德. 开启孩子的心灵世界：项目教学法[M]. 胡美华,译. 南京：南京师范大学出版社,2007.

[2] 赵蒋丽. 幼儿家园共育中存在的问题及解决策略[J]. 好家长,2019(10)：14-15.

[3] 瞿丽君. 农村幼儿园家园共育中存在的问题及解决策略的研究[J]. 科学咨询,2020(49)：216.

[4] 李飞. 家园共育：价值取向、现实困境与路径优化[J]. 福建教育学院学报,2022(10)：15-21.

（金　艳）

浅谈田园项目活动中的家园协同共育

【摘要】

《幼儿园教育指导纲要(试行)》明确指出：幼儿园应与家庭、社区密切合作，综合利用各种教育资源，共同为幼儿的发展创造良好的条件。本研究主要阐述了田园项目活动中如何积极发挥家园协同共育作用，充分联动家园场域资源，依托家长资源开展多元评价来推动项目活动的深入开展，以此引发幼儿的主动学习和深度学习，发挥家园协同共育的实效。

【关键词】

田园　项目活动　家园协同共育

《幼儿园教育指导纲要(试行)》中明确指出：幼儿园应与家庭、社区密切合作，综合利用各种教育资源，共同为幼儿的发展创造良好的条件。在田园项目活动中，良好的家园协同共育能够促使幼儿主动学习，提升发现问题、解决问题的能力。

田园自然资源和历史悠久的人文资源是农村幼儿教育发展的极佳资源，也是农村幼儿活动的重要条件。本研究中的田园并不仅仅指幼儿园中的自然角以及小田园，还包括家庭、社区中的自然资源。例如家庭中的小阳台、自留地，社区中的果园、蔬菜种植基地等。田园项目活动是基于幼儿兴趣产生的活动，由幼儿或教师共同发起的学习。教师和家长适时给予支持和引导，引发幼儿在项目中的合作、协商、探究、反思等行为。田园项目活动中要充分发挥家庭指导作用，通过家园共育，为幼儿提供安全、适宜的探究场所，支持幼儿多途径地收集资料，引导幼儿深入探索。

一、家园协同共育支持田园项目活动的开展

（一）联动家园场域资源开展田园项目活动

春天来了，我们在自然角收集了一些植物的种子。孩子们对青菜籽感到十分好奇："一粒一粒小小的是什么？""长出来的苗也是黑色的吧。""青菜籽这么小，是怎样长成大青菜的？"在幼儿提出的问题中，教师梳理出驱动性问题，进而启动了"小苗苗快快长"项目活动。在项目推进过程中，幼儿发现青菜苗都挤在一起，又提出："青菜挤在一起不容易长大，怎样让小青菜长得更快更大？"有的幼儿提出可以把青菜移栽到家里的小阳台上，还有的幼儿提出是否可以移栽到自己家的蔬菜大棚中。认真倾听了幼儿的意见，为了充分发挥家庭指导作用，教师鼓励幼儿将小青菜苗分别移栽到不同的家庭中进行种植，幼儿在家中进行后续探索。

多元的家园资源不仅丰富了田园项目活动的实施，也进一步促进了幼儿科学素养的提升。"小苗苗快快长"项目活动中，家庭自留地、阳台、蔬菜大棚等都成为我们开展活动的场域资源。利用这些家园场域开展集体、小组及亲子活动，丰富了项目活动开展的形式。

部分幼儿在家庭自留地栽种了青菜苗，在家就能进行观察记录，并进行持续性观察。部分幼儿则利用家庭小阳台种植青菜，体验室内和户外种植的差异性，探索植物生长与环境的关系。项目中期，又开展了大棚种植的参观活动，让幼儿进一步了解青菜暖棚种植的技术，拓宽幼儿对现代化播种技术的认识。在田园项目活动中，家庭自留地、阳台、蔬菜大棚等都是开展亲子田园项目活动的资源。教师应不断挖掘并发挥场域资源的优势，不断推动田园项目活动的深入开展。

（二）依托"家长才能"支持田园项目进程

植物的播种、照护等都需要专业知识支撑，幼儿在探究过程中的疑难问题也需要专业人员解答。因此，在项目推进过程中，我园招募了有专业知识储备的家长参与活动，如专业播种专家、施肥管理专业人员、大棚种植专员等。这些家长组成项目活动智囊团，在活动开展过程中给予幼儿专业知识的讲解，专业种植技术的示范。

"小苗苗快快长"项目活动智囊团中，有的家长精通蔬菜的播种技术，在播种活动中给孩子们示范播种技巧，帮助幼儿积累播种经验。有的家长熟悉植物生长的科学知识，给孩子们答疑解惑，如：为什么种在阳台上的青菜没有自留地中

的青菜长得好,暖棚中的青菜比自留地的青菜叶子更大? 家长的支持使得项目活动向更专业的方向发展,是项目活动向纵深开展的有力保障(见表1)。

表1 "小苗苗快快长"项目智囊团人员分工

擅长技术	主　要　内　容
蔬菜研究	帮助幼儿了解不同蔬菜适合播种在不同环境中。
蔬菜播种	介绍营养钵播种、刨土播种等种植技术。
施肥管理	提供施肥管理建议以及技术支持。
病虫害防治	帮助幼儿识别和防治各种农作物病虫害。
大棚种植	帮助幼儿了解蔬菜大棚种植的要点,大棚种植与露天种植的区别。

(三) 组织过程共评促进幼儿多元发展

1. 项目成员自评

幼儿A:我和奶奶一起在自留地里种了小青菜苗,我每天去看小青菜,叶子长大了,数量也变多了。

幼儿B:网上有关于青菜的秘密。

幼儿C:我把青菜移栽到阳台上和家里的自留地里,我发现地里的小青菜长得更快更好。

幼儿D:我和妈妈一起做了小青菜立体翻翻书,把播种青菜的故事画了出来,特别好玩。

幼儿E:小青菜需要有充足的光照才能长得更好。

幼儿F:和爸爸妈妈一起在家播种小青菜,收获小青菜,炒青菜吃,特别幸福。

2. 同伴互评

幼儿A:我认为××用显微镜观察小青菜的方法真好,比放大镜能看到的东西更多,我看到了小青菜叶子上的叶脉。

幼儿B:我很喜欢××的立体翻翻书,像魔术书一样,里面画了小青菜从小长到大的画面,真有趣。

幼儿C:原来有那么多渠道可以了解青菜的秘密,××和妈妈一起去图书馆查资料,××还通过报纸了解信息。

幼儿D:××记录小青菜的方法很特别,我也想用这种方法记录。

3. 教师评价

科学品质的发展:幼儿通过观察、比较、操作、实验等方法,发现问题、分析问题和解决问题,不断积累解决问题的经验。

语言表达的发展:幼儿愿意表达自己的需要和想法,乐于参与讨论,能在集体面前表达自己的想法,能基本完整地讲述自己的所见所闻和经历的事情。

社会性的发展:幼儿能倾听和接纳同伴与自己不一样的意见,积极表达自己的想法,关心和尊重他人,与同伴合作开展活动。

美感与表现的发展:幼儿能用多种工具、材料或不同的表现手法表达自己的感受和想象,能运用绘画、手工制作等方式表现自己观察或想象的事物。

4. 家长评价

家长普遍认为:幼儿对周围事物的好奇心更浓了,常常动手动脑探索物体和材料,并乐在其中;幼儿对自己感兴趣的问题总是刨根问底,能深入持续寻找问题的答案;幼儿乐于表达自己的想法,自信心显著提高。在项目活动中,家长和孩子一起进行青菜播种、护理,在科学探索的同时增进亲子情感。

多渠道的评价能够更全面和客观地了解幼儿的发展情况。在评价过程中,教师应注重科学评价工具的使用,如幼儿成长记录册、观察评价表、立体翻翻书等,注重科学、客观的评价方法,如儿童会议、一对一倾听等。评价除了注重客观性、科学性外,同时要注重时效性,及时记录幼儿的表现,便于后续挖掘更有效的教育策略。

二、家园协同共育开展田园项目活动的成效

(一) 幼儿的发展

幼儿的信息收集、分析和运用能力进一步提高。幼儿在家长的帮助下,通过网络等了解植物与其生存环境的适应关系,与家长共同收集关于植物生长的科学知识等。"小苗苗快快长"项目中,幼儿通过网络渠道收集关于青菜的科普视

频,了解青菜的不同种类,青菜的生长环境等,并将了解到的知识运用到实际种植中。通过家园共育开展田园项目活动,扩大了教育信息的收集范围,丰富了项目活动开展的形式和内容。

幼儿观察分析的能力进一步提高。在家园共育的过程中,家长给予幼儿充分自主的空间,幼儿自主选择材料,自主选择场地,在观察、比较、分析的基础上,发现并描述植物的特征或变化,以及事物之间的关系。幼儿能用一些简单的方法验证自己的猜测,例如在"小苗苗快快长"项目中,幼儿可以观察青菜在不同地方的生长特点。

幼儿发现问题和解决问题的能力明显提高了。幼儿遇到困难能向他人寻求帮助,活动中与同伴分工、合作、协商,一起克服困难、解决矛盾,愿意与大家分享和交流,逐步养成大胆表达表现的品质。

(二) 家长的转变

家长参与活动的积极性明显提高了。随着家园共育理念的逐渐深入,家长从之前的被动参与转变为现在的主动参与。在"小苗苗快快长"项目中,幼儿和家长一起制作立体翻翻书,把自己和青菜的故事记录下来。家长对于科学探索、手工制作方面的兴趣特别高,和孩子共同沉浸在活动中,体验活动带来的乐趣。

家长的角色站位逐步发生改变。家长逐渐放手让幼儿自主参与,更加注重培养幼儿的创造力、思维能力和自主学习能力。家长开始关注自身的教育理念和教育方法,逐渐意识到,在孩子的教育过程中,他们是最重要的引导者。

(三) 教师的发展

教师的教育理念也在不断改变。在项目活动中,教师将活动的自主权交给孩子,尊重幼儿,发挥幼儿的主体性。教师能够满足幼儿的需求与天性,持续支持和引导幼儿主动探索,使幼儿在活动中获得长足发展。

教师的课程执行力不断提升。教师在挖掘项目活动的价值或者目标时,能够解读儿童的语言,倾听儿童的想法。每个孩子都有自己的个性及特点,教师能够从幼儿的个性特点出发,共同设计个性化的小组活动,满足不同幼儿的需求。在课程执行中,教师捕捉教育契机的能力更强了,充分挖掘家长资源,引导项目活动深入开展。

教师要充分利用自然和实际生活中的机会,引导幼儿通过观察、比较、操作、实验等方法,学着发现问题、分析问题和解决问题,帮助幼儿不断积累经验,形成

终身受益的学习态度和能力。教师不仅仅是教育者,更应该是幼儿发展的支持者、参与者与学习者。在田园项目活动中,教师应多观察,从不同方面支持幼儿的活动,充分发挥家园共育作用。教师始终把握住支持者的角色定位,在过程中更多地关注幼儿的情感与需要,关注幼儿的实际情况,营造轻松愉快的互动氛围,为幼儿提供各种探索和发展的机会与条件。

参考文献

[1] 沈文兰.浅析幼儿园家园共育工作的开展策略[J].天天爱科学,2022(9):31-33.

[2] 林瑶.家园共育模式在幼儿教育中的应用策略探究[J].现代职业教育,2021(2):196-197.

(潘明华)

依托"田园体验场"支持中班幼儿美术学习活动的实践初探

【摘要】

我园地处美丽乡村,依托乡村丰富的自然资源开展幼儿美术学习活动,有利于幼儿沉浸式地感受与欣赏,表现与创造。本研究中的"田园体验场"特指满足幼儿观察、体验、实践、创造、表现的园内外自然空间场域,包括幼儿园的自然资源以及幼儿园周边的特色资源。依托"田园体验场"支持幼儿美术学习活动,旨在让幼儿亲身体验自然、观察美景、感受生活,促进幼儿艺术素养的培养。

【关键词】

"田园体验场" 中班幼儿 美术学习活动

幼儿园是幼儿艺术启蒙的重要场所,但传统的教学往往过于注重技能训练,缺乏对幼儿情感体验、想象和创造力的激发。因此,如何创造良好的学习环境,培养幼儿的审美情趣和艺术潜能,成为幼儿教育工作者们共同探讨的话题。我园地处美丽乡村,自然资源非常丰富,依托"田园体验场"让幼儿亲身感受大自然的美好,通过深入观察、体验和创作,激发幼儿的创造力和想象力,提升他们的艺术素养。

一、依托"田园体验场"发挥中班幼儿美术学习活动的价值

在当今数字社会,自然体验缺失影响幼儿的想象力、创造力、好奇心的发展。《3—6岁儿童学习与发展指南》中明确指出:经常带幼儿接触大自然,感受、发现和欣赏自然环境中美的事物。中班幼儿喜欢关注自然界中美的事物,对自然充满好奇,依托"田园体验场"开展幼儿美术集体活动具有重要意义。

（一）有利于丰富幼儿的体验和经历

陈鹤琴提出"大自然、大社会都是活教材"的观点，与当前"幼儿发展优先"的教育理念深度融合。我园立足"小田园"课程实践，运用"田园体验场"资源开展幼儿教育，让幼儿的活动场域从教室走向户外，从户外走向田园，从田园走向社区。挖掘"田园体验场"艺术方面的教育价值，开展美术集体活动，使美术教学突破素材的局限，让幼儿沉浸在轻松愉悦，充满田园趣味的美术活动之中，比如：带领幼儿辨赏公园里的植物，引导幼儿观察植物的颜色和形状，观察树叶的颜色变化，观察蚂蚁搬家，给饲养的小兔、小鸭、小鸡喂食，等等。潜移默化中丰富幼儿的体验和经历，拓宽幼儿的视野，让幼儿亲近自然、探究发现、感受美好、创造美好。

（二）有利于提升幼儿的美术素养

依托"田园体验场"开展中班幼儿美术学习活动，有利于培养幼儿的艺术情趣和审美能力。幼儿期是重要的艺术教育时期，这个时期的艺术经验和感受将对幼儿的创造性思维、审美情趣产生深远影响。中班幼儿正处于对外界事物特别敏感和好奇的阶段，这是艺术教育的黄金时期。依托"田园体验场"开展中班幼儿美术学习活动，可以让幼儿在美好的自然环境中感受生活，深入了解田园文化，培养艺术情趣和审美意识。

依托"田园体验场"开展中班幼儿美术学习活动，有利于提升幼儿的探究与发现，感受与欣赏等能力，为后续的创造表现奠定基础。比如：当园所周边联三村田里的稻子成熟时，教师带领幼儿来到金灿灿的稻田里，观察沉甸甸的稻谷把稻穗压弯了腰，倾听风吹稻穗时发出"沙沙"的声响，同时还开展了拾稻穗、扎稻草人、收割稻谷等趣味体验活动。此时的稻田就是幼儿的"体验场"，他们在稻田中欣赏秋日的美景，近距离观察稻穗、稻谷，闻着稻香感受美好的生活。后续教师再次带领幼儿来到稻田，让幼儿在前期欣赏与感受的基础上进行写生活动。

依托"田园体验场"开展中班幼儿美术学习活动，有利于提高幼儿的创造力和想象力。"田园体验场"可以提供开放的环境和丰富的学习资源，鼓励幼儿对艺术进行探究和实践。不同于传统的美术教育，"田园体验场"中的美术活动不仅关注技法和手段，更加侧重于激发幼儿的创造和想象。幼儿在田园中取材、观察、感受，然后运用自己的创造力和想象力进行创作。这种参与性、体验性、探索性较强的学习方式，有利于激发幼儿的创作灵感。因此，教师可以积极利用"田园体验场"，为幼儿的艺术成长和全面发展提供更好的支持。

(三) 有利于形成幼儿良好的学习品质

依托"田园体验场"开展中班幼儿美术学习活动有利于形成幼儿良好的学习品质。在体验过程中，幼儿会产生许多问题，在问题的驱动下，幼儿主动查阅资料，挖掘有效解决问题的策略和方法，大大提升了学习的主动性和积极性。在参与美术学习活动的过程中，幼儿和同伴进行互动和交流，分享资源和经验，感受集体的力量和价值，提高团队合作的意识和能力。

比如，在"幼见紫藤花"活动中，幼儿在紫藤长廊下发现了紫藤花苞，对紫藤花充满了好奇："紫藤花的花瓣是什么样的?""紫藤花有几种颜色?""紫藤花有哪些品种?""紫藤花有什么用处呢?"孩子们一起设计调查表，和爸爸妈妈一起查阅资料并实地探访紫藤花，寻找问题的答案。当幼儿园里的紫藤花盛开时，他们兴奋地观察着紫藤花的外形和颜色，闻着紫藤花的香味，感受紫藤花带来的美好体验。由于紫藤花的花期短，孩子们决定用美术创作留下紫藤花的美丽。办法一：用橡皮泥塑形，把紫藤花盛开的美景捏制出来。办法二：用画笔、颜料把美丽的紫藤花留在长长的画卷上。办法三：把紫藤花制成香水，留住香味。

图 1 幼儿创作的紫藤花作品

二、依托"田园体验场"开展中班幼儿美术学习活动的实践路径

（一）挖掘园内自然资源，激发兴趣，促进观察

在开展"田园体验场"美术学习活动时，教师可以根据幼儿的兴趣，创造条件推动幼儿进行观察。把幼儿带到田园中，让其自由发现与探索，分享自己的体验与感受。以活动"幼儿园里的桂花香"为例，教师和幼儿一起来到桂花树下，根据自己的观察和体验，共同分享自己看到的与美术相关的要素（见图2）。有的幼儿会看到叶子是绿色的，花朵是黄色的；有的幼儿会看到花瓣小小的，向四周裂开。教师适时对幼儿进行指导，引导幼儿观察树叶的形状和脉络，观察花朵的形状，并进行美术创作。如幼儿捡拾地上的桂花和树叶，并将其拓印在画纸上（见图3）。教师也可在绘画活动中引导幼儿从不同角度观察事物，比如看一看桂花是什么颜色，远处的桂花和近处的桂花分别像什么。除了桂花树，幼儿园的紫藤花、桃花、金橘、萱草、杜鹃花等植物也变成幼儿进行美术创作的资源。

图2　幼儿与桂花树的亲密接触

图3　与桂花相关的幼儿作品展

（二）凸显"娃娃田园"特色，点燃思维的火花

在幼儿表现与创作的过程中，教师要持续性地对幼儿进行激励、引导、唤醒幼儿的有意注意，让幼儿在已有经验的基础上进行个性化创作。

幼儿园有一块专供幼儿种植、探究、学习和游戏的"娃娃田园"，里面有田地、沟渠、泥巴、小动物等，"娃娃田园"里每天都发生着有趣的故事。

在"幼儿发展优先"理念的指引下，幼儿在"娃娃田园"中拥有自主权。平时幼儿在班级里玩橡皮泥，来到"娃娃田园"，他们就玩泥巴，场地的变化拓宽了孩子们的创作思路。有的孩子用泥巴捏花盆，有的孩子用泥巴建房子，有的孩子用树枝和泥巴做鸟窝，有的孩子用砖头和泥巴为小鸭子造家，有的孩子用树枝、树叶和泥浆画画。看似简单却有趣的"玩泥巴"活动触发了幼儿探究的兴趣，整合了幼儿已有的游戏经验，生成了多元的表现内容。

（三）探秘周边自然资源，激发潜能

我园地处美丽乡村，周边每个村居都有特色鲜明的农业产地，比如北新村的花海、联三村的稻田、毛桥村的愚农庄园、华亭村的果园、浏岛银杏林等,这些特色农业产地有效拓宽了幼儿美术学习的场域和空间。幼儿具有丰富的美术表达与创作潜力,在探秘、观察的过程中,已对美术创作形成基本的构思,然后通过美术学习活动将自己的想法表现出来。

阳春三月正是百花盛开的季节,毛桥村愚农庄园里的七彩油菜花正在争奇斗艳。为了激发幼儿的好奇心和探索欲望,了解油菜花的特点及生长过程,幼儿园开启了一场与油菜花的亲密探究之旅。来到油菜花田,黄色、白色、粉色、橘色等各种颜色的油菜花瞬间映入眼帘。幼儿第一次看到这么多颜色的油菜花,惊喜万分。他们置身花海,仔细观察着油菜花的茎、叶以及花瓣,辨认油菜花的不同。然后,幼儿们化身"小小艺术家",运用多种工具和材料,将美丽的油菜花画在纸上、伞上、塑料薄膜上、画板上。创作过程中,有的幼儿用油菜花花朵和叶子蘸上颜料直接拓印,有的幼儿用水粉画笔写生,有的幼儿用线描的方式勾画油菜花的外形,一幅幅生动有趣的花间童画应运而生。

幼儿美术学习活动可以让幼儿在观察、感受和发现美之后,用自己的双手创造美和表现美。教师应积极创造美育活动的环境和活动条件,让幼儿通过"田园体验场"与大自然亲密接触,进行有挑战性和创造性的美术活动。

参考文献

[1] 施小玲. 回归生活的幼儿园美术集体教学活动[J]. 当代家庭教育,2023(1):27-29.

[2] 沈雷. 如何有效开展幼儿美术集体活动[J]. 华夏教师,2020(3):54-55.

[3] 叶霞光. 美术课程与校园场馆资源融合的实践研究——以"田园风光——校园粮田"一课为例[J]. 课程教学研究,2022(2):80-85.

[4] 任晓娟. 农村田园资源在幼儿美术教学中的运用研究[J]. 教师博览,2022(8):79-80.

[5] 盛江华. 孩子,我们一起爱自然[M]. 北京:西苑出版社,2012.

(陈　芳)

平板电脑在田园项目活动中的应用

【摘要】

平板电脑体积小,便于携带,具有丰富的应用程序和良好的互动性,能满足田园项目活动在园内外随时联动的多元学习需求。研究平板电脑在田园项目活动中的应用,可以提升田园项目活动实施的有效性,支持幼儿的多元探究行为。

【关键词】

平板电脑　田园项目活动　实践与运用

随着科技的发展,越来越多的信息技术被运用到教育教学领域。平板电脑作为新媒体产品,具有丰富的应用程序、良好的互动性,逐步被运用到幼儿园日常的教育教学中。

近年来,我园以"亲近自然,遇见美好"为办园理念,建构具有地域优势特征的"小田园"课程,培育幼儿亲近自然、喜欢探究的态度与情感。我园还鼓励幼儿走出教室,依托美丽乡村的周边资源,以及"娃娃田园"基地、种子探究室、班本化自然角等多元学习场域开展以农趣体验、野趣探究、雅趣陶冶、乡趣感受为特点的田园项目活动。平板电脑体积小,便于携带,移动灵活,能满足田园项目活动在园内外随时联动的多元学习需求。同时,田园项目活动以大自然作为学习课堂,幼儿围绕驱动性问题,采用集体或小组合作的形式,通过讨论、制订计划、实施探索、展示成果、分享交流等方式解决问题,寻求答案。平板电脑的使用,能较好地支持幼儿的探究行为,让幼儿在田园项目活动中真正发挥主体性。

随着信息技术的迅速发展,积极推进信息技术在课程实施中的有效应用,逐步实现信息技术与课程的优化整合也成了幼儿园课程建设的重要方向。因此,立足园所实际,将平板电脑有效运用于田园项目活动,并进行相应的实践探索和研究符合当前的课程发展需求。

一、运用平板电脑激发幼儿的探究兴趣

兴趣是学习和求知的最大动力。在田园项目活动中运用平板电脑,大大激发了幼儿参与活动的积极性,激发了幼儿的探究兴趣。

例如:开展田园项目活动"遇见蚕豆"时,教师借助平板电脑,记录了蚕豆荚逐渐饱满、成熟的过程,然后连接屏幕播放给幼儿看,让幼儿直观形象地感受到蚕豆荚的生长过程。紧接着,围绕蚕豆的采摘问题进行讨论,引导幼儿收集信息,了解采摘方法,然后选择相应的工具材料分组进行采摘活动。幼儿还将采摘的蚕豆荚带回教室,在捏一捏、闻一闻、看一看、剥一剥、尝一尝的过程中,了解蚕豆的外形特征,学习剥蚕豆的技能。在整个田园项目活动中,幼儿始终保持较高的兴趣,积极参与。

又例如,在开展"奇妙的蔬菜种子"田园项目活动时,为了让幼儿进一步了解各种各样的蔬菜种子,教师借助平板电脑,设计了种子和果实配对的游戏:配对成功,种子就进入果实的怀抱,没有配对成功,种子就会被退回原位。游戏完成后,游戏中的田田小博士还会引发幼儿进一步的思考:"啊!世界真奇妙,小小果实里藏着这么多奇妙的小种子,小种子一定还有很多小秘密,让我们一起去探索发现吧!"这样的引导充分调动了幼儿的好奇心,激发了他们对蔬菜种子进一步探究的兴趣。

二、运用平板电脑促进幼儿多元能力的发展

(一) 促进观察能力的发展

苏霍姆林斯基(В. А. Сухомлинский)说:观察对于儿童之必不可少,正如阳光、空气、水分对于植物之必不可少一样。在这里,观察是智慧的最重要能源。《3—6岁儿童学习与发展指南》中提到:有意识地引导幼儿观察周围事物,学习观察的基本方法,培养观察与分类能力。田园项目活动是培养幼儿观察能力的重要途径,而平板电脑的应用能有效帮助幼儿在项目活动中突破时间和空间的限制,深入观察动植物的生命历程。

例如:在开展"你好,萝卜"田园项目活动时,幼儿种完萝卜后发现,萝卜种子从发芽到成熟需要较长的时间,短时间内很难观察到较大的生长变化。于是,教师借助平板电脑全程记录萝卜的生长过程,让幼儿发现萝卜生长的细节。教

师通过播放萝卜生长视频,让幼儿在短时间内看到一粒萝卜种子从发芽到长出萝卜再到开花,直至花儿凋谢的整个过程,将萝卜完整的生命过程直观地呈现在幼儿面前。教师还利用视频暂停功能,让幼儿能够看到萝卜生长过程中的关键时期,如发芽期、开花期,欣赏到一些平时难以观察到的植物生长的精彩瞬间。在"娃娃田园"活动中,幼儿会用显微镜连接平板电脑,实地观察不同品种的萝卜,发现其异同,并进行简单描述。如:不同萝卜的萝卜茎颜色和叶片中的叶脉是不一样的。慢慢地,幼儿在田园项目活动中习得了有效的观察技能。

(二)促进实践能力的发展

皮亚杰(Jean Piaget)说,知识来源于动作,而非来源于物体。《3—6岁儿童学习与发展指南》中提到:幼儿的思维特点是以具体形象思维为主,应注重引导幼儿通过直接感知、亲身体验和实际操作进行科学学习。在田园项目活动中,我们注重让幼儿亲自动手、实践操作。

例如:开展"遇见向日葵"田园项目活动时,幼儿计划种植向日葵。他们通过不同途径了解了向日葵的种植方法并相互分享,教师则运用平板电脑播放科学的种植方法,整合幼儿的经验为实践操作做准备。这种新颖的互动模式减轻了教师的工作负担,也让幼儿习得了科学的种植方法。

(三)促进解决问题能力的发展

《3—6岁儿童学习与发展指南》中提到:支持、引导幼儿学习用适宜的方法探究和解决问题,或为自己的想法收集证据。幼儿在田园项目活动中,会遇到各种各样的问题,但由于年龄小,认知能力有限,所以在遇到问题时很难自己独立解决,而平板电脑的使用可以协助幼儿解决问题。

例如:在开展"常绿树与落叶树"田园项目活动时,幼儿对幼儿园里的香樟树产生了疑问:有的说香樟树老是在掉叶子,是落叶树;有的说香樟树叶子总是绿绿的,是常绿树。于是,他们借助平板电脑查阅相关资料,得知香樟树是常绿树。又例如:在开展"小花匠"田园项目活动中,幼儿运用平板电脑上的绘画软件记录花籽的发芽情况。在连续观察记录后,他们发现,除了个别花盆里的花籽发芽了,还有很多花盆里的花籽都没有动静。幼儿很着急,纷纷跑过来询问:"老师,为什么我们的花籽还不发芽呢?"我对他们说:"花籽发芽是有秘密的,我们一起来问问平板电脑吧。"很快,幼儿便找到了答案,知道花籽不发芽的秘密。有的说:"要每天浇水。"有的说:"还要多晒晒太阳。"还有的说:"天气太冷,花籽不能发芽。"原来,花籽发芽需要水分、阳光、空气和适宜的温度。平板电脑在幼儿探究的过程中发挥了重要作用。

(四)促进合作能力的发展

《3—6岁儿童学习与发展指南》中提到:幼儿园应多为幼儿提供需要大家齐心协力才能完成的活动,让幼儿在具体活动中体会合作的重要性,学习分工合作。平板电脑运用于田园项目活动,能有效提高幼儿的合作能力。例如:在"拜访大树"田园项目活动中,教师组织幼儿到小树林里测量树木,活动中需要多人合作完成任务。全班幼儿自由分组,每组四人,每组配备一台平板电脑。幼儿四人一组,商量各自的分工。比如谁负责拍摄,谁负责测量,谁负责做记号并记录。由于大家都想拿平板电脑工作,过程中产生了一些争执。为了解决平板电脑的使用问题,大家想出了一些对策:比如猜拳决定谁拿平板电脑,或者大家轮流使用平板电脑进行拍摄和记录。在共同合作中,测量的任务得以完成,幼儿不仅收获了树木的测量数据,还体验到了分工合作带来的成功和快乐。

三、平板电脑多种功能的探索与运用

(一)平板电脑的记录功能

幼儿在田园护理过程中发现了很多小蜗牛,于是,他们把小蜗牛请到了教室的自然角饲养区,开展了"有趣的蜗牛"田园项目活动。大家分组饲养蜗牛,采用平板电脑查阅资料,了解蜗牛的生活习性和饲养方法。教师则借助平板电脑,用照片、视频的形式记录幼儿饲养蜗牛的全过程。这不仅有助于教师更细致、更全面地观察、识别、解读幼儿的行为,也能为田园项目活动开展积累资料。

平板电脑轻便,方便幼儿携带,其先进的绘画软件提供了丰富的绘画工具和功能,可以满足幼儿创作、记录的各种需求。幼儿运用平板电脑记录田园项目活动中的发现、问题,形成独特的观察日记。同时,绘画、记录的过程也能促进幼儿前书写能力的发展。例如在"油菜花探秘"田园项目活动中,幼儿借助平板电脑中的绘画软件,记录了油菜花每日的变化。在项目结束后,幼儿们通过平板电脑欣赏了自己记录的油菜花生长过程,重新感受了油菜花从花骨朵到盛开,再到凋谢结荚,变成菜籽的过程。这样的回顾,有助于幼儿积累和巩固植物生长经验,也有效锻炼了幼儿的表达能力。幼儿还可以和爸爸妈妈一起制作课件、微电影、电子书,在项目活动成果发布会中与大家分享。

（二）平板电脑应用程序的功能

在田园项目活动开展过程中，幼儿往往会对幼儿园里或田园里一些陌生的花草感兴趣，这时就能运用平板电脑中的应用程序，了解它们的名称和习性。应用程序的使用，不仅拓宽了幼儿的知识面，认识了不少新植物，丰富了科学经验，也让幼儿习得了自主解决问题的方法。

（三）平板电脑的远程控制功能

幼儿熟练掌握平板电脑的使用方法后，就可以尝试平板电脑的远程控制功能，控制种子探究室中给植物浇水的时间、次数以及浇水量，还能控制温度和湿度，让植物在最适宜的环境下茁壮成长，将科技与种植紧密结合，实现科学种植。

四、平板电脑应用中的关注点

第一，儿童正处于生长发育期，长时间使用平板电脑时，会出现视力疲劳现象，诱发近视，因此在幼儿使用平板电脑时，要严格控制使用时间。

第二，教师要熟悉平板电脑的特性，充分利用平板电脑的互动性、共享性调动幼儿学习的积极性，提升幼儿学习积极性。

第三，教师要注意观察幼儿在使用平板电脑时能否进行有效的人机互动，全面了解幼儿在认知、情感、个性等各方面的发展状况。

平板电脑进入幼儿园教育教学活动是教育发展的趋势，也是促进教育创新和提高教学效果的重要方式。但如何让平板电脑成为优化幼儿园教学的有效手段，成为有效的教学辅助工具，却是一项艰巨而又长远的工作，也是摆在教育工作者面前的一项新课题。教师们还要不懈努力，继续加强平板电脑在田园项目活动中的实践运用和理论研究，争取取得更大的突破和成功。

参考文献

吴惠萍.平板电脑在幼儿园课堂的有效应用[J].文理导航，2014(8)：70－71.

（金　花）

在田园项目活动中践行评价的创新

【摘要】

对幼儿发展状况进行科学分析和评价,是幼儿园教师必备的专业能力,它有利于教师关注和了解幼儿的身心发展状况及水平,有利于教师针对幼儿的需求、特点及个体差异来决定教育支持的适宜性、有效性。《幼儿园保育教育质量评估指南》强调,要在评估方式上进行优化与调整,扭转"重结果轻过程"的评估倾向。本研究主要针对田园项目活动中的评价方式进行实践探索,包括评价方式、参与评价的主体和评价依据的来源等。

【关键词】

田园项目活动　评价方式　实践创新

幼儿评价在幼儿园教育中具有举足轻重的地位。作为教师,我们需要充分认识幼儿评价的重要性,将其贯穿于日常教育教学过程中。首先,通过幼儿发展评价有助于教师了解每个幼儿的特点和发展水平,更全面地了解他们的发展状况,为他们提供个性化的教育方案。其次,幼儿发展评价有助于教师发现幼儿的潜能和优势,鼓励他们发挥自己的特长,增强自信心和成就感。再次,幼儿发展评价有助于教师及时发现幼儿身上存在的问题并进行干预。如:语言发展迟缓、社交障碍等。教师可以协同家长及时采取干预措施,在一定程度上帮助幼儿克服困难,促进发展。最后,幼儿发展评价有助于开展家园协商式教育。教师可以与家长分享幼儿的发展状况,共同探讨教育方法和策略,形成教育合力,促进幼儿的全面发展。

一、关于评价的现状

（一）评价标准过于单一片面

日常教学中的评价其实一直存在，比如，集体教学活动中教师对幼儿某一次的问题回答进行现场评价；又如，在运动能力评价中，教师会参考相关指标对幼儿的运动能力进行评价，如果达到指标要求，则视为发展合格，若未达标则还需努力；再如，教师对幼儿美术作品进行评价等。这些与幼儿互动过程中的点评，或对幼儿的肯定，虽然可以被看作评价的方式，但实际评价的方式及内容却存在单一片面的问题。教师只关注对幼儿当下某一活动中的表现进行评价，对于幼儿是否将所习得的新经验和生活进行联系却不够重视。评价应该是全面而科学的，应该建立在幼儿的实际生活、学习过程中，是持续的过程，应对幼儿的兴趣爱好、学习态度、思维能力以及解决问题的能力等多方面进行观察和评价。

（二）评价过程过于主观

在教师实施评价时，评价过程往往受评价者主观因素的影响，如评价者的个人喜好、个人偏见等。这种主观性不仅会影响评价的公正性和准确性，而且容易导致教师与幼儿之间的不平等现象。因此，我们希望教师在实施评价时，不以个人的主观经验为主，应用心倾听和观察幼儿，发现每个幼儿的闪光点。

（三）缺乏评价后的跟进和支持

评价有了阶段性的结果，并不代表对幼儿的评价就结束了，还需要教师不断跟进与支持：一是针对幼儿发展中的问题进行跟进指导，寻找解决问题的策略、方法，引导幼儿向良好的方向发展；二是，针对幼儿发展中的良好态势进行持续观察，通过家园携手，持续跟进支持，培养幼儿良好的个性品质。

二、我们的评价主张

田园项目活动提倡教师以观察者、支持者的身份参与幼儿项目，基于项目中的问题、推进策略以及同伴间的合作协商等开展幼儿发展评价。

第一，强调幼儿的真实经历。通过让幼儿完整讲述项目实施过程中发生的事情、碰到的问题、解决的策略等完成自我或同伴评价。

第二，关注项目过程中的幼儿发展。在推进田园项目活动中，因问题驱动促使幼儿在真实的情境中主动学习、主动探究、主动思考,甚至因活动需要还促使幼儿间的主动合作。教师在过程中应关注、跟进并支持幼儿的学习行为,同时做好照片、视频、文字等记录,以便复盘幼儿的行为,分析幼儿的表现,评价幼儿的发展。

第三,注重幼儿的个性化发展。田园项目活动从室内搬到室外,活动空间更大、更开放,幼儿在活动中呈现的样态也更多元。这时,教师应更加关注幼儿个性化的发展,根据幼儿的特点和需求,采用多元化的评价方式和手段实施观察、记录和评价,具体包括幼儿的行为、情感、语言、认知等。

第四,实施多元主体评价。一直以来,幼儿发展评价的主体都是教师,而在田园项目活动中,因场域空间变化和社区资源融入等因素的影响,评价方式从教师的单一评价变成了幼儿评价和成人评价,幼儿评价中包含幼儿自我评价和同伴评价;成人评价包含教师评价、家长评价、社区评价等。《幼儿园教育指导纲要(试行)》中明确指出:管理人员、教师、幼儿及其家长均是幼儿园教育评价工作的参与者。评价过程是各方共同参与、相互支持与合作的过程。多元评价有助于全面了解幼儿的发展状况,为他们的个性化教育提供更有力的支持。

三、我们的实践探索

以田园项目活动"铺路"为例,呈现我园在田园项目活动评价过程中的实践探索。

(一) 真实经历中的幼儿自我评价

真实经历就是幼儿自己的生活经历,田园中的场域设置、活动空间、活动内容就是幼儿真实的活动世界。

幼儿发现,田园活动回来后,鞋底的泥巴会把教室的地板弄脏。于是,大家生发了在田园中铺路的设想。

幼儿 A:可以把我们教室里的纸铺在地上,鞋子就不会脏了。

幼儿 B:纸不行的,踩几脚就坏了。

幼儿 A:那就用布铺路,我们个别化活动区域里有许多布。

幼儿 B:那些布太少了,不够。

幼儿A：我们可以从家里带点布来,不穿的衣服裤子都可以用来铺路呀。

幼儿B：不行的,布太薄了。

幼儿A：试了才知道行不行。

幼儿C：那就用树枝铺路。

幼儿D：幼儿园里有很多树叶,也可以用树叶铺路,树叶可以和树枝一起铺路。

幼儿E：可以用饮料瓶铺路。

幼儿F：瓶子不可以铺路吧,我们没有那么多瓶子。

幼儿G：可以用砖头铺路,我们家门口就是砖头路。

幼儿对铺路表现出极大的兴趣,对铺路的材料也有了初步的设想。在互动过程中,有的幼儿直接否定了"用纸铺路"的设想,而对于"用布铺路"的设想则存在争议,这些"否定"和"争议"就是幼儿对同伴想法是否可行做出的初步评价,大家围绕一个共同的问题各抒己见,并表现出专注和投入。

幼儿分成了用树枝树叶铺路、用瓶瓶罐罐铺路、用废衣废布铺路、用砖头铺路四个小组。各小组一起收集铺路所需的材料,设计铺路的图纸。

表1　四个小组的设计及解读

铺路小组	幼儿设计的图纸	图 纸 解 读
第一组 （用树枝树叶铺路）		把叶子铺在中间,把树枝放在叶子的两边。

续　表

铺路小组	幼儿设计的图纸	图　纸　解　读
第二组 (用瓶瓶罐罐铺路)		将瓶子整齐地排列在一起,不留一丝缝隙。
第三组 (用废衣废布铺路)		将布料一块一块铺在路上,边上用石子固定。
第四组 (用砖头铺路)		幼儿对砖头路的已知经验完全体现在了图纸上,横一块、竖一块。

　　幼儿以小组为单位设计铺路图纸,过程中呈现出许多的闪光点。教师听见了同伴间的商议,比如"可以这样铺,如果不行还可以……""要不我们先这样设计,之后去田里试一试……"等;看见了小组中的分工,比如你说我画;了解到小组一起出谋划策,一起集思广益。最终通过激烈的讨论,四个小组呈现出可视化的"铺路设计图",教师认为幼儿在本次活动中,自主性、积极性、合作性、逻辑性得到了一定提升。

幼儿们带着图纸到田园里动手铺路。路铺好后,大家回到亭子里休息。突然有一名幼儿对教师说:"老师,我们可以到每条路上去走走吗?"于是,教师让幼儿们都去体验一下自己铺的路,感受一下效果。在幼儿尝试的过程中,教师捕捉到很多幼儿的感受。

表 2　幼儿对路的评价

各种各样的路	幼儿的发现	幼儿评价
用树枝树叶铺路	需要很多树枝和树叶,要铺得紧密些。	树叶容易粘在脚底下;树枝不平,容易绊倒;树枝间有缝隙,因为每根树枝都长得不一样,有的直、有的弯。
用瓶瓶罐罐铺路	瓶子路不稳,走起来不舒服。	瓶子路不平,脚会掉下去;瓶子表面光滑,人容易滑倒,不适合铺路。
用废衣废布铺路	很平整,走上去很舒服。	要铺得厚一点,才走得舒服。
用砖头铺路	一块块连接,要铺平整,不能有空隙。	砖头路最坚固,适合铺路,走起来最稳当,但是砖头与砖头之间不能间隙太大。

真实的经历和体验是田园项目活动最为关注的。有了真实的体验后,幼儿自然会对项目活动产生自我评价或同伴评价。作为教师,首先应鼓励幼儿主动参与评价,在评价过程中建立与他人互动的自信,大胆表达自己的观点,同时学会倾听他人的意见和尊重他人的感受;其次,通过评价可以让幼儿更清楚地了解自己在团队中的作用,清晰地了解自身的优势和不足,进一步提升团队或小组的合作能力;最后,要倡导幼儿在探究中与同伴合作,并交流自己的发现、问题、观点和结果等,从而提升判断问题、解决问题的能力。

(二) 项目过程中的教师评价

回顾铺路的案例,可以看到幼儿在体验自己铺设的四条道路的过程中出现了自我评价和同伴互评。幼儿有接纳这些评价的,也有不认可评价内容的,想要继续调整尝试,这时"教师的评价"就对整个项目进程起到持续推动与支持的作用。

教师：四个小组都顺利完成了铺路的任务，自己都尝试去走一走并发现了许多新问题。（教师可以播放之前拍摄的大家在新铺好的路上来回走的视频。）

教师：既然你们都发现了这四条路存在各种问题，那现有的材料是否适合铺设道路呢？

在教师视频复盘及问题驱动下，幼儿开始对自己和同伴铺的路进行了再次评价。

幼儿A：老师，我们发现直接把瓶子铺在田园里走的时候脚会滑下去，会摔跤。

教师：是的，我也发现了，那怎么办呢？你们有解决的办法吗？

幼儿B：我们想用绳子把瓶子串起来，这样就不会有缝隙了。

幼儿C：也可以把瓶子踩扁。

幼儿D：除了用绳子，我觉得也可以用透明胶固定瓶子。

教师：想了这么多好办法，看来你们对瓶子路存在的问题是有思考和研究的，你们需要我为你们做什么吗？

幼儿C：帮我们踩瓶子吧。

幼儿B：绳子打结有点困难，你帮我们一起给绳子打结吧，要把瓶子绑得越紧越好。

教师：绳子打结有难度，我可以帮忙。但是，为什么要绑得越紧越好呢？

幼儿B：只有绑紧了，瓶子与瓶子之间才不会有缝隙，这样路会更稳。

于是，在大家的帮忙下，瓶子路有了新的变化。

图1　幼儿们再次用瓶子铺路

通过以上案例,可以发现同伴评价激发了幼儿再次进行挑战和尝试的兴趣。他们通过观察、比较、分析、判断得出新结论,充分体现了持续学习和主动探究的良好品质。

教师的评价则可以推动项目进程。教师用照片、视频复盘幼儿前期铺路的过程及问题,用连续提问的方式引发幼儿对铺路的后续思考。特别是教师在整个对话过程中对幼儿主动学习、主动探究、主动思考的关注和评价,比如:"想了这么多好办法,看来你们对瓶子路存在的问题是有思考和研究的。"教师需要全程对幼儿进行关注、跟进和支持,同时做好照片、视频、文字等记录,以便复盘幼儿的行为、分析幼儿的表现、评价幼儿的发展。

除了瓶子路,幼儿对树枝树叶铺的路也有新看法:一场大雨后,树叶被吹得到处都是,还粘脚底,树叶和树枝不适合铺路。针对废衣废布路,幼儿通过反复尝试得出结论:破布和废旧的衣物修的路,时间长了容易积水,因为布料吸水性很好,不适合做铺路的材料。教师从幼儿深度学习的角度对幼儿进行了评价,比如:幼儿发现了"环境与材料之间的关系""布料吸水的特性"等。项目的持续推进,引发了师幼在项目中的持续关注和持续评价,也推动了幼儿的深度学习。教师也从教育者转变为幼儿的玩伴,良好的师幼互动为幼儿的深度学习搭建了良好的平台。

(三) 社会资源中的成人评价

成人参与幼儿发展评价是评价主体多元化的必然要求,也是推动幼儿全面发展和个性化发展的重要手段。因此我园注重与家庭、社区密切合作,积极构建协同育人机制,充分利用自然、社会和文化资源,共同创设良好的育人环境。

通过铺路项目的持续推进,幼儿最终得出结论"用砖头铺路最为合适",于是,项目也顺利进入发布环节。幼儿邀请了家长、教师、社区志愿者走进幼儿园的活动现场,依托观察维度表、发布会、情景剧等形式进行发布。家长在观摩了项目发布后,也给出了诸多中肯的评价。

家长 A:没想到孩子们还为铺路设计了图纸,图纸跟现场铺好的路完全一致,真是太厉害了。

家长 B:平时在家里都不肯做家务,没想到在幼儿园这么积极,力气也大,能搬砖头铺路。

家长 C：这几天一直回来跟我们说要瓶子，还去邻居家收集，我觉得她的胆子也变大了。今天看见他们铺的路，我也实地走了一下，很为小朋友们的表现感到骄傲。

家长 D：刚开始，我认为他们收这么多"垃圾"肯定不可能成功，今天看见他们的成果，我觉得活动很有意义。现在每天回来，他跟我们讨论的话题也多了，一直向我们汇报铺路的进程。

保育员：玲玲和燕燕平时不声不响的，今天看到她们竟然能主动参与活动。设计的图纸很有想法，让我看到了她们不一样的表现。

社区志愿者 A：没想到一块小农田可以让小朋友玩得这么开心、这么尽兴，活动非常有意义，希望能有更多小朋友参与和体验。

社区志愿者 B：我觉得这样的田园活动对孩子的成长很有价值，下次欢迎小朋友们在我们社区里搞活动，说不定会有更多的精彩故事。

家园社协同育人机制强调家庭、学校和社区之间的紧密合作，强调三者发挥各自的力量共同促进幼儿的全面发展。在田园项目活动实施过程中，我们得到了家长、社区的多方支持，从环境支持、物资准备到人员支持。在家园社共同参与评价的过程中，我们也听到了许多不一样的评价声音，看到了幼儿个性化、差异化的发展。

多元评价让教育产生了共情，教育共评在促进幼儿全面发展的同时，进一步推动了幼儿园课程建设。

四、我们的收获

在田园项目活动开展过程中，多元的评价形式、丰富的评价内容、积极的评价态度，有效提升了教师的评价能力和评价水平。

一是教师的教育观念发生了变化，聚焦"幼儿发展优先"的理念实施教育教学，更有利于突出幼儿的主体地位，有利于幼儿的个性化发展和主观能动性的发挥。

二是促使幼儿能够勇敢地面对挫折，养成自信、自尊、进取、合作的良好品质。幼儿在评价过程中能主动发现同伴的优点和长处，正确看待自身的问题与不足，并乐意接受同伴的建议，改进与完善自我。

三是推动幼儿园课程园本化建设,因地制宜、科学有效地挖掘自然、社会、人文资源,让课程更好地为幼儿发展服务。

五、我们的不足与展望

(一) 存在的不足

教师应做个有心人,将田园项目的过程资料收集并整理好,让评价有迹可循。

田园项目活动依据各个项目的实际情况确定开展周期,而幼儿的成长是一个不间断且持续的过程,因此教师在田园项目活动中应形成有针对性、持续性的评价。

(二) 展望未来

第一,利用视频、音频、图片等记录活动内容,为课程建设、教师成长、幼儿发展提供依据。

第二,通过家长参与、教师反馈,以及针对性的指导,提升家长的育儿水平。

第三,坚持幼儿发展评价助力教师专业成长。捕捉教师评价中的专业智慧,不断优化田园项目活动,为幼儿提供适当的教学支持。

评价有法,但无定法。幼儿发展评价是幼儿学习和成长的关键,贯穿于一日活动的每一个环节。在评价实施过程中,教师要有意识地关注每一个幼儿,站在幼儿的视角,用评价反哺幼儿成长,满足幼儿的学习兴趣,提升幼儿的综合素养。

参考文献

[1] 丽莲·凯兹,西尔维亚·查德.开启孩子的心灵世界:项目教学法[M].胡美华,译.南京:南京师范大学出版社,2007.

[2] 黄轩勤,幼儿学习环境项目化创设促进幼儿自主表现的实践研究[J].上海教育科研,2005(11):91-93.

[3] 刘景福.基于项目的学习模式(PBL)研究[D].南昌:江西师范大学,2002.

(吉宵凤)

实践操作与经验总结篇

在这片充满生机与活力的田园,每一棵幼苗都承载着无限的希望与梦想。当教师走近幼儿,会发现这是一个孕育幼儿成长,引导幼儿探索与发现的奇妙世界。

在田园项目活动的实施过程中,教师与幼儿共同观察、实践、发现和记录,共同分享喜悦、挑战乐趣。这种基于丰富体验和经历的活动,极大地激发了幼儿主动学习的热情,丰富了幼儿情感表达的方式,提升了幼儿的多元能力,为幼儿适应未来社会奠定了基础。教师为每一名幼儿打开了一扇通往自然世界的大门,为幼儿记录在田园活动中的成长瞬间和精彩故事。

项目活动1：造船

年龄段：大班

一、项目背景

（一）缘起

在我们幼儿园对面有一块占地约 570 平方米的小田园，我园将其开发为"娃娃田园"，作为幼儿活动场地，开展田园项目学习活动。"娃娃田园"里有一个小池塘，幼儿经常在池塘边玩耍、嬉戏。有一天，幼儿产生了"如果池塘里有船，池塘会变得更好玩"的想法，瞬间引起了同伴的共鸣，"造船"项目由此产生。

（二）价值判断

"造船"项目来源于幼儿的想法，是基于田园、池塘的活动背景产生的，而"哪些材料可以造船？""怎样造船？"是驱动幼儿启动项目的关键性问题。大班幼儿有着强烈的探索欲望，能结合田园中的实际问题，通过自主探索达成目标。在"我们的城市"主题活动开展过程中，幼儿已积累了造船的经验，能够自发地发现问题、分析问题、解决问题，将积累的经验迁移到"造船"项目中。在项目实施过程中，幼儿运用已有经验，主动探究，积极寻找各种资源，了解船的基本结构，筛选最适合造船的材料。在整个项目实施过程中，幼儿的发展预估可以达到"3—6岁儿童发展行为观察指引"中的"能在观察、比较与分析的基础上，发现并描述事物的特征或变化""能用一些简单的方法来验证自己的猜测""活动中能与同伴分工、合作、协商，一起克服困难、解决矛盾""能运用数字、图画、图表或其他符号等记录探究过程和结果"。

整个"造船"项目有利于提高大班幼儿主动学习和探索的品质及能力，有利于增进小组间的交往，而田园沉浸式活动更能让幼儿通过反复验证调整自己的问题，让幼儿的数学、逻辑思维等多元能力得到深度发展。

二、驱动性问题

项目驱动性问题梳理一览表

幼儿的问题	教师梳理及引导
怎样造一艘人能乘坐的船？（核心问题）	了解船的构造。 收集造船材料。 了解造船步骤。
造船需要哪些材料？	
怎样让船在池塘里动起来？	去小池塘里试验新做的小船。 记录发现的问题。 寻找解决办法。
船在行驶过程中遇到下雨天怎么办？	结合实际需求对小船进行改良。
天热太晒怎么办？	

三、项目目标

收集材料，分工合作完成船的制作，体验动手的乐趣。

了解船的构造及制造方法，提升观察能力、归纳能力、解决问题的能力。

四、项目网络

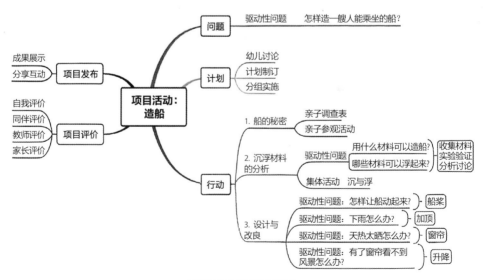

项目活动实施网络图

五、项目启动及实施过程

项目活动过程记录表

活动一：船的秘密			
活动时间	2023 年 4 月 16 日	活动地点	幼儿家里
活动形式	亲子活动。		
活动目标	了解船的构造及功能。 积累造船经验，并尝试使用现有材料制作小船。		
活动准备	调查表、相关图书等。		
活动过程	1. 亲子共同调查 　　幼儿与家长共同调查船的构造及功能，可以阅读书籍、查询网络或实地参观船舶博物馆。 　　将了解到的信息记录在调查表上，能自己表述并与同伴分享自己的调查信息。		

船的秘密调查表

姓名：＿＿＿＿＿＿	性别：＿＿＿＿＿＿	班级：＿＿＿＿＿＿
各种各样的船		
船的结构与功能		
我想做的船	材料	方法

2. 亲子共同制作
　　家长与幼儿共同利用现有材料，如吸管、塑料瓶、一次性筷子、花生壳等制作一艘船。

活动过程	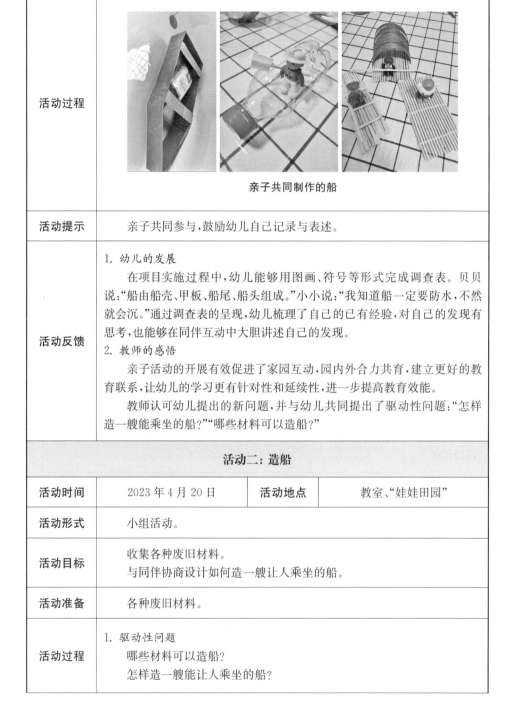 亲子共同制作的船
活动提示	亲子共同参与,鼓励幼儿自己记录与表述。
活动反馈	1. 幼儿的发展 　　在项目实施过程中,幼儿能够用图画、符号等形式完成调查表。贝贝说:"船由船壳、甲板、船尾、船头组成。"小小说:"我知道船一定要防水,不然就会沉。"通过调查表的呈现,幼儿梳理了自己的已有经验,对自己的发现有思考,也能够在同伴互动中大胆讲述自己的发现。 2. 教师的感悟 　　亲子活动的开展有效促进了家园互动,园内外合力共育,建立更好的教育联系,让幼儿的学习更有针对性和延续性,进一步提高教育效能。 　　教师认可幼儿提出的新问题,并与幼儿共同提出了驱动性问题:"怎样造一艘能乘坐的船?""哪些材料可以造船?"

活动二:造船

活动时间	2023 年 4 月 20 日	活动地点	教室、"娃娃田园"
活动形式	小组活动。		
活动目标	收集各种废旧材料。 与同伴协商设计如何造一艘让人乘坐的船。		
活动准备	各种废旧材料。		
活动过程	1. 驱动性问题 哪些材料可以造船? 怎样造一艘能让人乘坐的船?		

活动过程	2. 分组 　　通过讨论,幼儿认为只要增加材料,把船做大一些就可以让人乘坐了。在对造船的材料进行讨论时,幼儿出现了不同的想法,有的认为矿泉水瓶可以,有的认为建构室的海绵垫可以,有的认为所有的材料都可以。于是大家一共分成四组,分别选择不同的材料造船,分组验证适合造船的材料有哪些。 3. 计划 　　幼儿自主收集各种废旧材料,与同伴协商设计所要制作的船。  幼儿设计的船 4. 分工 　　幼儿在项目实施中能够分工合作,并且对研究的内容感兴趣。大家都能将自己的生活经验运用到造船活动中,如:当幼儿 A 把矿泉水瓶用胶带封好后,幼儿 B 建议他多封几条,这样牢固一些,幼儿 A 接受了同伴的建议。 5. 行动 　　第一组:用矿泉水瓶造船。　　　第二组:用海绵垫造船。 　　第三组:用纸板造船。　　　　第四组:用竹竿造船。 6. 尝试 　　四组幼儿将造好的小船拿去小池塘里做实验,有的失败了,有的成功了。在尝试的过程中,大家发现了物质在水中的沉浮现象,于是生成了集体活动“沉与浮”。

造船设计问题表

方　　案	发　现　问　题
第一组:用矿泉水瓶造船	能浮起来但漂走了。
第二组:用海绵垫造船	海绵吸水,虽然可以浮起来但变得又重又湿。
第三组:用纸板造船	纸板被水浸湿后变重,沉到水底,失败。
第四组:用竹竿造船	竹竿可以浮起来,但会漏水。

活动提示	大家在设计过程中分工合作,先思考再行动。		
活动反馈	1. 幼儿的发展 　　幼儿能够从身边的废旧材料中寻找适合造船的材料,能够用行动验证自己的想法。 2. 教师的感悟 　　教师给予幼儿自主想象、猜测、验证的空间,充分利用现有资源引发幼儿进行探究学习。		

活动三:沉与浮

活动时间	2023 年 4 月 27 日	活动地点	教室、"娃娃田园"
活动形式	集体活动、小组活动。		
活动目标	了解物质在水中的沉浮现象。 通过实验,探究材料的特点,对船进行改造。		
活动准备	经验准备:幼儿对物体的沉浮有一定了解。 物质准备:各种材料,用不同材料制作的小船。		
活动过程	1. 认识材料 (1) 导入 　　教师:上次池塘里的船,有的能漂浮在水面上,有的却沉下去了。今天,我们就来研究一下,哪些材料制成的小船可以浮在水面上? (2) 幼儿讨论,教师与幼儿共同记录 (3) 小结 　　教师:我们可以借助材料的质地、大小、重量等进行猜测。 2. 玩玩材料 　　引导语:现在桌上有一些材料,请你们分组验证自己的猜测是否准确。 (1) 分组进行实验 　　规则:将每种材料放入水中观察沉浮现象,并进行记录。 　　操作提示:认真观察物体的变化。 (2) 交流 　　哪些材料会浮起来?哪些材料会沉下去? (3) 小结 　　材料的沉浮与水的密度有关系。 3. 提升实验 　　提问:我们发现,有些材料可以浮起来,有的材料会沉下去。请你们想一想,是否可以使沉下去的材料浮起来呢? 　　小结:可以将不同材质的材料相结合。		

续　表

活动提示	活动中的材料都是幼儿自主收集的。
活动反馈	通过观察沉与浮的活动,幼儿对材料的特性有所了解,经过改造,使原本在水里沉下去的材料也能浮起来。

活动四：设计与调整

活动时间	2023 年 5 月 10 日	活动地点	"娃娃田园"
活动形式	小组活动。		
活动目标	能根据设计图进行规划、实施。 能对自己提出的问题寻求解决的办法。		
活动准备	幼儿自己设计并制作的船。		

活动过程	1. 实地探究沉与浮 　　有了集体活动的铺垫,幼儿将自己设计的船带到"娃娃田园"中进行实验,判断材料的特性,提出改良方案。 2. 发现与解决

造船设计调整表

方　案	发现问题	解决办法
第一组：用矿泉水瓶造船	胶带遇水后就没有黏性了	将矿泉水瓶固定后请教师用热熔枪帮忙加固
第二组：用海绵垫造船	海绵吸水,船沉了	底部用防水材料 KT 板封住
第三组：用纸板造船	纸板吸水,船沉了	纸板用胶带封住,底部增加 KT 板
第四组：用竹竿造船	竹竿做的船有洞,会漏水	有洞的地方用超轻黏土填充

幼儿对船只进行调整和改良

| 活动过程 | 3. 观察与分析 |||| |

船只调整结果表

方案	发现问题	解决办法	是否成功
第一组：用矿泉水瓶造船	胶带遇水后没有黏性了	将矿泉水瓶固定后请教师用热熔枪帮忙加固	成功
第二组：用海绵垫造船	海绵吸水，船沉了	底部用防水材料KT板封住	失败：海绵垫变重，依旧沉入水底
第三组：用纸板造船	纸板吸水，船沉了	纸板用胶带封住，底部增加KT板	失败：用胶带和KT板固定后还是无法承载人的重量
第四组：用竹竿造船	竹竿做的船有洞，会漏水	有洞的地方用超轻黏土填充	失败：超轻黏土长时间遇水失去黏性

随着研究的深入，幼儿发现的问题越来越多，最终只有采用矿泉水瓶的一组幼儿成功制作出了可以坐人的船。在活动过程中，幼儿们面对问题不怕挑战，积极寻求解决途径，并且能够借助网络、书籍等渠道获取信息，积极尝试。

活动提示	鼓励幼儿坚持不放弃，积极动脑、动手解决问题。

活动反馈	1. 幼儿的发展 　　幼儿在不断尝试和改良的过程中积累了造船经验，了解了物质吸水的特性，在活动过程中实现深度学习。 　　2. 教师的感悟 　（1）培养主动学习的幼儿 　　可以引导幼儿在大自然中主动观察实践，通过直接感知、实践操作、合作探究、亲身体验的方式获取知识和经验，提升探究意识和能力。 　（2）跨学科教育理念的渗透 　　"造船"项目活动整合了数学、物理等多个学科的知识。比如：幼儿在建造船体时要做到左右重量一致，选择适宜的材料，设计能承载人重量的船只。"造船"项目提升了幼儿适应未来发展的多元能力，如发现问题、解决问题、计划、探究、合作协商等能力。幼儿在发现船只下沉的问题时能够对材料进行改良，对材料的适宜性进行讨论等，充分体现了幼儿自主学习、主动探究的能力。

活动五：对船只进行改良			
活动时间	2023 年 6 月 2 日	活动地点	"娃娃田园"
活动形式	小组活动。		
活动目标	对船只加装雨棚、窗帘，探索让船只变得实用的方法。		
活动准备	制作雨棚、窗帘的材料。		
对船只改良 的缘由	继利用矿泉水瓶制作小船成功后，许多幼儿也尝试利用瓶子进行造船，并在小池塘中进行载人实验。随着天气越来越热，大家又发现了新的问题，并通过讨论将其变为驱动性问题，共同对船只进行改良。		
活动过程	改良计划表 （见下表及图）		

改良计划表

发现问题	解决办法
怎样让船动起来？	制作船桨。
人坐不稳怎么办？	加固，保持稳定性。
下雨怎么办？	加盖船顶。
天热太晒怎么办？	加装窗帘。
有了窗帘看不到风景怎么办？	改造成升降窗帘。

幼儿改造船只的过程

活动提示	幼儿自主收集材料,对船只进行改良。
活动反馈	因为有了前期解决问题的经验积累,幼儿改良船只的活动进行得很顺利。幼儿将制作好的小船放在田园小池塘中进行实验,以解决真实问题为导向,主动学习,主动思考。

六、项目发布

该项目的主要成员进行了设计介绍及演示体验,将过程中遇到的问题与大家分享。发布会现场,幼儿们能够自信地讲述,认真回答同伴的提问,邀请现场的小观众乘坐小船。

（一）关于真实场域的支持

该项目将学习与幼儿日常的生活情境相结合,通过真实的场景设置和活动安排,为幼儿提供探索和实践的机会,激发幼儿的学习兴趣,增强幼儿学习的主动性和参与性,让他们真正成为学习的主人。

（二）关于真实问题的驱动

"怎样造一艘能坐人的船?"是幼儿在日常生活中产生的真实问题。真实问题的驱动能够提高幼儿的学习效率,激发幼儿的内驱力。教师应为幼儿创设室内外探究空间,鼓励幼儿在沉浸式体验中提出问题、调查分析、捕获信息、获得解释,形成解决问题的科学思维。

（三）关于多元能力的提升

该项目按照关注幼儿兴趣→引发幼儿讨论→了解幼儿需要→让幼儿参与拟订方案→给予幼儿真实的、全面的、个性化的多样体验→评价幼儿发展的步骤展开。教师在课程建构中应关注幼儿的兴趣、需要，注重幼儿的体验，培养幼儿收集、整理信息的能力，促进幼儿多元能力的提升。

七、项目评价

（一）项目成员自评

幼儿A：我一开始就发现了矿泉水瓶是最有用的，因为我和爸爸在家已经讨论过可以使用的材料了，所以最后我们成功了。

幼儿B：我帮你们搬来了矿泉水瓶，你们一定要将瓶子对齐才能牢固地粘在一起。

幼儿C：我遇到困难时会动脑筋解决，比如我看到透明胶黏性不够的时候，就想到了老师的热熔枪。

幼儿D：我觉得我很会记录，当大家在制作过程中出现问题的时候，我会用画画的方式记录下来，在活动结束后询问老师或者同伴，看看是不是能够解决。

幼儿E：我记忆力比较好，发布会要说的一长串内容都是我记住的。

幼儿F：我会把工具材料归位，还会把物品清洁干净，这样我们下一次制作时就可以很快开始，找东西也方便呢！

（二）同伴互评

幼儿A：我觉得我们成功的关键是幼儿B家里材料多，每次缺少什么东西都是他带来的。

幼儿B：我觉得幼儿C很聪明，他想到了利用建构室的齿轮制作升降窗帘。

幼儿C：我觉得幼儿A也不错，主意最多，最会动脑筋。

幼儿D：幼儿E和幼儿F很仔细，他们剪刀用得很好，KT板都是他们帮忙修剪的。

（三）教师评价

学习品质的发展：创造力、观察能力、制订计划并执行的能力显著提高，遇到困难不放弃，愿意接受新挑战。

语言能力的发展：表达能力、语言的逻辑性有显著提高，能够有条理地将自己的发现与同伴分享。

社会性发展：喜欢合作交流，能够自信表达自己的想法，在项目实施过程中积极配合，能客观地自我评价和评价他人，有良好的合作能力。

动手能力的发展：善于使用各种材料与工具。

（四）家长评价

孩子在家遇到问题时，也能够自主寻找解决方法，探究能力有显著提升，不再那么容易放弃，更勇于挑战，愿意在尝试中不断调整自己的方法。

（李　莉）

项目活动2：铺路

年龄段：大班

一、项目背景

（一）缘起

雨后的田园到处湿漉漉的……菜叶上躲着晶莹剔透的小水滴，屋檐下滴答滴答的细雨连成线，还有泥土里的小水坑。孩子们同往日一样从田园回来后准备吃午饭，突然听见颖颖大声呼喊："老师，快来看，这里都是泥。"紧接着，杰杰也大喊着："老师，我们这里也有。"我问孩子们："这是哪里来的泥巴呀？"大家低头看着自己的鞋底，惊讶地发现大家的鞋底全是泥巴。昕辰建议："田园的泥巴太脏了，我们不如给田园铺条路吧。"

（二）价值判断

"铺路"项目的形成源于幼儿对实际问题的解决。整个项目实施过程呈现了幼儿完整的思考，发现问题→分析原因→实施办法→验证想法→解决问题→后续关注。

在整个项目实施过程中，教师将幼儿推到主体地位，尊重幼儿的想法，辅助幼儿完成项目活动的开展。幼儿从计划、分组、分工、收集材料、实施、验证成果到后续维护，体现了开放的思维和独立自主的学习过程。幼儿在项目中的表现符合《上海市幼儿园办园质量评价指南（试行稿）》（以下简称《评价指南》）中的"3—6岁儿童发展行为观察指引"的要求：乐于在动手、动脑中寻找问题的答案，对探索中的发现感到高兴和满足。

在小组合作中，幼儿收集了树枝树叶、瓶瓶罐罐、砖头石子、废衣废布等材料，与同伴共同尝试对泥泞路面进行修整。大家根据小组成员设计的图纸执行"铺路"计划，具体包括：铺的材料，铺路的方式，材料的数量等。幼儿在项目执行中的表现符合《评价指南》中的要求：在帮助下，能制订简单的调查计划，并按计划收集信息;能运用数字、图画、图表或其他符号等记录探究过程和结果。幼儿在获得科学经验的同时,其分工合作能力、动手实践能力、审美能力也获得了发展。

各小组完成项目后,幼儿又对自己的成果进行反复验证,如:在铺好的路面走一走,请成人评价,询问其他班级幼儿的意见等。这些表现说明幼儿能在探究中与同伴合作,并交流自己的发现、问题、观点和结果等,其解决问题能力、生活能力、价值判断能力等获得发展。

二、驱动性问题

项目驱动性问题梳理一览表

幼儿的问题	教师梳理及引导
脚底怎么有泥呢?	让幼儿了解脚底泥巴的来源。
田园里都是泥,有的地方没有路,应该怎么办呢?	激发幼儿铺路的愿望。
用什么材料铺路?	让幼儿分组收集铺路材料。
怎么铺路?	引导幼儿制订铺路计划,放手让幼儿尝试铺路。

三、项目目标

制订计划,收集材料,分工合作为田园铺路,体验合作解决问题的乐趣。

在铺路的过程中,发展观察判断的能力、归纳总结能力、解决问题的能力。

四、项目网络

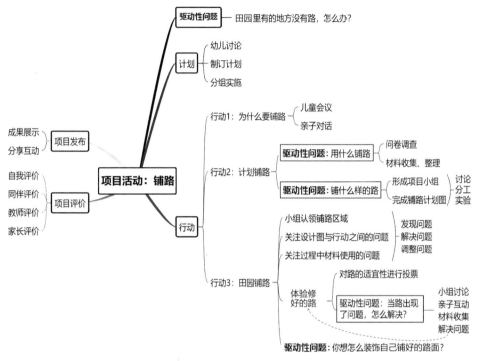

项目活动实施网络图

五、项目启动及过程记录

项目活动过程记录表

活动一：为什么要铺路？			
活动时间	2023 年 10 月 18 日	活动地点	教室、幼儿家里
活动形式	儿童会议。		
活动目标	发现脚底泥巴的来源。 形成铺路计划。		
活动过程	1. 师幼互动 　　提问：脚底的泥哪里来的？为什么脚底会有泥？		

活动过程	2. 儿童会议 　　下次去田园脚底全是泥怎么办? 3. 亲子对话 　　提问:如果我们要铺路,可以怎么做? 　　资料查阅:我们身边的路都是什么样的?
活动提示	以视频、图文、调查表等方式记录谈话内容。
活动反馈	大自然是幼儿的活课堂,在大自然中幼儿的天性能得到尽情释放。《3—6岁儿童学习与发展指南》中指出,要珍视游戏和生活的独特价值,创设丰富的教育环境,合理安排一日生活,最大限度地支持和满足幼儿通过直接感知、实际操作和亲身体验获取经验的需要。教师应尊重幼儿的想法及需求,支持铺路项目的开展。

活动二:计划铺路

活动时间	2023年10月24日—10月28日	活动地点	教室
活动形式	小组讨论、儿童会议。		
活动目标	收集可以铺路的材料。 与同伴协商铺路的计划。		
活动准备	各种废旧材料。		
活动过程	1. 驱动性问题:用什么材料可以铺路? (1) 讨论 　　通过集体讨论,幼儿提出了诸多铺路的材料,如瓶子、布、砖头、稻草、树枝树叶等。最终经过投票确定了使用树枝树叶、砖头、瓶子、废布四种材料作为铺路材料。 **幼儿收集项目实施的材料**		

活动过程	（2）分组

（2）分组

幼儿根据自己对材料的选择自主分成四组，每组确立一个组长，指导小组铺路活动的实施。

第一组：用废布铺路。

第二组：用树枝树叶铺路。

第三组：用瓶子铺路。

第四组：用砖头铺路。

铺路的材料

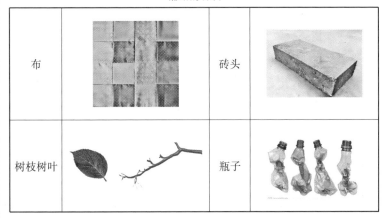

布		砖头	
树枝树叶		瓶子	

2. 驱动性问题：铺什么样的路？

讨论：确定材料后，接下来小组要商量怎么铺路，并形成各组铺路的设计图。

分组：正式铺路前，各组幼儿先在班级个别化活动中模拟铺路过程，等时机成熟后一同前往田园里实施铺路计划，充分利用室内外场域提高项目活动实施的有效性。

活动过程	 **各小组幼儿讨论铺路方案** 　　随着材料的丰富,幼儿开始思考,这些材料可以铺什么样的路? 如果全部拿到田园里面,可以怎么铺呢? 大家开始分组设计方案,每组选择一种材料,根据材料的特征制订铺路计划。例如:布可以铺在比较大的路上,重叠铺;瓶子需要踩扁后排整齐;砖头可以按照顺丁交错的方式铺设在路面上。
活动提示	材料选择是实施铺路计划的第一步。幼儿自主选择材料,收集材料,搬运材料,获得充分的自主权,将自己的想法付诸实践。
活动反馈	1. 幼儿的发展 　　在协商过程中,幼儿分组制订铺路计划,体现了主动学习、合作协商的良好品质。 2. 教师的感悟 　　低结构的材料有利于激发幼儿的想象力和创造力,幼儿会在已有经验的基础上建构新经验。当幼儿提出用瓶子铺路的建议时,教师并没有直接否定幼儿的提议,而是希望幼儿在实践中亲自检验材料的适宜性。

活动三: 田园铺路

活动时间	2023 年 10 月 31 日—11 月 8 日	活动地点	"娃娃田园"
活动形式	小组讨论、集体分享交流。		
活动目标	在田园中实施铺路计划。 关注幼儿与同伴在合作中发现问题、解决问题的能力。		
活动准备	各种铺路材料,实施计划图。		
活动过程	1. 行动 　　每组幼儿带上自己收集的铺路材料、设计图纸和辅助材料去"娃娃田园"实施铺路计划。		

续　表

活动过程	2. 关注 　　教师作为旁观者,不参与幼儿的铺路活动,可重点观察以下内容: ● 各小组铺路过程中的分工合作情况。 ● 各小组是否按计划铺路,及时了解幼儿不同的想法。 ● 铺路过程中是否遇到困难,如材料缺失、无法按照图纸执行计划等。 ● 记录幼儿在铺路过程中出现的困难和解决的办法。 3. 体验 　　四组幼儿走一走自己铺的路以及同伴铺的路。  幼儿体验铺好的路 4. 说一说

体验后的问题梳理表

序号	发 现 的 问 题
1	用废布铺路,下雨后布还是会被泥水浸湿。
2	用树枝树叶铺路容易把人绊倒,树叶粘在脚底容易腐烂。
3	用瓶子铺的路不稳,容易踩空,而且走起来不舒服。
4	用砖头铺的路最坚固。
5	设计的图纸在执行时遇到了诸多困难,如:场地空间变大了,材料不充足,用来连接瓶子的材料在具体操作时容易松开。

续　表

活动提示	铺路过程中引导大家分工合作,先思考再行动。
活动反馈	1. 幼儿的发展 　　实施铺路过程涉及很多生活常识,比如:瓶子的连接、砖头的排列、树枝树叶腐烂与环境之间的关系、布料的吸水性等,能激发幼儿主动探究、主动学习的潜能。 2. 教师的感悟 　　幼儿们在整个铺路过程中体现出了专业的合作能力。他们真正成为学习的主人,没有争吵,没有离队,主动解决问题,相互协作,成功完成任务。

活动四:第二次铺路

活动时间	2023 年 11 月 8 日—11 月 15 日	活动地点	"娃娃田园"
活动形式	小组讨论,集体分享交流。		
活动目标	体验铺好的路,愿意在同伴面前清晰地表达自己的感受。 与组员共同协商解决问题,积累解决问题的经验。		

活动过程	经过讨论,大家对发现的问题进行调整。 铺路问题梳理表 表格见下

铺路问题梳理表

发现的问题	解决的办法
用废布铺路,下雨后布还是会被泥水浸湿。	尝试在废布下面铺一层防水桌布,但还是容易积水,人走上去容易滑倒,所以用布铺路不适合。
用树枝树叶铺路容易被绊倒,树叶粘脚底,并且容易腐烂。	树叶树枝铺的路又乱又脏,所以不适合用树枝树叶铺路。
用瓶子铺的路不稳,容易踩空,走起来不稳当。	把瓶子都踩扁了,然后用麻绳、透明胶固定,但还是感觉不稳,走上去容易滑倒,所以不适合用瓶子铺路。
用砖头铺的路最坚固。	砖头既坚固又容易排列,砖头之间有缝隙还不容易积水,所以用砖头铺路最合适。
无法完全按照图纸执行计划。	重新调整图纸,形成新版施工图,更贴合田园场地环境。

续　表

活动过程	 幼儿修整路面
活动提示	结合各自的体验进行修整。
活动反馈	1. 幼儿的发展 　　幼儿积累了解决问题的方法和经验,并通过自己的探索提高了观察能力,增强了自信心。 2. 教师的感悟 　　关注现象—提出问题—尝试解决是幼儿学习的主要途径。幼儿的答案也许并不科学,但教师应尊重他们的意愿,不要简单地给予否定。幼儿应成为田园建设的一分子,为田园建设贡献自己的智慧和力量。如今走在田园里,听到的最暖心的一句话就是:你们看,这是我们自己铺的路。 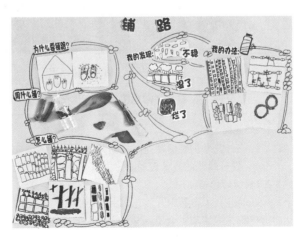 幼儿"铺路"思维导图

续　表

活动五：美化我们的路			
活动时间	2023 年 11 月 15 日—11 月 18 日	活动地点	教室、"娃娃田园"
活动形式	小组活动,儿童会议。		
活动目标	用多种工具和材料对铺好的路进行装饰和美化,让路面更具美感和艺术性。 活动中能与他人相互配合。		
活动准备	绘画材料、设计图若干。		
活动过程	1. 谈话活动 　导入:上一次的活动后,有的幼儿提出想要美化路面,那你们有什么想法吗? 2. 驱动性问题:你想怎么美化路面? (1) 图案的设计 (2) 装饰材料的设计 3. 开始美化路面 (1) 有计划有分工地美化 (2) 进入田园后的即兴美化 幼儿美化路面		
活动提示	建议网络收集一些创意图片供幼儿参考,给幼儿提供更多创作灵感。		
活动反馈	1. 幼儿的发展 　户外艺术创想活动能激发幼儿艺术表现的兴趣,同伴间相互借鉴,相互分享,提升幼儿的艺术表现能力。 2. 教师的感悟 　幼儿在大自然中开展艺术活动,空间自由、主题不限、材料多元,呈现出与传统艺术活动完全不一样的特点。在美化路面的过程中,教师的评价理念发生转变,不再简单用"像不像""好不好"等标准来评价幼儿的作品,更多是了解并倾听幼儿艺术表现的想法或感受,领会并尊重幼儿的创作意图。		

六、项目发布

学期末,教师为大家呈现了"铺路"项目的发布会。发布会以小组形式展开,幼儿自主商量推选组长、确定发布形式、收集发布材料、展示成果作品。

(一) 看见幼儿在项目活动中的主动学习

随着项目活动的深入,教师聚焦幼儿,关注幼儿良好学习品质与思维品质的发展,活动中不断提升幼儿主动发现问题、解决问题的能力。例如:当幼儿在铺好的路面上走一走时,发现小脚会从路面滑落下去,用绳子固定的瓶子在搬运途中容易散开,幼儿马上调整材料,改进方法。

(二) 看见教师的适宜介入

教师是幼儿学习的支持者、配合者和引导者,所以项目活动中教师何时介入,以什么方式介入变得至关重要。在"铺路"项目中,教师更多以平等对话的方式询问幼儿:"我可以为你做什么?""你们需要我怎么做?""我可以和你一起吗?"同时,教师也以参与者的角色介入活动,如:在体验过程中,教师和幼儿共同走过每一条路,大家相互沟通各自的看法。

(三) 看到家长的大力支持

《上海市学前教育课程指南(试行稿)》指出:要积极创造条件,让家长认同、支持、参与幼儿园课程的开发和实施。要充分利用家庭、社区及周边环境的教育资源,扩展幼儿生活和学习的空间。一次项目活动的完美结束离不开家长的支持。"铺路"项目实施的每个阶段都得到了家长的大力支持,如:项目前期,家长送来了一捆一捆的废旧衣物;项目中期,家长送来各种各样的瓶子;项目终期,家长配合教师一起梳理幼儿项目开展的历程,辅助成果发布会的顺利召开。

七、项目评价

《上海市学前教育课程指南(试行稿)》指出:幼儿管理人员、教师、家长是课程评价工作的参与者。评价过程是各方共同参与、相互支持与合作的过程。"铺路"项目中,教师建立了促进幼儿和谐发展的评价体系,打破了传统评价模式的束缚。

(一) 真实情境中的动态评价

围绕幼儿园"娃娃田园"中的真实情境,基于幼儿问题探究的进程对幼儿进行实时评价。

在项目启动后,幼儿以小组的形式收集材料,设计图纸。在项目实施过程中,各组幼儿顺利完成了路面铺设。在检验路面铺设质量的过程中,大家自主评价路面铺设材料的适宜性,自主寻找改善方式。通过真实的情境和活动,幼儿对自己的项目执行形成了真实有效的动态评价。

（二）共同成长的同伴评价

幼儿在同伴评价的过程中树立同伴评价视角,主动参与评价,让大家的发展彼此看得见。

在所有路面铺好后,幼儿在亭子里休息,突然有一名幼儿走过来和教师说:"老师,我们可以到每条路上走走吗?"在这个过程中,我们捕捉到幼儿的感受及评价语言,如:这个瓶子路不舒服,脚会滑下去;树枝树叶路不稳当,总是打滑;废布铺成的路很软很舒服;砖头铺的路就跟我家门前的路一样……幼儿在探究中与同伴交流自己的发现,发展了解决问题的能力和价值判断的能力。

（三）反思调整中的自我评价

幼儿自我评价是自我意识的一种表现,通过开展自我评价,幼儿体验着自己的收获和困惑,渐渐形成良好的自我意识,塑造健全的人格。通过小组讨论、集体分享交流、成果发布会等形式,教师提供图片、视频等材料,帮助幼儿反思自己的学习历程,让幼儿的学习看得见。

在分享交流环节,有幼儿说,我觉得大家带来的瓶子有点小,所以我们走上去不稳,我们可以带大瓶子来试一试。有的说,我们在铺路的时候花了很长时间把瓶子踩扁,脚很累,大家可以在家把瓶子先踩扁再带来。

自我评价能推动幼儿大胆表达自己对事件的看法,辅助幼儿形成正确的自我认识。教师也将幼儿每阶段形成的成果展示在主题墙上,以便幼儿回顾与再思考。

（四）社会资源中的成人评价

评价主体多元化是教育评价改革的重要内容,成人参与幼儿发展评价是评价主体多元化的必然要求。幼儿园与家庭、社区密切合作,积极构建校家社协同育人机制,充分利用自然、社会和文化资源,共同创设良好的育人环境。

"铺路"活动邀请了社区代表、家长、后勤代表进行现场观摩评价。大家依托观察维度表、发布会、情景剧等形式,围绕幼儿园课程实施,幼儿在家园中的表现和生活自理能力等给予评价。

幼儿园课程评价是幼儿园课程设计、开发和实施的重要环节,贯穿于课程发展的全过程,是促进幼儿全面发展、主动发展、差异发展的有效手段。在评价实施过程中,我园力求让评价内容更多元,评价视角更全面,评价人员更广泛,评价方法更多样。

（吉宵凤）

项目活动3：有趣的橘子宝宝

年龄段：小班

一、项目背景

（一）缘起

"娃娃田园"里有一棵高高的橘子树，每年秋天，树上都会长满橘子。今年，在孩子们的期盼中，树上的橘子慢慢变黄了。去"娃娃田园"时，幼儿总会忍不住踮起脚尖摸摸橘子，闻闻橘子，还会不时地询问："什么时候可以来摘橘子？"《3—6岁儿童学习与发展指南》中指出：幼儿科学学习的核心是激发探究欲望，体验探究过程，发展初步的探究能力。成人要善于发现和保护幼儿的好奇心，充分利用自然和实际生活机会，引导幼儿学习发现问题，分析问题和解决问题。因此，教师抓住契机，从幼儿的兴趣出发，借助"娃娃田园"里的橘子树，开启了"有趣的橘子宝宝"项目活动。

（二）价值判断

班级幼儿有一些比较零散的关于橘子的生活经验，比如：和爸爸妈妈去水果店里买过橘子，看到过橘子在树上的生长过程，也品尝过橘子。本项目的开展一方面是基于幼儿自然萌发的探究兴趣，一方面也是基于3—4岁幼儿发展的需求。在整个项目开展过程中，幼儿能在不断实践探究的过程中，获得多感官体验，满足好奇心。预估可以达到《上海市幼儿园办园质量评价指南（试行稿）》中"3—6岁儿童发展行为观察指引"的"能仔细观察自己感兴趣的事物，发现其明显特征""能用多种感官或动作探索事物，对结果感兴趣""能按自己的兴趣选择活动，能为自己做的好事情或取得的活动成果感到开心""能初步了解和体会动植物与人类生活之间的关系""喜欢涂涂画画、粘粘贴贴等活动"。

二、驱动性问题

项目驱动性问题梳理一览表

幼儿的问题	教师梳理及引导
长在高处的橘子怎么摘?	● 通过亲子活动辅助幼儿了解采摘橘子的方法,家长帮助完成记录,收集准备采摘的工具或材料。 ● 幼儿来园分享交流。 ● 幼儿采摘橘子,记录发现的问题并分享交流。
为什么橘子有的甜,有的涩?	● 剥橘子,品尝橘子。 ● 记录问题。
橘子皮有什么用?	基于小班幼儿年龄特点,建议教师或家长带着幼儿共同参与。 ● 完成调查表,鼓励幼儿交流。 ● 根据兴趣,分组探究:用橘子皮泡茶,用橘子皮做陈皮,做橘子皮贴画。 ● 记录发现的问题,寻找解决办法。

三、项目目标

尝试运用不同的工具和方法采摘橘子,体验采摘的乐趣。

认识橘子的主要特征,体验分享橘子的快乐。

喜欢探究,愿意动手尝试,能初步感知和体会橘子皮和人们生活之间的关系。

四、项目网络

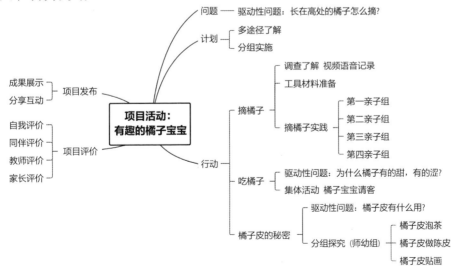

项目活动实施网络图

五、项目启动及过程记录

项目活动过程记录表

活动一：摘橘子的方法			
活动时间	2023 年 10 月 23 日	活动地点	幼儿家里
活动形式	亲子活动。		
活动目标	了解高处摘橘子的一些方法,积累摘橘子的相关经验。 亲子共同收集、准备采摘工具和材料。		
活动准备	发布活动公告,邀请家长参与。		
活动过程	1. 探究采摘方法 　幼儿多途径了解采摘橘子的一些方法,如查询网络,向他人咨询等。 　通过语音或视频录制的方式,记录采摘的方法。 2. 亲子收集准备 　家长与幼儿共同收集采摘工具或材料。 　幼儿来园分享交流:说说收集的工具或材料,分享采摘的方法。		
活动提示	亲子共同参与,鼓励幼儿表达。		
活动反馈	1. 幼儿的发展 　幼儿 A 说:"可以请老师或者爸爸妈妈抱着我,我就变高了,就能摘到橘子了。"幼儿 B 说:"可以搬个桌子站在上面,就可以摘到橘子了。"幼儿 C 说:"我准备了很多材料摘橘子,有马甲袋,还有小棒。"幼儿 D 说:"爸爸说请梯子帮忙就可以了。"幼儿梳理总结了采摘橘子的一些方法,并收集准备的工具或材料。 　幼儿能在家长的帮助下,了解采摘橘子的方法,能配合家长用语音或视频进行记录。 2. 教师的启发 　教师可借助社群发布公告,取得家长的支持,为后期活动开展奠定基础。		
活动二：摘橘子			
活动时间	2023 年 10 月 28 日	活动地点	教室、"娃娃田园"
活动形式	小组活动。		

续　表

活动目标	尝试运用不同的工具和方法采摘橘子。 体验采摘橘子的乐趣与劳动的喜悦。
活动准备	邀请家长志愿者参与,准备工具材料。
活动过程	1. 驱动性问题 　　长在高处的橘子怎么摘? 2. 幼儿分组 　　在前期亲子活动中,幼儿了解了很多方法,有的说可以用小棒敲树枝,橘子掉在地上就可以捡了;有的说可以用梯子爬上去摘;有的说可以由爸爸妈妈或者老师抱着摘;还有的说可以站在桌子、椅子上面摘。于是,使用相同方法的幼儿被分到一组,共分为四组。 3. 行动 　　不同组的幼儿分别选择相应的工具或材料进行采摘橘子的活动。 　　第一组:小棒敲树枝。 　　第二组:使用梯子登高摘。 　　第三组:抱着摘。 　　第四组:站在桌子或椅子上摘。 4. 尝试 　　四组幼儿在家长志愿者及教师的指导下,尝试摘橘子,有的失败,有的成功。先摘到橘子的幼儿迫不及待地剥橘子吃,有的说橘子的味道是酸酸甜甜的,有的说橘子不好吃,有点涩。针对幼儿实践后发现的问题,教师整理成表格。 **行动后发现的问题** {TABLE} 5. 分享交流 　　提问:你和谁一起采摘橘子的? 你们是用什么方法采摘的?

行动后发现的问题

方　　案	发　现　问　题
第一亲子组:小棒敲树枝	橘子有可能掉落下来,如果用力太大,叶子也会一起掉下来。
第二亲子组:使用梯子登高摘	能爬到梯子上摘橘子,但橘子树的树杈太多,梯子不容易放稳。
第三亲子组:抱着摘	能迅速摘到橘子,比较安全。
第四亲子组:站在桌子或椅子上摘	能摘到橘子,但小朋友站在桌子、椅子上不太安全,需要爸爸妈妈或老师在旁边保护好。

活动过程	 摘橘子
活动提示	可以请一些家长志愿者帮助、指导小班幼儿采摘橘子。
活动反馈	1. 幼儿的发展 　　幼儿愿意参与采摘活动,在活动中锻炼动手能力;幼儿能在教师的引导下,认识不同方法或工具的优缺点。 2. 教师的思考 　　教师要充分利用现有资源,放手让幼儿去尝试采摘橘子;教师要及时运用多种方式记录幼儿实践的过程以及发现的问题,引导幼儿探究学习。

活动三：橘子宝宝请客

活动时间	2023 年 10 月 30 日	活动地点	教室
活动形式	集体活动。		
活动目标	运用多种感官认识橘子的主要特征。 愿意自己动手,体验分享橘子的快乐。		
活动准备	经验准备:对橘子有初步的认识。 物质准备:魔术箱(装有橘子、苹果、梨),橘子,小盘,湿毛巾。		
活动过程	1. 欢迎橘子宝宝(回顾已有经验,激发幼儿兴趣) (1) 引导幼儿打招呼 　　教师:看一看,今天谁来小三班做客啦!(橘子) (2) 认识橘子 　　教师:原来是我们自己采摘的橘子,橘子宝宝长什么样呢? 谁来说一说? (3) 小结 　　教师:橘子宝宝的颜色各种各样,有的黄黄的,有的绿绿的,有的有黄有绿,而且它们都是圆圆的。		

活动过程	2. 橘子宝宝捉迷藏(运用触觉感知橘子的主要特征) 　　引导：橘子宝宝要和我们玩捉迷藏,它躲进了一个魔术箱! 请你把它找出来。 (1) 动手操作 　　教师：魔术箱里还有其他水果宝宝,请你将橘子宝宝找出来,不许偷看哦! (2) 说一说橘子的特征 　　提问：你摸到的橘子宝宝是什么样的? 　　小结：橘子宝宝摸上去圆圆的,软软的,上面还有一个小柄。 3. 品尝橘子 (1) 剥橘子 　　操作：每人选一个橘子,剥开闻一闻。 　　小结：剥开橘子宝宝的皮,闻上去香香的。 　　提问：剥开橘子皮,里面是什么样的? 请你把它分开,放在小盘里。 　　小结：原来橘子宝宝里面有许多一瓣一瓣的橘肉。 (2) 吃橘子 　　引导：我们一起尝一尝橘子的味道吧! 　　教师边念儿歌边与幼儿一起吃橘子：橘子橘子圆圆,剥开像只小船;小船小船弯弯,开到宝宝嘴里。 　　提问：你们的橘子像什么? 橘子的味道如何? 为什么绿绿的橘子有点涩? 　　小结：如果橘子皮是黄黄的,说明成熟了,吃起来就会甜甜的,很美味;如果橘子皮是绿绿的,说明橘子还没有成熟,有可能吃起来有点涩涩的。 　　提问：还有那么多橘子船,可以开到哪里去呢?(好朋友嘴里) 　　　　　小船开到哪个好朋友的嘴巴里了?(鼓励幼儿与同伴分享) 　　小结：今天我们了解了橘子宝宝的很多小秘密,下次我们还可以继续去探秘。
活动提示	剥下来的橘子皮可以收集好,在个别化活动中使用。 品尝的橘子要清洗干净,保证卫生。
活动反馈	1. 幼儿的发展 　　幼儿通过观察能说出橘子的一些特征,比如：橘子果肉黄黄的,吃起来酸酸的,还有果核。大多数幼儿能自己动手剥橘子,并且乐意和好朋友分享。 2. 教师的思考 　　幼儿剥完橘子后没有把橘子皮扔到垃圾桶里,有的橘子皮掉在地上也没有捡,所以还要对孩子加强文明行为教育。

续　表

活动四：橘子皮有什么用?			
活动时间	2023 年 11 月 3 日	活动地点	幼儿家里
活动形式	亲子活动。		
活动目标	通过亲子调查,了解橘子皮的用处。 记录橘子皮的用途,并能用语言表述出来。		
活动准备	调查表、书籍等。		
活动过程	1. 亲子调查 　　幼儿与家长利用书籍、网络等途径共同调查橘子皮的用处。 2. 记录并分享调查结果 　　幼儿将了解到的信息记录在调查表上,并与同伴分享自己的调查结果。 **橘子皮用途调查表** <table><tr><td>姓名：</td><td>班级：</td><td>性别：</td></tr><tr><td>橘子皮的用处</td><td></td><td></td></tr></table>		
活动提示	幼儿尝试用简单的图画或符号记录,还可以尝试将收集到的图片资料粘贴在记录表上。		
活动反馈	1. 幼儿的发展 　　亲子调查结束后,部分幼儿能够用图画、符号等形式完成调查表,并能用自己的语言表述出来。幼儿 A 说:"我知道橘子皮可以泡茶。"幼儿 B 说:"我知道橘子皮可以烧菜。"幼儿 C 说:"橘子皮可以贴成画。"调查表可以帮助幼儿梳理经验,让幼儿在同伴面前顺利讲述自己了解的知识。 2. 教师的感悟 　　开展亲子活动能体现家园合作的优势,能够丰富幼儿的经验。教师可以根据幼儿的兴趣,选择适合的活动在班中开展。		
活动五：橘子皮的秘密			
活动时间	2023 年 11 月 5 日	活动地点	教室
活动形式	小组活动。		

活动目标	在初步了解橘子皮用途的基础上进一步探索橘子皮的秘密。 体验与朋友一起探索橘子皮秘密的乐趣。
活动准备	经验准备：幼儿对橘子皮的用途有所了解，积累了相关经验。 物质准备：橘子、湿抹布、小盘子、小箩筐、密封瓶子、水壶、水杯、小喷瓶、剪刀等。
活动过程	1. 驱动性问题 　　橘子皮有什么用？ 2. 分组 　　幼儿自发分组，根据自己的兴趣参与不同的小组活动。 3. 计划 　　幼儿在教师的指导下选择活动所需要的材料，尝试开展不同的探索活动。 4. 分工 　　幼儿在项目中能够积极探索，并且对研究的内容感兴趣。三组幼儿都能将自己前期了解的生活经验运用到活动中，如：泡茶的橘子皮要洗干净，做陈皮就要把橘子皮放在太阳下晒干，把橘子皮用剪刀剪出形状后再用胶水粘贴。 5. 行动 　　第一组：用橘子皮泡茶。 　　第二组：将橘子皮制成陈皮。 　　第三组：用橘子皮做贴画。 6. 尝试 　　三组幼儿根据自己的兴趣和调查结果选择了不同的活动。 洗橘子皮　　　　　晒橘子皮  橘子皮贴画

活动过程	

行动后的问题梳理表

方　案	发　现　问　题
第一组：用橘子皮泡茶	橘子皮泡茶用冷水还是热水？
第二组：将橘子皮制成陈皮	晒橘子皮的过程中发现橘子皮发霉了。
第三组：用橘子皮做贴画	橘子皮干了以后会皱起来，从贴画中掉下来。

问题解决办法罗列

发　现　问　题	解　决　办　法
橘子皮泡茶用冷水还是热水？	分别尝试用热水和冷水泡茶，品尝两种不同的味道。
晒橘子皮的过程中发现橘子皮发霉了。	避免橘子皮潮湿，晴天拿出去晒，雨天放在室内。
橘子皮干了以后会皱起来，从贴画中掉下来。	请老师用热熔胶枪加固。

活动提示	泡橘子皮的水水温不要太高，幼儿自主操作时注意安全。
活动反馈	自制陈皮时，碰到阴雨天，橘子皮晒不干。于是教师组织幼儿讨论，大家积极动脑，提出了许多有效的解决策略，并在具体实践中获得成功，解决了橘子皮晒不干的问题。 　　活动中，幼儿愿意表达自己的发现，如：在品尝橘子皮泡的水时，有的孩子说甜甜的，有孩子说好香啊，还有的孩子说有点苦。

六、项目发布

针对小班幼儿年龄特点，项目结束时开展了两场发布会：一场是面向家长的线上发布会，让家长进一步了解项目开展情况以及幼儿在项目活动中的表现；一场是面向幼儿的橘子皮贴画作品展示会，请幼儿欣赏并评价。

（一）项目活动凸显年龄特质

小班幼儿对周围世界充满浓厚的兴趣，对新鲜事物具有强烈的好奇心。

我园依托"娃娃田园"的资源开展项目活动,支持幼儿围绕驱动性问题,开展符合小班幼儿年龄特点的项目活动,如:亲子摘橘子,师幼共同探究橘子皮的秘密。过程中,幼儿通过直接感知、动手操作等方式了解橘子的特点。同时,小班幼儿已经能用简单的言语与同伴交往,向同伴表达自己的感受。项目发布时,幼儿和教师一起布置现场,积极介绍自己的作品,为自己取得的项目成果感到高兴。

(二)项目活动注重感官体验

《3—6岁儿童学习与发展指南》指出:能用多种感官或者动作去探索物体,关注动作所产生的结果。在"有趣的橘子宝宝"项目活动开展过程中,小班幼儿通过看一看、摸一摸的方式感知橘子的主要特征,在动手剥橘子的过程中锻炼了手眼协调能力。幼儿又通过闻一闻、尝一尝的方式,感知橘子的味道。在此过程中,幼儿成了有能力的学习者。

(三)家园携手,推进项目活动

项目活动开展过程中,家长给予了充足的理解与支持。家长在主动参与项目活动的过程中,与幼儿增进了情感交流,也看到了幼儿不一样的表现。项目成果在线发布后,教师从家长的在线留言中看到了家长对项目活动的肯定,看到了家长教育理念的转变。

七、项目评价

(一)项目成员自评

幼儿 A:我的本领很大,会自己摘橘子。

幼儿 B:老师给我竖大拇指了。

幼儿 C:我会用橘子皮泡茶喝。

幼儿 D:橘子真好吃,大家一起分享真快乐。

幼儿 E:我会洗橘子皮。

(二)同伴互评

幼儿 A:我给幼儿 C 的画贴了一个大拇指。

幼儿 B:我要抱抱好朋友,因为他把橘子给我吃了。

幼儿 C:幼儿 A 本领很大,他能摘到很多橘子。

幼儿 D:我看到幼儿 F 每天都会去晒橘子皮。

（三）教师评价

语言能力的发展：幼儿愿意用清晰、流畅的语言表达自己的看法。

社会性发展：幼儿能按自己的兴趣选择活动，能为自己取得的成果感到开心，愿意与同伴共同活动，共同分享。

探究与认知发展：幼儿有观察兴趣，能运用多种感官或动作探索事物，能发现事物明显的特征。

表现与创造发展：幼儿喜欢橘子皮贴画，能用水彩笔和蜡笔进行添画，丰富画面细节。

（四）家长评价

第一，幼儿更喜欢上幼儿园了，会主动告诉家长项目活动开展过程中发生的事情。

第二，幼儿更喜欢问为什么了，经常向家长提出各种各样的问题。

第三，幼儿更喜欢和家长一起探索新事物了。

（金　花）

项目活动4：鸡宝诞生记

年龄段：中班

一、项目背景

（一）缘起

一天，"娃娃田园"里来了两只小鸡，幼儿们兴奋极了。"快看快看，有小鸡！""它们到我们田园里来找吃的吗？""它们会下蛋吗？小鸡是从哪里来的呢？"大家的好奇心被激发了，一连串的问题脱口而出。于是，大家围绕"小鸡是从哪里来的？"展开了大讨论。有的说，是鸡妈妈孵蛋孵出来的；有的说是人工养殖的；还有的介绍，孵蛋器也能孵出小鸡。于是，项目活动"鸡宝诞生记"由此生成。

（二）价值判断

"孵出一只小鸡"成了幼儿的活动诉求。但在实践过程中出现了诸多操作问题："如何观察小鸡的孵化过程？""如何让孵蛋器始终保持适宜的温度和湿度？"这些问题的解答是驱动项目不断推进的关键所在。因此，教师带领幼儿围绕关键问题进行了一系列的探索，如：调查小鸡孵化的条件，探索孵蛋器的使用，多维度观察鸡蛋的变化并做好记录，打造小鸡的家，等等。

整个"鸡宝诞生记"项目实施中，融合了多学科领域的知识经验，比如：成功孵化小鸡需保持适宜的湿度和温度，鸡蛋在孵化过程中会发生显著的变化；为小鸡造家；对鸡蛋进行标记；等等。这些知识、经验有利于提高幼儿探索的兴趣及解决问题的能力，促进幼儿不断调动自己的已有经验，始终处于主动、积极、专注的学习状态。

同时，项目活动的开展有利于发展幼儿的多种能力，提升幼儿的理解能力、思辨能力、归纳总结能力、合作能力等，帮助幼儿从小建立问题意识，形成良好的学习品质。

二、驱动性问题

项目驱动性问题梳理一览表

幼儿的问题	教师梳理及引导
小鸡从哪里来？ 怎样才能孵化小鸡？	多途径查找资料，合作制订孵化小鸡的计划。 分工收集孵化、饲养小鸡所需要的材料。
如何辨别和观察每一个鸡蛋？	用数字给鸡蛋做标记。
如何让孵蛋器保持适宜的温度和湿度呢？	自制说明书，介绍调节温度和湿度的方法。
小鸡需要多少天才能破壳而出？怎样才能观察到变化呢？	利用手电筒照射、电子秤称重等方式观察鸡蛋内部的变化。
所有鸡蛋都能孵出小鸡吗？	没有受精的鸡蛋是无法孵出小鸡的。
小鸡出生后意外死亡了，怎么办？	调查分析小鸡死亡的原因，为小鸡举办葬礼。
小鸡住的家总是又脏又臭，怎么办？	运用多种工具和材料清理鸡窝。

三、项目目标

收集材料，检索信息，分工合作孵化和饲养小鸡，体验生命成长的过程。

愿意参与养殖活动，在活动中获得愉快体验，对动物萌发喜爱之情。

四、项目网络

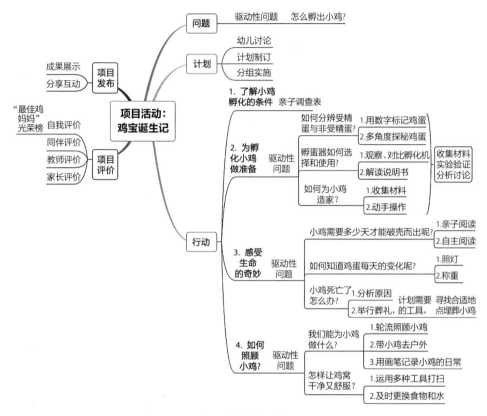

项目活动实施网络图

五、项目启动及过程记录

项目活动过程记录表

活动一：孵蛋大调查			
活动时间	2023 年 3 月 21 日	活动地点	教室
活动形式	集体活动、亲子活动。		
活动目标	通过亲子调查了解小鸡孵化的条件。 通过儿童会议、自主投票等方式确定孵蛋方式，为后续孵蛋做准备。		

活动准备	亲子调查表、图画书《狐狸爸爸鸭儿子》。
活动过程	1. 亲子调查 家园共育,制作亲子调查表,了解小鸡孵化的条件。 **孵蛋调查表** 2. 儿童会议 通过儿童会议讨论并决定孵化小鸡的方式。在讨论中,幼儿认为母鸡孵化小鸡合理,但实施难度大,缺少空间和时间。孵蛋器更适合在班级中使用,可操作性强。
活动提示	在亲子调查中,家长应指导幼儿了解调查信息,为孵化活动的开展奠定知识基础。
活动反馈	1. 幼儿的发展 幼儿在自主讨论、投票的过程中愿意大胆表达自己的想法,认真倾听同伴的发言。 2. 教师的感悟 在儿童会议中,教师要引导并鼓励幼儿各抒己见,认真倾听并评价同伴的看法。 教师可协助幼儿组织语言,条理清晰地表达自己的观点,提升幼儿的语言表达能力。

孵蛋调查表

小鸡孵化的方式	需要的条件
母鸡孵小鸡	母鸡孵出小鸡需要 20 天左右
人工孵化小鸡	准备孵蛋器和鸡蛋,孵蛋器能够保持适合小鸡孵化的温度与湿度,鸡蛋必须是受精蛋

活动二:探秘孵蛋器

活动时间	2023 年 3 月 30 日	活动地点	教室
活动形式	集体活动、小组活动。		
活动目标	探索不同孵蛋器的区别,筛选使用便于观察、操作的孵蛋器。 探索孵蛋器的构造,了解湿度与温度的观察方法。 阅读孵蛋器说明书,自制说明书,根据说明书调节温度与湿度。		
活动准备	孵蛋器、说明书、纸、笔。		

活动过程	1. 观察孵蛋器 （1）幼儿自主观察两种不同的孵蛋器,探索孵蛋器的构造 （2）幼儿自主探索孵蛋器的使用 2. 自制说明书 （1）师幼共同阅读孵蛋器说明书 （2）幼儿用图画、符号自制便于理解和使用的说明书 （3）幼儿根据自制说明书调节温度与湿度  幼儿探索孵蛋器 3. 尝试操作机器 （1）操作两款机器 　　幼儿分组对两种不同的孵蛋器进行观察,尝试触摸开关、按键进行初次操作。 （2）对比两款机器 　　幼儿将两款孵蛋器摆在一起,对比两者之间的区别,并用简单的图画记录下来。 　●　大小不同：蓝色机器较小,黄色机器较大。 　●　放置鸡蛋的数量不同：蓝色机器容纳 6 只鸡蛋,黄色机器可以容纳 30 只左右。 　●　观察方式不同：蓝色机器观察空间小、有遮挡,黄色机器方便观察鸡蛋。 　●　温度、湿度调节方式不同：蓝色机器只能看到温度和湿度的数据,不能调节,黄色机器可以通过按钮调节温度和湿度。 （3）选择机器 　　幼儿一致决定选择黄色机器孵蛋,也确定了鸡蛋的数量需要控制在 30 只以内。
活动提示	师幼共同参与,鼓励幼儿自主探索、表述与记录。 给予幼儿充分的自主权,让幼儿尝试操作,自主探索。
活动反馈	1. 幼儿的发展 （1）自主探索能力的提升 　　幼儿通过自制说明书解读孵蛋器的操作流程,形成初步的探究意识和能力。

活动反馈	（2）动手能力的发展 　　幼儿在操作孵蛋器的过程中,通过动手操作训练了动手能力。 （3）解决问题能力的提升 　　幼儿能够在操作中解决问题,从实践中得出答案,解决问题的能力逐步提升。 **2. 教师的感悟** 　　教师的放手,给予幼儿更多的自主空间,让幼儿能够用自己的经验进行探索、猜测、验证。 　　解读并制作说明书是幼儿自主内化知识并进行输出的过程,教师要给予幼儿适当指导,帮助幼儿进一步熟悉工具的使用方法。

活动三：小鸡从哪儿来

活动时间	2023 年 4 月 2 日	活动地点	教室
活动形式	儿童会议、亲子活动。		
活动目标	了解孵化小鸡的鸡蛋必须是受精蛋。 通过调查讨论,了解受精蛋和非受精蛋的区别。		
活动准备	鸡蛋、纸、笔。		
活动过程	1. 儿童会议 　　在准备鸡蛋的过程中,幼儿讨论:"我把家里的鸡蛋拿来孵小鸡吧。""家里的鸡蛋就能孵出小鸡吗？""孵出小鸡的鸡蛋有要求吗？"对于孵化小鸡的鸡蛋大家都产生了好奇,所有鸡蛋都能孵出小鸡吗？ 小鸡到底从哪儿来的呢？ 　　2. 幼儿自主阅读 　　幼儿自主阅读图画书《狐狸爸爸鸭儿子》,理解故事情节,尝试用简单的语言大胆表述故事内容,了解孵蛋的过程,以及受精蛋和非受精蛋的区别。  <div align="center">幼儿自主阅读图画书</div>		

活动过程	3. 鸡蛋来了 　　幼儿和爸爸妈妈一起收集受精蛋。
活动提示	儿童会议是基于幼儿的问题和发现开展的,教师要鼓励幼儿充分表达自己的想法,同时引导幼儿倾听他人的想法。
活动反馈	1. 幼儿的发展 　　幼儿在自主阅读中,仔细观察画面,愿意分享自己的观察与发现。幼儿在儿童会议中愿意大胆表达自己的想法,认真倾听同伴的发言。儿童会议的开展有利于培养幼儿的自主意识。 2. 教师的感悟 　　在召开儿童会议的过程中,教师要引导并鼓励幼儿各抒己见,认真倾听并评价同伴的发言。

<table>
<tr><td colspan="4" align="center">活动四:一起来孵蛋</td></tr>
<tr><td>活动时间</td><td>2023 年 4 月 3 日—4 月 25 日</td><td>活动地点</td><td>教室</td></tr>
<tr><td>活动形式</td><td colspan="3">小组活动。</td></tr>
<tr><td>活动目标</td><td colspan="3">尝试孵蛋,了解孵蛋的方法。
喜欢参与养殖类活动,并在活动中获得愉快的体验。</td></tr>
<tr><td>活动准备</td><td colspan="3">经验准备:幼儿对孵蛋器的使用有了初步的认识和了解。
物质准备:孵蛋器、水壶、受精蛋、观察工具、纸等。</td></tr>
<tr><td>活动过程</td><td colspan="3">1. 鸡蛋宝宝的学号
　　有幼儿提出,鸡蛋需要像小朋友一样,都有自己的学号,方便大家进行后续观察。于是,他们拿出记号笔为每一颗鸡蛋写上了序号。

 幼儿为鸡蛋标上序号 </td></tr>
</table>

续　表

活动过程	2. 幼儿分组操作孵蛋器 　　控制机器组：根据孵蛋器温度和湿度的变化，及时调整孵蛋器的参数：通过按钮调节温度（在 37.5—38.5 摄氏度之间），通过加水保证湿度在 50%—60% 之间。 　　翻转鸡蛋组：幼儿每天翻转鸡蛋 3—5 次，让鸡蛋能够均匀受热。翻转时应小心，避免鸡蛋摇晃或者破碎。 3. 观察鸡蛋内部变化 　　幼儿借助手电筒观察鸡蛋内部，利用电子秤测量鸡蛋重量，观察比较鸡蛋在孵化过程中的变化。 　　幼儿将观察发现记录在小组记录本上。 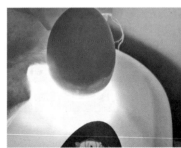 **幼儿使用工具对鸡蛋进行观察**
活动提示	鼓励幼儿大胆尝试使用不同工具探索鸡蛋的变化。
活动反馈	1. 幼儿的发展 　　幼儿在不断动手操作的过程中获取信息，积累经验。 　　幼儿在观察的基础上，用简单的符号记录鸡蛋的孵化过程，锻炼了前书写能力。 　　幼儿对不同的操作工具进行探索，积累了工具使用经验。 　　幼儿在翻转、观察鸡蛋的过程中，感受到生命成长的意义。 2. 教师的感悟 　　多元材料的提供为幼儿的自主学习提供了许多可能性，幼儿与材料充分互动，激发了探索欲。

活动五：小鸡出生啦！

活动时间	2023 年 4 月 28 日	活动地点	教室
活动形式	分组活动、亲子活动。		
活动目标	见证小鸡出生的瞬间，感受小鸡破壳的努力。 感受生命出生的喜悦，萌发对小鸡的爱护之情。		

活动准备	拍摄工具、毛巾等。
活动过程	1. 第 21 天,鸡蛋破壳的惊喜 ● 早上 10:00,观察组的幼儿发现鸡蛋壳上有一处裂缝,于是招呼大家一起看。果然,鸡蛋上出现了一个小洞,正在慢慢掉落蛋壳,他们将观察到的现象记录了下来。 ● 下午 15:30,观察组的幼儿发现洞越来越大,里面有小鸡在动,他们判断里面的小鸡正在啄壳。"它想啄破鸡蛋壳出来!""小鸡好努力呀!" ● 下午 16:00,幼儿提出,小鸡啄壳太久,破壳失败会导致死亡。小组决定把正在破壳的鸡蛋和没有动静的鸡蛋分开,用蓝色孵蛋器帮助快要破壳的小鸡出生。 ● 晚上 20:00,教师在群里拍摄了小鸡破壳的视频,可以看到小鸡还在努力地啄壳。  **开始破壳的鸡蛋** ● 晚上 21:00,家长们在群里分享自家宝贝的状态:宝贝们不愿意睡觉,不停地询问小鸡出生了没。大家都在心里默默给小鸡加油。 2. 第 22 天,小鸡出生啦 ● 上午 10:00,观察组的小朋友一如既往地准备去加水、观察,打开机器一看,两只小鸡破壳成功啦!  **小鸡出生啦!**

活动过程	● 幼儿提出想跟爸爸妈妈分享小鸡出生的喜悦。于是,大家自主拍摄小鸡的照片,由教师帮忙发送到家长群里。
活动提示	鼓励幼儿耐心等待、充分观察,感受生命破壳的过程。
活动反馈	1. 幼儿的发展 　　幼儿耐心等待,充分体验了小鸡破壳的过程,感受到生命的宝贵。 2. 教师的感悟 　　幼儿全程参与小鸡的孵化过程,在二十多天孵化鸡蛋的过程中,幼儿收获的远不只快乐,更多的是耐心和细心,体会到了生命诞生的意义。

活动六:新手"鸡妈妈"

活动时间	2023 年 4 月 29 日	活动地点	教室
活动形式	集体活动、小组活动。		
活动目标	了解小鸡的生活习性,积累饲养小鸡的经验。 体会生命成长的过程,懂得珍惜生命。		
活动准备	鸡饲料、水杯、小碟子。		
活动过程	通过讨论,大家一致决定分组照顾小鸡:每日由一组幼儿负责给小鸡喂食、喂水,整理小鸡的生活场所。 1. 给小鸡布置新家 　　幼儿发现孵蛋器比较小,不适合小鸡活动。其他鸡蛋也需要继续孵化,所以大家在班级中整理出一个小盒子安置小鸡。 2. 喂食 　　幼儿从家带来了鸡饲料,每日喂给小鸡吃。幼儿需要不时地观察小鸡的进食情况,及时增添饲料。 3. 喂水 　　幼儿找了一个瓶盖给小鸡喂水,瓶盖比较小,每日需要为小鸡多次添水。		
活动提示	引导幼儿关注生命,持续照顾小鸡。		
活动反馈	1. 幼儿的发展 　　面对小鸡的出生,幼儿担负起了照料的责任,在喂养的过程中了解小鸡的生活习性,积累小鸡的饲养经验。		

| 活动反馈 | 2. 教师的感悟
　在幼儿照顾小鸡的过程中,看到了幼儿的成长,看到了幼儿的责任。
该项目的实施能有效培养孩子的责任意识。 |

<table>
<tr><td colspan="3" align="center">活动七：小鸡的葬礼</td></tr>
</table>

活动时间	2023 年 5 月 4 日	活动地点	教室、"娃娃田园"
活动形式	集体活动、小组活动。		
活动目标	了解小鸡死亡的原因,为小鸡举办葬礼。 初步感受生命的不易。		
活动准备	木板、记号笔。		

| 活动过程 | 　由于照顾不周,有一只小鸡死亡了。大家的情绪都很低落,对小鸡的死亡感到惋惜。
1. 提出问题：小鸡为什么会死亡?
2. 讨论
　幼儿分小组讨论小鸡死亡的原因：由于放假,没有及时分配照顾任务,小鸡没有被及时喂食饲料和水;用来喂水的盖子被吹走了,小鸡没有水喝;小鸡的家又脏又臭。
　幼儿提议为死去的小鸡举办一场葬礼,并讨论了埋葬的地点。
3. 实施
　幼儿在"娃娃田园"埋葬了小鸡,并给小鸡立了树枝墓碑。

<div align="center">幼儿在田园里埋葬小鸡</div> |

活动提示	引导幼儿正确认识生命的消逝。
活动反馈	1. 幼儿的发展 　小鸡突然死亡的事件让幼儿对生命的消逝有了初步的了解和感受。 2. 教师的感悟 　在这场意外中,教师在跟幼儿说明死亡含义的同时,还要及时处理好他们的消极情绪。让幼儿知道,小鸡虽然离开我们了,但是我们还保存着很多和它们在一起时的美好回忆,也会不断有新的小鸡诞生。

活动八：小鸡的家

活动时间	2023 年 5 月 7 日	活动地点	教室、"娃娃田园"
活动形式	集体活动。		
活动目标	了解并收集更多关于浇水器的信息。		
活动准备	鸡窝、纸箱、迷你扫把。		
活动过程	1. 讨论 　引导：小鸡的家里总是又脏又臭,怎么才能让小鸡的住所干净又整洁？ 　幼儿分组讨论怎么才能让小鸡的住所干净又整洁。 　小结：为小鸡造新家,每天为小鸡打扫,带小鸡散步,为小鸡准备新的食物。 2. 实施 　家园共育,共同收集打扫用的材料和工具。 　幼儿运用多种材料为小鸡建造新的住所。 　幼儿制订每天带小鸡散步的时间安排表。 3. 制作饲料 　幼儿自主搜集食物,通过切一切、捏一捏、称一称等方式制作小鸡的饲料。 		

续　表

活动过程	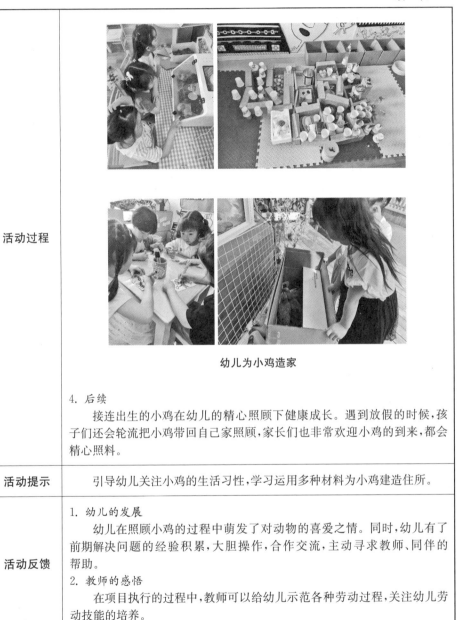

幼儿为小鸡造家

4. 后续

　　接连出生的小鸡在幼儿的精心照顾下健康成长。遇到放假的时候,孩子们还会轮流把小鸡带回自己家照顾,家长们也非常欢迎小鸡的到来,都会精心照料。

活动提示	引导幼儿关注小鸡的生活习性,学习运用多种材料为小鸡建造住所。
活动反馈	1. 幼儿的发展 　　幼儿在照顾小鸡的过程中萌发了对动物的喜爱之情。同时,幼儿有了前期解决问题的经验积累,大胆操作,合作交流,主动寻求教师、同伴的帮助。 2. 教师的感悟 　　在项目执行的过程中,教师可以给幼儿示范各种劳动过程,关注幼儿劳动技能的培养。

六、项目发布

　　项目活动结束时,班级中票选出两名幼儿与教师一同进行项目汇报。发布会现场,幼儿们信心十足,与大家分享了孵化小鸡过程中遇到的问题和解决方式,以及照顾小鸡的心路历程。他们大胆而自信的表现,赢得了大家的一致好评。

(一) 关键材料推动项目进程

孵小鸡需要22天耐心的等待,这对幼儿来说是一个大挑战。第一个星期的时候,幼儿们兴致勃勃,每天都去观察、记录鸡蛋的变化;可到了第二个星期,他们的兴致就没那么高了,只有个别幼儿会去关心鸡蛋的变化。

当被问到为什么不去看鸡蛋时,他们的回答是:"因为没有什么好看的。""鸡蛋都没有变化。"教师仔细想了想,的确如此,生命的成长不是一朝一夕的事情,让幼儿一直保持积极的探究兴趣也是很难的,应该采用一些措施再次调动大家的兴趣。

考虑到鸡蛋在孵化过程中,虽然表面没有变化,但内部还是具有显著变化的,因此教师给幼儿投放了可以观察到鸡蛋内部的工具——手电筒,以及一张22天孵蛋观察表。观察工具的增加又激发了幼儿探究的兴趣,他们根据任务清单完成观察表的记录。

材料是开展项目活动的物质基础,幼儿就是在不断操作材料的过程中获取信息、积累经验的。因此,多元材料的提供可以为幼儿的自主学习提供许多可能性,从而推动项目活动的进一步发展。

(二) 抓住时机启发生命教育

可以对幼儿进行适当生命教育,让幼儿了解生命的成长与死亡,进而学会珍惜生命、爱护生命。

1. 当小鸡破壳时

当第一只小鸡破壳时,幼儿认真观察了小鸡啄壳的过程,见证了生命的顽强。

2. 当小鸡夭折时

鼓励幼儿埋葬小鸡,引导幼儿反思小鸡死亡的原因,唤起幼儿对生命的关注。

在跟幼儿说明死亡含义的同时,教师还要及时处理幼儿的消极情绪,允许他们表达自己的情绪,鼓励他们询问与死亡有关的话题,让幼儿逐渐意识到生命的重要性。

(三) 借助情境引入劳动教育

小鸡们渐渐长大,孵蛋器已经容纳不下了。孩子们将小鸡们挪进了他们精心准备的住所中。但是,小鸡们的粪便没有及时清理,把新家弄得臭烘烘的。

于是,教师每天带着幼儿一起为小鸡清理住所。过了几天,幼儿主动分工承担打扫工作:"你用扫把,我用抹布擦。""你去打点水来。""你去倒垃圾。"大家各司其职,很快让小鸡的家焕然一新。

七、项目评价

(一) 幼儿自评

幼儿 A:我想到了可以给鸡蛋写上序号,就像我们的学号一样,这样就不会把鸡蛋弄混了。

幼儿 B:我发现鸡蛋颜色变深了,这应该就是鸡蛋孵化过程中的变化。

幼儿 C:我每天都去观察鸡蛋的变化,还会调整孵蛋器的温度和湿度。

幼儿 D:我看到鸡蛋破壳了,小鸡宝宝努力想要钻出来!

幼儿 E:我太喜欢小鸡了,我每天都来照顾它。

幼儿 F:我想把死去的小鸡埋在幼儿园树林里的桂花树下,我想让小鸡闻到桂花的香味。

幼儿 G:这次我们一定要好好照顾它们,可不能让它们再冻着了!

(二) 同伴互评

幼儿 A:我觉得幼儿 G 很有爱心,她总是给小鸡打扫住所。

幼儿 B:我觉得幼儿 C 很大方,小鸡的食物和笼子都是他带来的。

幼儿 C:我觉得幼儿 G 很聪明,他马上找到了小鸡死亡的原因。

幼儿 D:我觉得幼儿 A 和幼儿 B 做实验很厉害,而且特别小心。

(三) 教师评价

学习品质的发展:幼儿初步的探究能力、观察比较能力、创造力显著提高,愿意说出自己的问题,尝试解决问题。

语言能力的发展:幼儿语言表达的逻辑性显著提高,能够将自己的发现与同伴分享。

社会性发展:有良好的合作能力,分工合作收集材料,与同伴讨论协商制订孵化和饲养小鸡的计划,能客观地评价自己和他人。

动手能力的发展：善于使用各种材料与工具，多途径观察、测量、比较、探究鸡蛋孵化过程中的变化，能够进行科学记录。

情感认知的发展：小鸡的出生、死亡等事件激发了幼儿对生命的感知和体会。

(四) 家长评价

家长通过亲子调查、亲子阅读、收集材料等方式了解并参与了"鸡宝诞生记"项目活动。家长肯定了幼儿在项目中的成长，肯定了项目实施对幼儿多元能力培养和情感发展的重要作用。

（田马燕）

项目活动5：好吃的萝卜

年龄段：中班

一、项目背景

（一）缘起

一天中午的"餐前小广播"开始了：今天，我们吃的是胡萝卜烧肉丝，胡萝卜吃了对我们眼睛好，还有海带汤……"我上次去医院，医生让我多吃点胡萝卜。"戴眼镜的幼儿A说，"上次我妈妈买的萝卜好大，白色的。"大家都对不同的萝卜产生了浓厚的兴趣。"娃娃田园里有没有萝卜呢？""老师，我们下次去娃娃田园种萝卜，好吗？"于是，项目活动"好吃的萝卜"启动了。

（二）价值判断

"好吃的萝卜"是基于幼儿的兴趣，充分利用田园资源，以及班级中的自然角开展的项目活动。班级中的幼儿对萝卜已经积累了一些已有经验，如萝卜的形状、颜色。在阅读图画书《胡萝卜种子》的过程中，幼儿提议：如果我们也种下一颗萝卜种子，能长出一个大萝卜吗？同时，幼儿也很好奇萝卜的哪些部位可以食用。这些问题便成了项目活动开展的关键所在。

结合中班主题"好吃的食物"，幼儿在项目活动中边吃边学，既得到了心理上的满足，又获得了许多知识。项目活动"好吃的萝卜"的开展不仅仅停留在萝卜的品尝上，也丰富了幼儿的生活、社会经验。家长与幼儿一同收集萝卜种子，播种和收获萝卜，再和老师、家人一起制作和烹饪各种萝卜佳肴。幼儿在形式多样的活动中，产生了丰富的情感体验。

在"好吃的萝卜"项目中，幼儿运用已有经验，积极主动探究。在整个项目实施过程中，幼儿的发展预估可以达到《上海市幼儿园办园质量评价指南（试行稿）》中"3—6岁儿童发展行为观察指引"的目标："能观察、比较事物，发现其异同，并进行简单描述。""能通过简单的调查，收集自己需要的相关信息。""能用图画或其他符号记录自己的探究过程或结果。"

"好吃的萝卜"项目活动的实施有利于提高中班幼儿分析问题和解决问题的能力。在"收获萝卜""制作萝卜干"等活动中,幼儿的探究过程体现出了问题与计划、调查与研究、分工与合作、设计与制作、展示与评价五个步骤。

二、驱动性问题

项目驱动性问题梳理一览表

幼儿的问题	教师梳理及引导
怎样种萝卜?	问卷调查,了解萝卜种植的方法。 亲子收集萝卜种子。 播种萝卜种子。
怎样照顾萝卜幼苗?	集体讨论萝卜的种植和养护方法。 幼儿种植萝卜。
怎样收获萝卜?	讨论萝卜的收获方法。 收集相关材料。 收获萝卜。
如何制作萝卜干?	分组尝试制作萝卜干。 记录发现的问题。 寻找问题解决的办法。

三、项目目标

采用计划、分组、行动等方式完成"好吃的萝卜"项目活动,体验播种萝卜、收获萝卜、制作萝卜干的乐趣。

初步了解播种萝卜、收获萝卜、制作萝卜美食的方法,提升发现问题、解决问题、表达表现等能力。

四、项目网络

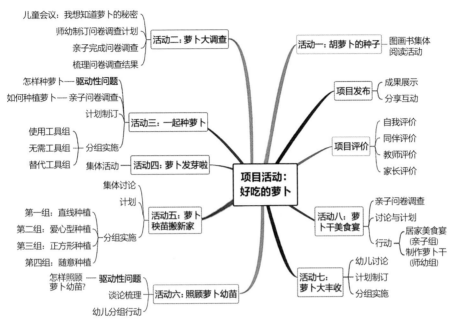

儿童会议：我想知道萝卜的秘密
师幼制订问卷调查计划
亲子完成问卷调查
梳理问卷调查结果

活动二：萝卜大调查

活动一：胡萝卜的种子 — 图画书集体阅读活动

怎样种萝卜—**驱动性问题**
如何种植萝卜—亲子问卷调查
计划制订

活动三：一起种萝卜

使用工具组
无需工具组
替代工具组

分组实施

集体活动 — **活动四：萝卜发芽啦**

项目发布 ┬ 成果展示
└ 分享互动

项目评价 ┬ 自我评价
├ 同伴评价
├ 教师评价
└ 家长评价

项目活动：好吃的萝卜

集体讨论
计划

活动五：萝卜秧苗搬新家

第一组：直线种植
第二组：爱心型种植
第三组：正方形种植
第四组：随意种植

分组实施

活动八：萝卜干美食宴 ┬ 亲子问卷调查
├ 讨论与计划
└ 行动 ┬ 居家美食宴（亲子组）
└ 制作萝卜干（师幼组）

怎样照顾 — **驱动性问题**
萝卜幼苗?
谈论梳理
幼儿分组行动

活动六：照顾萝卜幼苗

活动七：萝卜大丰收 ┬ 幼儿讨论
├ 计划制订
└ 分组实施

项目活动实施网络图

五、项目启动及过程记录

项目活动过程记录表

活动一：胡萝卜的种子			
活动时间	2023 年 9 月 16 日	**活动地点**	教室
活动形式	集体活动。		
活动目标	愿意倾听故事，并尝试模仿故事中的对话。 有种植萝卜的愿望。		
活动准备	经验准备：对萝卜种植有所了解。 物质准备：PPT 课件。		
活动过程	1. 活动导入（激发幼儿兴趣） 　导入：最近，很多小朋友对图画书《胡萝卜种子》非常感兴趣，今天我们就来讲讲萝卜的故事。		

活动过程	提问：书的封面上有什么？这个故事可能说了什么？ 小结：《胡萝卜种子》讲述了萝卜的故事。 2. 欣赏故事(初步了解故事内容) 　提问：故事里，你听到什么？ 　提问：谁来学学萝卜是怎么说的？ 　提问：故事里，萝卜是怎么慢慢长大的？ 　小结：故事里讲述了萝卜的生长过程，真奇妙。 3. 说说故事(激发幼儿种萝卜的愿望) 　提问：听完故事了，你想不想也种一盆萝卜呢？
活动提示	班级自然角中提供图画书《胡萝卜的种子》。
活动反馈	1. 幼儿的发展 　幼儿对自然角中提供的图画书《胡萝卜的种子》表现出了极大的兴趣，对其中的部分画面进行讨论、交流，随之对萝卜的种植产生了兴趣，进而为项目活动中种植萝卜积累了有效的种植经验。 2. 教师的感悟 　当幼儿对萝卜种植产生兴趣时，教师与幼儿一起形成萝卜种植的项目活动。师幼共同讨论，提出驱动性问题："萝卜种子哪里来？""种萝卜需要什么工具？" 　通过亲子活动，让幼儿在家园协同共育下，开展更有针对性的学习，引导幼儿与家长共同收集萝卜种子，调查萝卜种植的方式。

活动二：萝卜大调查

活动时间	2023 年 9 月 21 日	活动地点	教室
活动形式	集体活动。		
活动目标	通过亲子问卷调查，初步了解萝卜的种类、外形特征、种植方法等。 体验萝卜种植与收获的快乐。		
活动准备	经验准备：了解萝卜的种类，对萝卜的种植方法有所了解。 物质准备：萝卜问卷调查表。		
活动过程	1. 儿童会议 　关键提问：你想知道关于萝卜的哪些秘密？ 　教师根据幼儿的讨论，梳理幼儿关注的重点问题。 2. 制作亲子调查问卷		

活动过程	"萝卜大调查"问卷	
	萝卜的种类	萝卜的颜色

3. 家长与幼儿共同查找资料,完成调查表
4. 师幼共同梳理问卷调查表
    萝卜有胡萝卜、白萝卜、红萝卜、樱桃萝卜等不同种类,颜色有橘色、白色、红色等。
5. 延伸活动
    师幼共同收集不同的萝卜种子。

活动提示	问卷调查中的内容来源于幼儿与教师的讨论。家长应鼓励幼儿尝试用图画的形式将调查结果表现出来。

活动反馈	1. 幼儿的发展
	    以儿童会议的形式开展萝卜大讨论,"除了胡萝卜,还有什么萝卜?""萝卜的颜色一样吗?""我奶奶种的是大大的、白白的萝卜,还有不一样的萝卜吗?"
	    大部分家长愿意陪伴孩子共同收集相关材料,"这是我和妈妈一起查的资料""爸爸昨天下班很晚,到家了和我一起画的"。家长的参与带动了幼儿参与活动的积极性。
	2. 教师的感悟
	    儿童会议形式开放,氛围轻松,能激发幼儿的表达欲望,大部分幼儿在会议中愿意主动表达自己的想法。亲子问卷调查能指导家长与幼儿进行有效互动,提高学习效率。

活动三：一起种萝卜

活动时间	2023 年 9 月 23 日	活动地点	教室
活动形式	小组活动。		
活动目标	初步了解种植萝卜的方法,尝试亲手种植萝卜。 体验播种的乐趣。		
活动准备	经验准备：对萝卜的种类以及种植方法有所了解。 物质准备：铲子、树枝、种植容器、水壶、萝卜种子、塑料薄膜等。		

<table>
<tr><td rowspan="...">活动过程</td><td>

1. 亲子问卷调查

"如何种植萝卜"问卷调查

幼儿姓名	种植何种萝卜	种植方法	使用工具

2. 驱动性问题

怎么种萝卜？种植萝卜需要什么工具？

3. 分组

针对种植工具，大家在讨论中形成了不同的观点：有的幼儿觉得种植萝卜需要用铲子；有的幼儿认为只要把种子埋到土里就好了，不需要工具；有的幼儿认为可以用树枝种萝卜。经过研讨，大家自发分成三组：使用工具组、无工具组、替代工具组。

4. 计划

幼儿将收集到的萝卜种子带到园所，同组幼儿共同商议种植方法，制订种植计划。

幼儿制订计划并分享交流

5. 行动

第一组：用铲子、耙子、饮料瓶子等自制铲子，先挖洞，再放种子，然后用工具将土盖在上面。

第二组：没有工具，只要将种子用力塞到泥土里。

第三组：用幼儿园里的树枝、木片等工具，挖洞放种子，并盖土。

各组幼儿成功将萝卜种子种在了各种盆盆罐罐中，并放置在植物角。

</td></tr>
</table>

活动过程	6. 发现

萝卜种植问题梳理表

方　　案	发　现　问　题
第一组：使用工具组	能用较快的速度完成萝卜的种植。
第二组：无工具组	种植的过程比较累，而且速度很慢。
第三组：替代工具组	基本能完成萝卜种植，但是比使用铲子慢。

活动提示	萝卜种子是幼儿与家长共同收集的，种植工具和方法是幼儿讨论决定的。
活动反馈	1. 幼儿的发展 　　各组幼儿表现积极，愿意分享自己种植萝卜的过程。幼儿 A 说："我觉得铲子挖泥土比较快，使用耙子有点累。"幼儿 B 说："铲子都没有了，那我用树枝挖洞吧！"幼儿 C 说："我觉得用手直接把种子塞到泥土里，有点难。"除此之外，幼儿也非常关注萝卜的生长过程，经常去观察萝卜的生长情况。 2. 教师的感悟 　　充分利用户外"娃娃田园"的资源，让幼儿走出教室，动手种植萝卜，让幼儿在操作中学习工具的使用，积累种植经验。教师适时抛出问题："怎样照顾萝卜幼苗？"引发幼儿制订和执行后续的养护计划。

活动四：萝卜发芽啦

活动时间	2023 年 9 月 30 日	活动地点	教室
活动形式	集体活动。		
活动目标	通过观察，初步了解萝卜发芽的状态。 体验发现萝卜发芽的喜悦。		
活动准备	经验准备：对萝卜发芽的状态有所了解。 物质准备：放大镜。		
活动过程	1. 讨论种子发芽 　　教师：你有什么发现吗？ 　　幼儿 A：我发现萝卜种子发芽了。 　　幼儿 B：是的，我也看到了，就在那里。		

	2. 观察萝卜叶子
	教师：看看刚长出来的叶子是怎么样的呢？
	幼儿 A：都是绿绿的小叶子。
	幼儿 B：我也看到了，都是小小的叶子。
	幼儿 C：老师，这个萝卜有两片叶子。
	小结：原来刚长出来的萝卜叶片绿绿的有两片。
	幼儿 B：小小的叶子像小手指那么细。
	幼儿 F：我用放大镜看了，叶子会变大的。
	幼儿 T：我也想用放大镜看看。
活动提示	幼儿可利用放大镜等观察工具仔细观察幼苗的外形特点，在观察过程中，小心操作，不要对幼苗造成损伤。
活动反馈	1. 幼儿的发展 　　在观察萝卜发芽的过程中，大部分幼儿愿意用比较完整的语言表达自己的想法，有些幼儿则运用工具再观察，并与同伴分享自己的发现。 2. 教师的感悟 　　幼儿喜欢观察真实的萝卜，并且能准确表达自己的观察结果，观察能力和语言表达能力都得到了提升。

活动五：萝卜秧苗搬新家

活动时间	2023 年 10 月 12 日	活动地点	"娃娃田园"
活动形式	小组活动。		
活动目标	尝试初步制订移栽秧苗的计划，并分组完成移栽萝卜秧苗的任务。 体验与同伴移栽萝卜秧苗的乐趣。		
活动准备	经验准备：了解秧苗过于拥挤需要移栽的原因。 物质准备：手套、篮子，以及各类种植工具。		
活动过程	1. 集体讨论 　　盆里的萝卜秧苗太挤了，如何移栽到"娃娃田园"呢？ 2. 幼儿讨论 　　幼儿 A 说："把萝卜秧苗拔出来，然后在田里挖个洞，放进去，埋起来。"幼儿 B 说："不能拔，会死的，要连土一起从盆里挖出来。"幼儿 C 说："移栽的时候要扶正，不能倒下去。"幼儿 D 说："要用铲子挖洞。"幼儿 E 说："我上次用树枝也能挖洞的。"		

| 活动过程 | 3. 计划 |

幼儿分工移栽萝卜秧苗计划

组　别	移栽计划	使用工具
第一组	直线种植	树枝
第二组	爱心型种植	树枝
第三组	正方形种植	铲子
第四组	随意种植	铲子

4. 分工
　　幼儿在"娃娃田园"中按计划进行萝卜秧苗的移栽工作。

活动提示	在活动中所使用的工具,都是幼儿共同讨论并主动收集的。 在活动中,要提醒幼儿使用工具时注意安全。
活动反馈	1. 幼儿的发展 　　在本次活动中,幼儿先制订计划,再进行移栽,逐步有了先计划后行动的意识。在移栽的过程中,秧苗比较容易倒,当幼儿发现这个问题后,积极寻找同伴的帮助。大家合作,一人扶秧苗,一人盖土,顺利把秧苗移栽到"娃娃田园"里。 2. 教师的感悟 　　在移栽过程中,幼儿表现出来的动手能力远比教师想象的强,有幼儿还能将自己的生活经验迁移到活动中,自主寻找合作伙伴完成任务。

活动六:照顾萝卜幼苗

活动时间	2023 年 10 月—11 月	活动地点	"娃娃田园"
活动形式	小组活动。		
活动目标	初步了解照护萝卜的方法。 愿意参与照护萝卜的过程,体验劳动的快乐		
活动准备	经验准备:在自然角中,有初步照护发芽植物的经验。 物质准备:铲子、耙子、手套、水壶、自制水壶、笔、纸等。		

活动过程	1. 集体讨论 　　初次看到萝卜幼苗,幼儿们既兴奋又好奇,刚发芽的萝卜苗只有两瓣叶子,根须都是细细的、短短的。随着秧苗渐渐长大,幼儿又发现了很多新问题。 **由萝卜苗引发的问题清单** <table><tr><td>问　　题</td><td>谈论后的解决方案</td></tr><tr><td>萝卜苗的叶子有点黄。</td><td>需要施肥。</td></tr><tr><td>萝卜地干干的。</td><td>需要浇水。</td></tr><tr><td>萝卜苗有的不一样。</td><td>不一样的是杂草,需要拔除。</td></tr><tr><td>萝卜苗很挤。</td><td>需要移栽。</td></tr></table> 2. 照护萝卜幼苗 　　幼儿集体讨论后决定定期去"娃娃田园"照护萝卜幼苗,让萝卜苗长得壮壮的。于是,大家就开展了一些田园护理活动,定期给萝卜浇水、除草,同时邀请成人给萝卜施肥。
活动提示	成人在给萝卜幼苗施肥时,要注意幼儿的安全。
活动反馈	1. 幼儿的发展 　　幼儿的观察能力和劳动能力得以提升。例如:在观察中发现萝卜发芽了,叶瓣的数量和颜色变化了。大家主动参与萝卜幼苗的照护工作。不久,有幼儿发现了长出来的萝卜:"老师,你看,这是萝卜吗?""是的,我上次看到就是这样的。"幼儿们格外兴奋。"那我们什么时候能拔萝卜?""萝卜是怎么拔出来的呢?"大家对拔萝卜活动充满期待。 2. 教师的感悟 　　当幼儿真正成为学习的主人,他们会给我们带来一次又一次的惊喜。他们的观察更仔细了,问题更多了,自主探究的能力更强了。

活动七:萝卜大丰收

活动时间	2023 年 11 月 16 日	活动地点	"娃娃田园"
活动形式	小组活动。		
活动目标	了解萝卜成熟后的外形特征,尝试用多种方法采收萝卜。 与同伴一起收获,享受收获的喜悦。		
活动准备	经验准备:在生活中观察过萝卜的采收过程。 物质准备:手套、铲子、耙子、篮子等工具。		

活动过程	1. 讨论分组 　　针对如何采收萝卜的问题,有的幼儿说:"我看爷爷直接是用手拔萝卜的。""是的,故事里的老爷爷也是这样的。""我觉得应该用铲子把萝卜挖出来。"于是,幼儿自发地分成两组。 2. 制订计划 　　幼儿与同伴共同商量,计划采收萝卜的方法。 3. 采收萝卜 　　到了"娃娃田园"后,幼儿分组使用不同的方式采收萝卜。

采收萝卜时的问题清单

组别	问　题	解决方法	成功与否	备　注
工具组	铲子挖不动泥土	用力铲,多次铲。 浇水,软化泥土后再铲。	成功	寻求老师帮助
无工具组	萝卜叶子拔断了,但是萝卜没有出来	多人合作拔。	失败	幼儿自主解决
工具组	铲子挖萝卜,把萝卜挖断了	挖的时候要小心,别碰到萝卜。	成功	幼儿自主解决

　　幼儿在采收萝卜时,遇到了种种困难和问题,除了寻求教师的帮助之外,还尝试着与同伴一起解决。

活动提示	幼儿在使用工具采收萝卜时要注意安全问题。
活动反馈	1. 幼儿的发展 　　在采收萝卜的过程中,幼儿遇到困难时,有的会主动求助老师,有的则与同伴合作,尝试自己解决。例如:工具组在挖萝卜时出现了把萝卜挖断的现象,有幼儿就提议挖的时候要小心一点,尽量不要碰到萝卜。 2. 幼儿的行为 　　"今天我们采收了这么多的萝卜,老师,我们能吃吗?""好呀,每人一个小萝卜,回去让爸爸妈妈为你们做一道美味的菜。""好呀,太好了,我要吃萝卜丝。""我要喝萝卜汤。"于是,关于萝卜美食的活动又开始了。

活动八:萝卜干美食宴

活动时间	2023 年 11 月 23 日	**活动地点**	教室、幼儿家里

活动形式	集体活动、亲子活动。
活动目标	了解多种制作萝卜美食的方法,尝试制作萝卜美食。 体验制作多样萝卜美食的乐趣。
活动准备	经验准备:对萝卜能制成的美食有所了解。 物质准备:萝卜、盐、竹匾、安全刀与砧板、塑料筐等。
活动过程	1. 亲子问卷调查 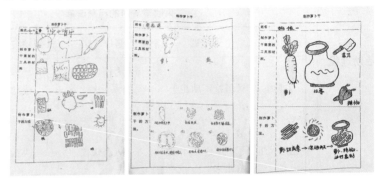 **幼儿制作的萝卜美食调查表** 2. 讨论与计划 　　有了前期的亲子调查,幼儿积累了关于萝卜食用方法的经验。例如:"我早上喝粥时会吃萝卜干,妈妈说这是萝卜做的。""我问奶奶,奶奶说可以做萝卜丝炒蛋。""妈妈说,白萝卜可以和排骨炖汤。"在已有经验的基础上,幼儿计划着烹饪萝卜美食的方法。 3. 行动 (1) 居家美食秀(亲子组) 　　幼儿回家后纷纷与家长共同着手制作萝卜美食。幼儿参与清洗萝卜、切萝卜的工作,家长则负责烹饪。看着可口的饭菜,幼儿觉得无比满足。  **清洗萝卜**

| 活动过程 |

在家长看护下切萝卜

品尝萝卜美食

（2）制作萝卜干（师幼组）

　　了解制作萝卜干的方法，引发制作兴趣。

　　请幼儿介绍制作萝卜干所使用的材料、方法。

　　幼儿动手将萝卜切成条，用盐初步腌制，沥水晒干，加调味料再次腌制。

幼儿切萝卜 |

| 活动提示 | 需引导幼儿详细了解萝卜干制作过程。 |

活动反馈	1. 幼儿的发展 　　通过本次活动,幼儿有了初步的先计划再实践的意识。当幼儿通过自己的劳动获得美食后,会对食物特别珍惜,一些平时挑食的幼儿也改变了挑食的毛病。 2. 教师的感悟 　　活动过程中,教师应给予幼儿充分探索与学习的空间,让幼儿在不断发现问题、解决问题的过程中产生深度学习的可能。

六、项目发布

项目组成员自制邀请函,邀请幼儿园的教师、保育员、食堂大厨,还有家长一起参加项目发布会。他们大胆自信地向大家介绍项目实施中的趣事,与大家分享项目的启动,项目推进过程中遇到的问题,项目问题的解决。最后,幼儿还将自己制作的萝卜干与大家一起分享,得到了大家的肯定和赞扬。

（一）真实问题促进幼儿多元能力的提升

本次项目活动的开展依托班级自然角和"娃娃田园"两个真实场域。幼儿在具体实践中遇到了各种问题,例如:"秧苗在移栽过程中总是倒下,怎么办?""在采收萝卜时,铲子挖不动怎么办?"当幼儿发现问题后,会主动寻求成人或同伴的帮助。同时,在真实的田园种植活动中,幼儿真真切切地体会到了劳动的艰辛与收获的喜悦,将劳动教育落在实处。在项目发布会上,幼儿能大方、自信、完整地将项目过程表述出来。

（二）教师适宜的支持促进幼儿主动学习

本次项目活动中,教师仔细观察幼儿,给予幼儿充分思考、讨论、合作协商的机会。例如,教师引导幼儿观察萝卜秧苗的拥挤情况,与幼儿协商、确定秧苗的移栽计划。教师充分听取幼儿的意见后再行动,让幼儿呈现积极主动的学习过程。

（三）家长支持项目活动有序推进

本次项目活动得到了广大家长的支持。例如:幼儿与家长查阅萝卜的资料,以及种植的方法,解决了种植活动中遇到的问题,顺利完成了秧苗移栽和收获的工作。

七、项目评价

（一）项目成员自评

怡怡：一开始，我觉得种萝卜时，用手把种子塞进泥土里就好了。但是，后来我觉得用铲子种萝卜，更快更方便。

可欣：我觉得我愿意倾听其他朋友的建议，上次拔萝卜的时候，芳芳说要戴上手套，手才不会疼，我试了试，果然不疼了。

然然：项目发布会上，我说得挺好的，把制作萝卜美食的过程说给大家听，老师们都非常喜欢。

（二）同伴互评

亨亨：我觉得然然很聪明，在种萝卜的时候，发现没有工具，他就去找了树枝来挖洞。

可欣：怡怡很愿意帮助我。有一次我在拔萝卜的时候，力气太小了，她就和我一起把萝卜拔了出来。

浩嘉：可欣洗萝卜洗得很干净。

（三）教师评价

学习品质的发展：通过项目活动的实施，幼儿观察、比较、发现问题、解决问题的能力都有了很大提升。

动手能力的发展：幼儿在种植活动中锻炼了动手能力，积累了有益的劳动经验。

（四）家长评价

家长对幼儿在项目活动中的表现表示认可，特别赞赏幼儿的认真、自信、不胆怯。

家长在家里与幼儿共同制作萝卜美食，让幼儿体验到了劳动的喜悦，增进了亲子情感。

（金　艳）

项目活动6：神奇的浇水器

年龄段：大班

一、项目背景

（一）缘起

幼儿园外的"娃娃田园"里种了很多蔬菜,幼儿们经常去给蔬菜浇水、施肥。临近放假的时候,幼儿都很担心：马上放假了,田园里的蔬菜没人浇水,怎么办？项目活动的产生源于实际问题,教师与幼儿一起探讨、调查,发现了"假期没人浇水,蔬菜会枯萎""有的蔬菜不需要每天浇水,有的蔬菜需要多浇水"等问题,于是就产生了制作浇水器的设想。结合丰富的田园资源,我们开始了项目活动"神奇的浇水器"。

（二）价值判断

"神奇的浇水器"项目是基于田园养护的需要而产生的,如何制作浇水器？怎样控制出水量？这些问题驱动幼儿启动项目、达成目标。结合"春夏和秋冬"主题活动的开展,大班幼儿对不同季节的蔬菜积累了一定的认知经验,对蔬菜的生长过程也有所了解。在解决给蔬菜浇水问题的过程中,幼儿认识了浇水器,将主题中积累的经验迁移到项目实施中。在整个项目过程中,幼儿的发展预估可以达到"3—6岁儿童发展行为观察指引"中的"能在观察、比较与分析的基础上,发现并描述事物的特征或变化""能用一些简单的方法来验证自己的猜测""能运用数字、图画、图表或其他符号等记录探究过程和结果"。

"神奇的浇水器"项目有利于培养幼儿自主学习、敢于探究、大胆尝试的科学精神,激发幼儿爱学习、爱自然、爱科学的情感。

二、驱动性问题

项目驱动性问题梳理一览表

幼儿的问题	教师梳理及引导
如何制作无须每天浇水,能控制出水量的浇水器?(核心问题)	收集各种各样的浇水器。 设计浇水器。
制作浇水器需要哪些材料?	讨论制作浇水器的材料。
怎样制作自动浇水器?	结合实际需求,设计制作浇水器。
怎么方便观察出水量?	
怎么控制出水量?	

三、项目目标

收集材料,合作完成浇水器的制作,体验动手的乐趣。

了解浇水器的构造及制作方法,提升幼儿合作、探究、解决问题的能力。

四、项目网络

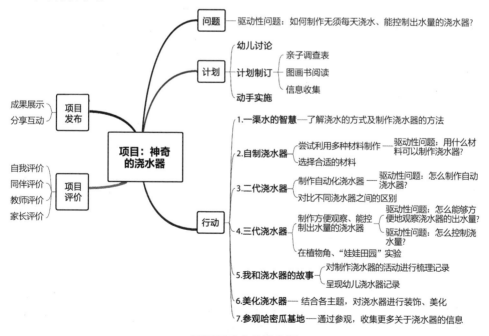

项目活动实施网络图

五、项目启动及过程记录

项目活动过程记录表

活动一：一渠水的智慧			
活动时间	2023 年 9 月 11 日	活动地点	幼儿家中
活动形式	亲子活动。		
活动目标	通过阅读图画书《一渠水的智慧》，初步了解浇水的方式及制作浇水器的方法。 通过亲子调查了解浇水器并初步形成研究问题。		
活动准备	图画书《一渠水的智慧》、纸、笔。		
活动过程	1. 图画书阅读 　通过阅读图画书《一渠水的智慧》，寻找故事中浇水的方式以及浇水器制作的方法。 2. 亲子共调查 　亲子共同调查植物浇水的方式和浇水器制作及使用的问题。 　将所了解的有关浇水器的内容记录在调查表上，同时将自己想知道的问题也记录在上面。 关于"浇水器"的调查汇总 <table><tr><td>关于"浇水器"我知道</td><td>关于"浇水器"我想知道</td></tr><tr><td>植物的生长离不开水。</td><td>植物需要每天浇水吗？</td></tr><tr><td>可以用水壶浇水。</td><td>怎么才能更便捷地浇水？</td></tr><tr><td>可以用水管为植物浇水。</td><td>故事里的水渠是什么？</td></tr></table> 3. 发现问题 　结合"娃娃田园"蔬菜种植的情况，幼儿发现不同的蔬菜所需要的水量不一样，但是每次浇水的时候需要一次次地运水，也控制不好水量。为了解决"娃娃田园"蔬菜浇水问题，我们启动了"自制浇水器"的项目。		
活动提示	亲子共同参与，鼓励幼儿自己记录与表述。 教师应及时补充更多关于浇水器的制作方法，对浇水器制作过程进行指导。		
活动反馈	1. 幼儿的发展 　幼儿能够自主翻阅图画书《一渠水的智慧》，并与其他幼儿主动讨论故事内容。故事中浇水器的制作方式较少，因此幼儿产生进一步了解浇水器的兴趣。通过调查表的呈现，帮助幼儿梳理已有经验，同时启发新思考。		

续　表

活动反馈	2. 教师的感悟 　　基于图画书阅读,引发幼儿对浇水器的思考,丰富幼儿对生活中浇水器的认识,了解浇水器制作方式及工作原理,为后期的制作活动铺垫经验。		
活动二:自制浇水器			
活动时间	2023 年 9 月 20 日	活动地点	教室
活动形式	小组活动。		
活动目标	尝试利用收集的材料制作浇水器。 在植物角尝试使用制作完成的浇水器,检验浇水器的效果。		
活动准备	瓶子、吸管、双面胶、剪刀。		
活动过程	1. 计划 　　幼儿自主收集各种废旧材料。 　　初步拟定浇水器的类型并设计浇水器样式。 　　选择浇水器制作的材料。 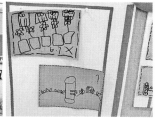 浇水器设计图 2. 制作 　　首次尝试,大部分幼儿都选择了使用矿泉水瓶制作浇水器。大家在矿泉水瓶上钻洞并将吸管插入,然后将矿泉水瓶装满水对蔬菜进行浇灌。  矿泉水瓶制作的浇水器		

活动过程	3．实验 　　幼儿将制作完成的矿泉水瓶浇水器投放到自然角中使用,模拟日常浇水场景并记录使用情况。 4．评价 　　这款浇水器需要不停装水、浇水,不便捷。 　　在浇水的过程中有的吸管较粗,有的吸管较细,导致浇水器出水量不稳定,控制不了水量。 　　有的瓶子不适合制作浇水器,如铁罐、塑料瓶、玻璃瓶等。
活动提示	设计过程中,引导幼儿先思考再行动。 寻找适合的材料进行制作。 制作完成后在植物角试用。
活动反馈	1．活动的调整 　　幼儿对于浇水器的样式以及材料的认识不够丰富,教师需要进一步帮助幼儿梳理相关经验并收集丰富的制作材料。 2．幼儿的发展 　　幼儿能够观察身边的浇水器并进行模仿制作,用行动实践自己的想法。

活动三：二代浇水器

活动时间	2023 年 9 月 25 日	活动地点	教室、幼儿家中
活动形式	小组活动、亲子活动。		
活动目标	讨论和制作自动浇水器。 将浇水器投放在植物角进行试用,对比发现不同的优缺点。		
活动准备	调查问卷、瓶子、木棍、棉签。		
活动过程	1．讨论 　　幼儿通过实验发现一代浇水器需要手动加水,且不能控制浇水量,于是就产生了制作自动浇水器的想法。 　　幼儿通过图片及视频进一步了解生活中的浇水器。 　　幼儿集体讨论适合制作浇水器的材料。 幼儿集体讨论制作材料		

	2. 问卷调查

关于"浇水器"样式及材料的调查问卷

我知道的浇水器	制作浇水器的材料

　　通过亲子问卷调查让幼儿发现更多生活中的浇水器样式（插地式浇水器、自动喷洒式浇水器、埋入式水道等）和适合制作浇水器的材料（轻便水瓶、引水吸管、滴水棉签、固定木棍等），帮助幼儿进一步丰富浇水器的制作方式和材料选择。

3. 制作

　　通过调查和讨论，幼儿们发现"插地式"浇水器更适合，能够实现自动化浇水，主要材料有棉签、木棍、矿泉水瓶。

　　幼儿在矿泉水瓶上绑好木棍倒插在泥土中，在瓶盖上钻洞将棉签塞入，吸满水的棉签通过滴水的方式给植物浇水。

幼儿制作的二代浇水器

4. 实验

　　幼儿将制作好的浇水器放在植物角进行试用，水瓶里的水顺着棉签滴落下来。

5. 评价

　　经过一周的试用，二代浇水器能够实现自动化浇水，但插地式浇水器不方便观察，幼儿很难观察到棉签出水的情况。

活动过程（左栏标签）

活动提示	观察生活中的浇水器，选择适宜制作的浇水器样式。

活动反馈	1. 活动的调整 　　相比一代浇水器,二代浇水器更自动化,但是不方便幼儿观察,还需进一步改良。 2. 幼儿的发展 　　在实验过程中,幼儿能够对比发现不同浇水器的优点与缺点,进而采取调整策略。 　　幼儿能够坚持尝试,运用不同材料制成浇水器,最终找到最适宜的制作材料。 2. 教师的感悟 　　在活动中拓展幼儿对浇水器的认识,丰富幼儿的知识经验。 　　利用亲子调查及小组讨论的形式,拓展幼儿的探究途径,引导幼儿形成一定的探究能力。

活动四：三代浇水器

活动时间	2023 年 10 月 9 日	活动地点	教室
活动形式	小组活动。		
活动目标	制作便于观察和控制出水量的自动浇水器。 将浇水器放置在植物角和"娃娃田园"中试用。		
活动准备	瓶子、麻绳、软管。		
活动过程	1. 问题 　　幼儿们已初步掌握了自动浇水器的制作,但是浇水器不便于观察的问题还没有解决,还需进一步改良。 2. 行动 　　为了便于观察,幼儿们决定将棉签换成长的软管,将插地式浇水器换成悬挂式浇水器,利用麻绳将水瓶悬挂起来,观察软管给植物浇水的情况。 3. 实验 　　幼儿将制作完成的浇水器继续放置在植物角进行试用,通过观察软管的出水量判断植物浇灌的情况。 4. 分析	 幼儿制作的三代浇水器

续　表

关于浇水器的相关问题	
浇　水　器	发现问题
第一次：一代浇水器 （在矿泉水瓶上钻洞并插入吸管的便捷浇水器）	一代浇水器不好控制出水量。
第二次：二代浇水器 （将矿泉水瓶绑在木棍上，瓶盖上钻洞插入棉签滴水的浇水器）	棉签插在土里滴水，不方便幼儿观察。
第三次：三代浇水器 （在矿泉水瓶中插入软管引水浇灌的浇水器）	不能控制水流的速度。

活动过程

5. 发现

三代浇水器各有优缺点，控制第三代浇水器水流速度是接下来要重点攻克的难题。

6. 解决问题

幼儿发现，在医院挂水的时候，吊瓶上有一个控制器可以控制液体的流速。

幼儿找来了瓶子、软管、开关调节器，再次制作了最终版浇水器，可以根据不同蔬菜的特性调节浇水的速度和出水量。

幼儿自制的浇水器

活动提示

在实验中多尝试、多对比、多观察。

活动反馈

1. 幼儿的发展

幼儿发现问题、解决问题的能力得到提升，在反复尝试的过程中能够通过对比不同浇水器的优缺点发现问题并进行调整。

幼儿在小组合作中能够自主提出建议，接受同伴的建议，合作完成浇水器的制作。

2. 教师的感悟

幼儿具有较强的思维能力和经验迁移能力，教师应在日常生活中丰富幼儿的生活经验。

续　表

<table>
<tr><td colspan="4" align="center">活动五：我和浇水器的故事</td></tr>
<tr><td>活动时间</td><td>2023 年 10 月 19 日</td><td>活动地点</td><td>教室</td></tr>
<tr><td>活动形式</td><td colspan="3">小组活动。</td></tr>
<tr><td>活动目标</td><td colspan="3">幼儿将制作浇水器的过程制成故事书。</td></tr>
<tr><td>活动准备</td><td colspan="3">卡纸、勾线笔、水彩笔。</td></tr>
<tr><td>活动过程</td><td colspan="3">

1. 发现问题

　　有的幼儿没有把制作浇水器的过程记录下来,导致其他幼儿不知道如何制作相同的浇水器。

2. 讨论

　　经过讨论,大家决定将制作浇水器的过程和方法记录下来,这样其他幼儿就可以按照同样的方式进行制作。

3. 解决问题

　　幼儿利用绘画的方式将浇水器的制作过程记录下来。

幼儿绘画"浇水器制作方式"

幼儿将浇水器的使用过程记录下来,做成立体翻翻书。

幼儿绘画"我和浇水器的故事"

</td></tr>
<tr><td>活动提示</td><td colspan="3">故事中的内容是幼儿生活经验的呈现。</td></tr>
</table>

活动反馈	1. 幼儿的发展 　　幼儿通过图画和符号记录的方式记录了浇水器制作的过程,以及和浇水器发生的故事。 2. 教师的感悟 　　幼儿记录的过程也是经验重现的过程,能激发幼儿对已有活动的反思,形成经验共享。		
活动六：美化浇水器			
活动时间	2023 年 11 月 1 日	活动地点	教室
活动形式	小组活动。		
活动目标	对浇水器进行装饰和美化。		
活动准备	浇水器、黏土、颜料、记号笔。		
活动过程	1. 提出问题 　　幼儿发现各种各样的瓶子挂在"娃娃田园"里并不美观,"娃娃田园"看起来乱糟糟的。 2. 讨论 　　幼儿结合之前的主题活动经验,想对浇水器进行美化装饰,让浇水器成为"娃娃田园"里一道亮丽的风景线。 3. 实施 　　幼儿使用颜料、黏土、记号笔等材料将自己的美术创想呈现在浇水器上。		
活动提示	选择能在浇水器瓶身绘制图案的颜料。		
活动反馈	幼儿对艺术创想类的内容都较感兴趣,能够大胆想象,结合当下主题进行创作。		
活动七：参观哈密瓜基地			
活动时间	2023 年 11 月 16 日	活动地点	华亭哈密瓜基地
活动形式	亲子活动。		
活动目标	参观哈密瓜基地,了解并收集更多关于浇水器的信息。		
活动准备	笔、记录本、平板电脑。		

活动过程	1. 讨论 　　幼儿制作的浇水器能够满足"娃娃田园"中蔬菜的浇灌需求,但和自动喷水的浇水器相比,较为简易。大家对工业浇水器都很好奇,想去参观更加专业的浇水器。 2. 参观 　　结合幼儿园周边资源,我们前往华亭哈密瓜基地进行参观学习。 　　幼儿通过拍照、录视频的方式将观察到的信息记录下来。
活动提示	外出参观做好安全措施。
活动反馈	幼儿有了前期制作浇水器的经验积累,在参观过程中,能快速理解工业浇水器的工作原理。

六、项目发布

本次项目发布任务由四名直接参与活动的幼儿承担。发布会现场,四名幼儿能够自信地讲述,大方地回应同伴的提问。其他班级的幼儿在倾听了解发布会的内容之后,对浇水器的制作也产生了浓厚的兴趣,打算借鉴已有经验为"娃娃田园"制作浇水器。

（一）真实问题情境引发幼儿的主动探究

活动前期,当遇到"浇水太多""不便于观察""水流不可控"的问题时,幼儿不断探索改进,对比实验,最终成功制作出适合"娃娃田园"的浇水器。

（二）项目进程驱动幼儿间的合作协商

在制作浇水器的过程中,幼儿能够分工合作,自主收集材料,自主进行实验和讨论,积极参与。

（三）项目活动促进幼儿多元能力的提升

在后续活动过程中,幼儿通过实验对比浇水器的成效,记录浇水器的制作过程,并对浇水器进行美化装饰。这些形式多样的活动促进幼儿科学探究、表达表现、创造力的提升。

七、项目评价

（一）幼儿自评

幼儿 A:我们制作的浇水器一共有三代,我们不断根据实际情况调整浇水器的制作方法。

幼儿 B：对的，我们一次次改进，制作出了最适合我们的浇水器。

幼儿 C：有一次我发烧了，妈妈带我去医院挂水，我才想到挂水的药水管有个开关可以控制滴水量，如果借鉴这样的控制器就可以制作更方便操作和观察的浇水器。

幼儿 D：我试过第三代浇水器，水可以顺利滴下来，我们可以随时根据蔬菜的需求调节滴水的速度！

幼儿 E：不仅我们班在使用第三代浇水器，大二班借鉴我们的经验制作了相同的浇水器，也解决了假期没人浇水的问题！

幼儿 F：我的家里还有好多自己做的浇水器呢！我要把它们拿过来一起用！

（二）同伴互评

幼儿 A：我觉得我们班的小朋友都很棒，大家积极收集适合制作浇水器的材料，每个小朋友都从家里拿来了水瓶、棉签、软管等。

幼儿 B：我觉得幼儿 C 很聪明，是他想到了用吊水瓶和软管相结合的方式改良浇水器的。

幼儿 C：我觉得如果没有幼儿 A 和幼儿 B 的帮忙，我们最终也做不成第三代浇水器。

幼儿 D：要不是幼儿 A 的妈妈，我们也找不到吊瓶，所以幼儿 A 很厉害，幼儿 A 的妈妈也很厉害。

（三）教师评价

学习品质的发展：幼儿的创造力、观察比较能力、计划执行能力显著提高。他们遇到困难坚持不放弃，愿意迎接挑战。

语言能力的发展：幼儿能用完整、流畅的语言表达自己的想法。

社会性发展：幼儿喜欢合作交流，并且能够自信表达自己的想法，在项目实施过程中体现出良好的合作能力。

动手能力的发展：幼儿善于使用各种材料与工具，并能进行较好的记录。

（四）家长评价

家长肯定了幼儿在项目中的成长，肯定了幼儿园开展项目活动的意义。从幼儿问题出发的项目活动有效培养了幼儿科学探究的兴趣和能力，提升了幼儿的动手能力，让幼儿在日常生活中成为一个爱思考、爱钻研、爱动手的孩子。

（肖雅君）

项目活动7：奇特的树

年龄段：大班

一、项目背景

（一）缘起

"娃娃田园"里种了一棵银杏树，随着时间的推移，银杏树已由小苗长成了大树。秋天，幼儿们提出了很多关于银杏树的问题，如："这是什么树（银杏树）？""是不是所有银杏树叶都是黄黄的，像扇子？""我们周围还有哪些奇特的树呢？""奇特的树有哪些奇特的地方？"幼儿对不同的树产生了浓厚的兴趣，并引发了一系列探索，"奇特的树"项目活动便由此产生。

（二）价值判断

幼儿在"娃娃田园"里发现了银杏树，对银杏树提出了很多问题。"是不是所有银杏树叶都是黄黄的，像扇子？""我们周围还有哪些奇特的树？""奇特的树有哪些奇特的地方？"这些问题是启动项目的驱动性问题。在驱动性问题的引导下，幼儿逐步了解了周围树木的一些典型特征，感受到了爱护绿化、保护环境的意义。

《上海市幼儿园办园质量评价指南（试行稿）》中指出，幼儿"能在观察、比较与分析的基础上，发现并描述事物的特征或变化""能用一些简单的方法来验证自己的猜测"。活动中，幼儿能发现银杏树的特点，并进一步提出要了解其他树的需求，提出了一系列探秘的想法。幼儿还收集了形式多样的树叶、树枝举办了奇特的树展览。

本项目由幼儿感兴趣的话题产生，活动中激发幼儿主动探究与学习的兴趣，让幼儿在实践中探究，在操作中表达。"奇特的树"项目有助于推动大班幼儿发现问题和解决问题的能力。幼儿在观察、比较、操作、实验等过程中，发展主动学习的意识和能力，不断积累经验，形成终身受益的学习习惯。

二、驱动性问题

项目驱动性问题梳理一览表

幼儿的问题	教师梳理及引导
所有银杏树叶都是黄黄的,像扇子吗? 还有哪些和银杏树一样外形奇特的树呢? 奇特的树有哪些奇特的地方?(核心话题)	观察、发现银杏树叶不同的颜色、形状。 寻找各种奇特的树,记录树的特征。 在幼儿园和家附近进行奇特的树探秘活动。
收集起来的树叶为什么卷边了? 怎样帮树叶恢复平整的样子?	记录发现的问题。 寻找解决的办法。 收集材料。 尝试通过实验解决问题。

三、项目目标

观察、发现银杏树的特征,比较异同,并进行记录。探索保存树叶的方法,提升发现问题、分析验证、解决问题的能力。

讨论并运用多种方法收集形态各异的树叶和树枝,在观察和体验中感受大自然的奇妙,激发保护树木、保护环境的意识。

四、项目网络

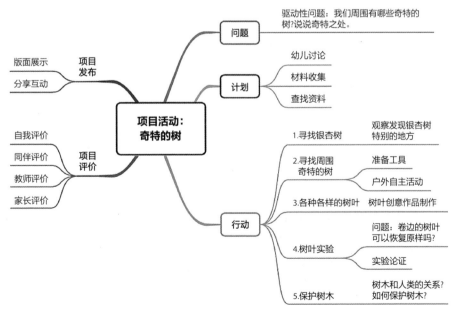

项目活动实施网络图

五、项目启动及过程记录

项目活动过程记录表

活动一：探秘银杏树			
活动时间	2023 年 9 月	活动地点	"娃娃田园"、幼儿家中
活动形式	集体活动、亲子活动。		
活动目标	了解银杏树的特征，包括树叶、果子的颜色、形状。 在观察、探索中感受户外探索活动带来的乐趣。		
活动准备	记录表、相机、篮子、各类测量工具。		
活动过程	1. 田园中的银杏树 ● 探秘银杏树 　通过多种感官感知银杏树的特征，发现银杏树的奇异之处。（树叶和树干的特征、果实的味道等） 　鼓励幼儿测量银杏树叶。 　引导幼儿通过符号、图画的方式记录自己的发现。 ● 分享交流 　幼儿在"娃娃田园"中围坐在一起，说说各自的发现。 　交流讨论银杏树的奇异之处。 　教师记录幼儿的问题和发现。		

探秘田园中的银杏树记录表

日　　　期		地　　　点	
我们的发现			

2. 我家附近的银杏树

　家长帮助幼儿深入观察家附近的银杏树。

　幼儿与家长一起收集银杏叶。

　鼓励幼儿测量银杏树叶的大小。

　鼓励幼儿用自己的方式进行记录。

续　表

活动过程	探秘家附近的银杏树记录表

探秘家附近的银杏树记录表

姓名_____

日　　期		地　　点	
我们的发现			

3. 幼儿的发现

银杏树的特点梳理

序号	银杏树的部位	幼 儿 的 发 现
1	树干	树干特别直,看起来很神气。
2	树枝	树枝笔直,下面的树枝长一些,越往上树枝越短。
3	树叶	树叶的颜色有黄色、绿色,形状像扇子,大小不一。
		树叶一面摸起来很光滑,另一面摸起来凹凸不平。
4	果实	味道闻起来有些臭。
		黄色的果实一共有三层,最外面的皮去除后是坚硬的外壳,最里面是果肉。
		果实具有药用价值,有软化血管、止咳的作用。

说说自己的发现

活动提示	指导家长在亲子活动中引导幼儿观察发现银杏树叶的异同。 鼓励幼儿通过绘画、符号等形式记录自己的发现。
活动反馈	1. 幼儿的发展 　幼儿在自主探索过程中,能够用图画、符号等形式尝试把发现画下来。 　幼儿一起捡拾银杏叶、银杏果,通过看一看、闻一闻、摸一摸等方式探索银杏树。活动中,他们对银杏树叶特别感兴趣,一起讨论树叶的外形和颜色。通过调查,幼儿也了解了银杏果实的药用价值,对事物的探索逐步加深。 2. 教师的感悟 　对于幼儿在田园中生成的新问题,教师给予幼儿探讨空间,并梳理驱动性问题,为银杏叶艺术创作活动作铺垫。 　亲子活动中,教师引导家长填写记录表,收集幼儿的问题,记录幼儿的发现。

活动二：银杏叶和银杏果

活动时间	2023 年 10 月	活动地点	教室
活动形式	小组活动。		
活动目标	用多种方法进行银杏叶艺术作品制作,感受多元艺术表现带来的乐趣。 在创意制作中深入了解银杏叶、银杏果的特征。		
活动准备	收集的银杏叶、银杏果;剪刀、双面胶、油画棒、勾线笔等美工材料。		
活动过程	1. 好玩的银杏叶 (1) 活动准备:讨论银杏叶的玩法 　讨论银杏叶的玩法。 　讨论制作材料。 　师幼共同准备材料。 (2) 幼儿操作 　教师观察、指导,关注幼儿使用剪刀时的安全问题。 　鼓励幼儿合作制作银杏叶创意作品。 (3) 作品分享 　说说自己的作品。 　说说我喜欢的作品,夸夸同伴的作品。		

活动过程	 幼儿的银杏叶作品 2. 探秘银杏果 （1）探秘、记录 　　用放大镜等观察工具探秘银杏果的内部结构。 　　用符号、数字、图画等方式记录自己的发现。 （2）讨论我的发现 　　讨论银杏果的特别之处。 　　师幼交流银杏果的功效。 　　小结：银杏果一般为黄色，闻起来有点臭味。银杏果有三层，最外面的皮厚厚的，里面是坚硬的果壳，果壳内部是金黄色的果肉。银杏果有药用价值，有软化血管、止咳的作用。
活动提示	引导幼儿安全使用剪刀。 关注幼儿合作意识和能力的培养。
活动反馈	1. 幼儿的发展 　　在"好玩的银杏叶"活动过程中，幼儿运用绘画、拼贴等形式，创意表现身边的事物。在制作的过程中，幼儿发现了银杏叶的特征，如银杏叶上面规

活动反馈	则的叶脉,叶子两面颜色的深浅等。幼儿既感受到了多元艺术表现带来的乐趣,也深入了解了银杏树的特征。在"探秘银杏果"活动过程中,幼儿发现银杏果有些臭臭的,果肉里面还有芯,果壳摸起来特别光滑。部分幼儿还提出要继续探索像银杏树这样奇特的树。 2. 教师的感悟 　　在艺术表现类活动中融入科学探索,发展幼儿主动探究、创意表现的能力。幼儿的兴趣是促进项目活动深入开展的动力。

活动三：寻找奇特的树

活动时间	2023 年 10 月	活动地点	幼儿园、幼儿家中
活动形式	户外活动。		
活动目标	能仔细观察各种奇特的树,发现其明显特征。 与同伴一起收集各种树叶、树枝,在自然环境中体验乐趣。		
活动准备	放大镜、篮子、手套、调查表。		
活动过程	1. 幼儿园里奇特的树 （1）准备 　　规划校园探索路线。 　　交流安全事项:不快速奔跑,不推不挤,在区域范围内进行小组行动等。 　　分组:幼儿自由组队,共同准备材料。 （2）行动 　　幼儿小组行动,自主探秘、记录。 　　教师适时参与幼儿活动,引导幼儿观察和比较。 （3）发现 　　你在哪里发现了奇特的树? 　　树的哪些方面比较奇特? 　　小结:幼儿园有许多果树,有的能长出果子,如金橘树虽然只栽了一年多,矮矮的,但是已经长满了果子。有的树春天掉树叶,如校园长廊两边的香樟树,春天大量树叶飘落下来,秋天黑色的果子也会掉落,引来很多小鸟。		

续　表

活动过程	"幼儿园里奇特的树"调查表

班级：_____　小组：_____

探索路线	
哪里有奇特的树？是什么树？	
树有哪些奇特之处？	

（4）结论

"幼儿园里奇特的树"梳理表

序号	哪里有奇特的树？	这是什么树？	有哪些奇特之处？
第一组	幼儿园门口长廊两边	香樟树	树冠特别高大，树上有黑色的果子，树干散发出一种香味，许多小鸟飞到树上，树下还有很多鸟屎。
		桂花树	枝头长满一簇簇桂花，有金黄色和橘黄色，香味沁人心脾。
		铁树	整体像菠萝，叶子像针一样，而且一年四季叶子都是绿色的，很特别。
		枫树	叶子有六个角，颜色有红色、黄色，很特别。
第二组	操场南面	金橘树	树叶和橘子树叶形状差不多，矮矮的树上长满了金橘。
		枇杷树	叶子比较厚，一面粗糙，一面光滑，树叶很奇特。
		桃树	先开花再长叶子，很奇特。
		梨树	树干上面毛毛的，叶子边缘呈锯齿状，很特别。

活动过程	2. 校园外奇特的树

2. 校园外奇特的树

与家长一起准备材料,如袋子、放大镜等。

安全注意事项:幼儿在自主探索过程中应注意安全,不能离开家长视线。

幼儿和家长一起说说自己的发现,并尝试了解树与其生存环境之间的关系。

家长引导幼儿尝试发现不同树的特征,并将发现记录在调查表中。

"校园外奇特的树"调查表

班级:_____　姓名:_____

探索地点	
哪里有奇特的树? 是什么树?	
树有哪些奇特之处?	

(5)调查结论

"校园外奇特的树"梳理一览表

序号	哪里有奇特的树?	这是什么树?	哪些方面很奇特?
1	小区里	枫树	叶子有六个角,颜色有红色、有黄色,很特别。
2	小区里	红叶石楠	树外面一层叶子是红色的,里面的叶子是绿色的,树叶很特别。
3	小区里	枇杷树	叶子比较厚,一面粗糙,一面光滑,树叶很奇特。
4	马路边	栾树	树上长出红色的果子,像树叶又像花。
5	马路边	铁树	整体像菠萝,叶子是针样的,常年都是绿色,很特别。
6	马路边	梧桐树	叶子特别大,像巴掌,树干还有白色的花纹。
7	愚农庄园	梨树	有许多梨树,最老的梨树有三十多年的树龄,结出的果实有一斤重。
8	华亭人家	柳树	柳树的树叶细细长长的,向下垂。

活动提示	鼓励幼儿将自己的发现记录下来,在后续的集体活动中和同伴分享。
活动反馈	1. 幼儿的发展 　　在探秘奇特的树的活动中,幼儿参与活动的积极性非常高,自主分成三组进行合作探索,过程中有团队合作意识和安全意识。幼儿能够仔细观察树和树叶的特点,并进行记录。在亲子活动中,幼儿和爸爸妈妈一起在户外观察奇特的树,了解了大量关于树的知识,增进了亲子情感,提高了科学探索能力。 2. 教师的感悟 　　教师要给幼儿营造自主探索的环境,充分激发幼儿的探索欲望。教师也要善于发挥家长资源,鼓励家长带动幼儿扩大探索的范围,共同培养幼儿良好的科学探索能力。

活动四：树叶创意画

活动时间	2023 年 11 月	活动地点	教室
活动形式	区域活动。		
活动目标	根据树叶的形状进行想象,拼贴表现有情节的画面。 充分发挥想象,结合生活经验,大胆进行创作。		
活动准备	白纸、胶水、剪刀、树叶。		
活动过程	1. 观察并说说树叶 　　秋天到了,你发现树上的树叶有什么变化吗? 　　请幼儿挑选一片树叶,说一说树叶的样子。 　　引导幼儿观察树叶,进行合理想象。 　　请幼儿找一找自己喜欢的树叶,并说一说树叶像什么。 2. 树叶创意贴画 　　观察欣赏,引导幼儿抓住事物的主要特征,自选树叶进行剪贴活动。 3. 展示幼儿作品,幼儿自评、互评。 　　小结:掉落的树叶可以作为肥料,滋润土壤,也可以变成漂亮的创意画。 树叶创意拼贴		

活动提示	引导幼儿合理构图,表现事物特征。启发幼儿将树叶剪贴成可爱的小动物,采用中心贴、对角贴的方式制作装饰画,还可以为故事、诗歌配插图等。
活动反馈	1. 幼儿的发展 　幼儿通过想象和体验,大胆进行创作,培养初步的艺术表现与创造能力。 2. 教师的感悟 　引导幼儿发现生活中的美,提高幼儿对美的感受性,引导幼儿喜欢参与艺术活动的同时愿意和他人分享、交流自己的作品。

活动五:奇特的树展览馆

活动时间	2023 年 11 月	**活动地点**	教室
活动形式	集体活动。		
活动目标	在讨论中发现奇特的树的特征。 在说说、玩玩中进一步激发幼儿对树叶探秘的兴趣。		
活动准备	幼儿收集到的各种树叶、树枝。		
活动过程	1. 导入 　集体讨论奇特的树。 2. 说说树叶 　让幼儿说说树叶的特征(颜色、形状)。 　全方位观察叶片,观察叶片表面是否光滑,边缘是否呈锯齿状,气味如何。 　幼儿自主结伴观察、探索和发现。 　小结:树叶的颜色、形状、大小、软硬、光滑程度、气味都各不相同,仔细观察就能发现树叶的很多特征。 3. 说说树枝 　找找树枝的奇特之处。 　鼓励幼儿探索树枝的内部结构。 　小结:树枝有粗有细,有的光滑,有的凹凸不平。 4. 树叶找家游戏 　树叶找家(树):树叶和树配对游戏。 　哪种树叶最奇特? 找一找并说一说奇特的树叶。 　引导幼儿从树叶的大小、形状、质地等方面说说树叶的奇特之处,鼓励幼儿积极、完整地进行表达。 5. 奇特的树展览馆 　师幼共同为奇特的树布置展览。		

活动过程	展览的内容包括收集的树叶和树枝,以及调查表和影视资料。 幼儿集体讨论
活动提示	活动前期可以让幼儿和家人一起查阅资料,积累方法。
活动反馈	1. 幼儿的发展 　　幼儿通过多种感官了解树叶的形状、颜色、质地,并观察到树叶细微的特征,如:叶脉有规律地排列。幼儿还提出了如何保存树叶的问题,在讨论中得出了一些方法:将树叶塑封起来、烘干树叶等,并且想到了要将各种各样的树叶保存好做成叶子展览。 2. 教师的感悟 　　自主活动后的集体活动,引导幼儿在过程中乐于动手、动脑,多种方式探索树叶,养成爱探索的科学品质。

活动六:树叶为什么变卷了

活动时间	2023 年 11 月	活动地点	教室、"娃娃田园"
活动形式	小组活动		
活动目标	了解树叶卷起来的原因。 通过实验,尝试运用多种方法让变卷曲的树叶恢复原样。		
活动准备	树叶、滴管、量杯、毛巾。		
活动过程	1. 导入 　　教师:上次活动中,我们发现收集到的树叶卷起来了,大家都很想让树叶变回原样。 　　过渡:卷起来的树叶能否变回原样?		

续 表

活动过程	2. 讨论恢复树叶平整的方法 　如何让卷曲的树叶变回原样呢? 　需要用到哪些材料? **幼儿的方法梳理表** *(见下表)* 　小结:树叶从树上掉落下来之后,水分流失,我们可以采用一些办法保存树叶。例如:甘油储存叶片、加热干燥叶片等。 3. 幼儿实验并得出结论 　薄薄的树叶泡在水里就烂掉了。 　用力吹、压一压的方法容易让树叶碎掉。 　透明胶贴一贴可以让树叶变平整。 　将水滴在叶片上,叶片没有变化。  问题版面

幼儿的方法梳理表

方　　法	材　　料
用力吹	无
压一压	比树叶大的材料
用透明胶贴一贴	透明胶
将水滴在叶片上面	水、滴管
放在水里泡一泡	盆、水、保鲜膜、盖子

活动提示	鼓励幼儿自己探索,尝试用实验记录自己的发现。 提醒幼儿做实验时保持桌面整洁干净。
活动反馈	1. 幼儿的发展 　幼儿能够发现树叶卷曲的根本原因——水分的流失,尝试了各种办法让树叶恢复原状。最终找到了合适的办法,并取得了成功。

续　表

活动反馈	2. 教师的感悟 　　当幼儿产生疑问时,教师没有直接告知答案,而是让他们自己讨论、思考解决办法。当幼儿通过验证自己的猜测找到问题的答案时,他们会发现自己有能力提出问题、解决问题。
	活动七：保护树木
活动时间	2023 年 12 月　　活动地点　　教室
活动形式	集体活动。
活动目标	初步了解树与人类的关系。 激发幼儿保护环境的责任感。
活动准备	树和人类的呼吸循环图。
活动过程	1. 了解树和人的关系 　　树可以给我们的生活带来什么好处呢? 　　哪些生活用品是由树木制成的? 　　小结:我们的生活离不开大树,大树为我们遮风挡雨,生活中很多木质用品都是用大树制成的。 2. 了解树和人类呼吸循环的关系 　　讨论:大树释放出来的气体对人类有什么用? 　　小结:我们呼出二氧化碳,大树吸收二氧化碳,释放氧气,空气中的氧气越多,空气越新鲜。所以,大树能起到净化空气的作用。 3. 了解保护树木的常识 　　讨论:如何保护树木? 　　小结:每年我们要植树造林,树越多,空气越新鲜。日常生活中,我们不能乱砍滥伐,要保护大树。 4. 制作保护树木的树牌 　　幼儿共同制作树牌。 　　一起为幼儿园中的树挂上树牌。
活动提示	在悬挂树牌的过程中注意安全,避免被树枝划伤。
活动反馈	1. 幼儿的发展 　　幼儿对生活中由树木制成的物品积累了一定的知识经验,但对于大树具有净化空气的作用不了解。活动中,教师可以通过图片展示的方式让幼儿初步了解树与人类的关系,了解大树对环境的净化作用,培养初步的环保意识。

活动反馈	2. 教师的感悟 　　让幼儿了解保护环境的意义十分重要。在项目实施过程中,幼儿们加深了对树木的了解,有了自主保护树木的意识。然后,通过集体讨论的方式,掌握了保护树木的方法。

六、项目发布

项目发布中,幼儿们共同介绍了项目活动过程中的问题和发现,精美的展板形象地展现了丰富的项目过程。

项目展示

（一）真实的问题情境引发探究

对银杏树叶颜色和外形的好奇引发了幼儿对银杏树的探索。在探索银杏树的基础上,幼儿又对周围奇特的树产生好奇,并通过绘画、符号等方式记录自己的发现。随着幼儿对树木了解的深入,他们又萌发了保护树木的想法。顺应幼儿的需求,班级又开展了保护树木的集体活动。整个项目均由真实问题引发,培养了幼儿发现问题、解决问题、观察分析、表达发现的能力。

（二）多元支持策略促进幼儿能力的提升

项目活动中善于利用家长资源,引导家庭开展亲子探究活动,如：探索家附近奇特的树。通过家长资源拓宽探究途径,培养幼儿乐于探究、善于观察的科学品质。教师对家长进行有针对性的指导,切实提高家园合作的有效性。

幼儿在校园、"娃娃田园"、家附近的小公园中观察、探索、体验和了解关于树木的知识。幼儿从大自然中汲取力量,尽情发挥创造力和想象力,深刻地理解环境的重要性。

(三)项目体验建构丰富经验

幼儿的科学学习是在探究具体事物和解决实际问题中,尝试发现事物间的异同和联系。在项目实施过程中,教师充分利用自然资源,引发幼儿的探索、发现。本项目活动持续了整整一个学期,教师在过程中注重幼儿体验,让幼儿在体验中积累发现问题、解决问题的能力,进而建构丰富的知识经验。

七、项目评价

(一)项目成员自评

幼儿 A:我发现了像手掌一样的树叶,特别大,比我爸爸的手还要大,都能当扇子了。

幼儿 B:收集树叶的时候,我发现树叶上有刺,我戴了手套防止被扎伤。工具很重要,可以保护我们的身体。

幼儿 C:愚农庄园里的梨树树龄很大,结的果实也大。

幼儿 D:我和好朋友用树叶做了一幅树叶画,里面还有动物和草地呢。

幼儿 E:树叶卷起来是因为没有营养,树叶需要营养,有了营养就不会卷了。

幼儿 F:我觉得需要使用工具把树叶变回原来平整的样子,我和爸爸把树叶制成标本,树叶标本一直都是绿色的。

幼儿 H:桌子上有点水,我们一起拿毛巾擦一擦。

(二)同伴互评

幼儿 A:我认为幼儿 B 的方法特别好,树叶肯定需要水,我们一起把树叶放到水里,让它变成原来的样子。

幼儿 B:幼儿 C 每次都能想到好办法,真了不起,我也要像他一样。

幼儿 C:我觉得幼儿 A 想到的主意真不错,把树叶塑封起来,就能把奇特的树枝都收集起来。

幼儿 D:我喜欢幼儿 E 和幼儿 F 的树叶画,树叶可以变成跳舞的小朋友,太神奇了。

(三)教师评价

学习品质的发展:幼儿喜欢探究,乐于动手、动脑,仔细观察,也逐渐学会运

用观察、分析、猜测和实验验证自己的猜想。

语言能力的发展：幼儿表达能力明显提高，乐于参加讨论，能在集体面前表达自己的想法；讲述时语言丰富性提高，能使用相对复杂的句子，语言较生动。

社会性发展：项目活动中能倾听和接纳别人的意见，积极表达自己的想法，关心和尊重他人，与同伴合作开展活动。

动手能力的发展：善于使用各种材料与工具，能够进行记录。

美感与表现的发展：乐于运用多种工具、材料表现观察到的事物，以及自己的感受与想象。

(四) 家长评价

家长对项目活动给予充分的肯定，项目活动提高了幼儿主动探索的意识，提升了幼儿解决问题的能力。遇到困难时，幼儿主动查找资料，多途径解决问题。在户外活动中，幼儿对自然观察感兴趣，喜欢探究，并敢于大胆表达。

（潘明华）

项目活动 8：我的养护小百科

年龄段：大班

一、项目背景

(一) 缘起

植物角一直是幼儿喜欢的地方。每日空闲时刻，幼儿都要去看一看植物角中的蔬菜，去观察和发现植物的成长变化。升入大班后，幼儿直观地发现，由于班级位置的变化，植物角的位置和采光也发生了变化，这样的变化会不会影响植物的生长呢？还可以种植哪些蔬菜呢？"我的养护小百科"项目由此产生。

(二) 价值判断

幼儿对于植物角的种植经验和常见蔬菜的初步了解都来自中班时期对植物角的观察经验。中班时期，幼儿对户外的植物角充满了好奇，积极参与植物角的照护活动，但对于植物的种植、养护等认识还不够深入。进入大班后，幼儿对植物角的自主管理意识逐渐增强，希望习得专业的植物照护技能。

整个项目活动的开展不仅培养了幼儿对植物的喜爱，同时也培养了幼儿的实践能力。幼儿在照料植物的过程中，了解了植物的特性，习得了植物的养护技能。

二、驱动性问题

项目驱动性问题梳理一览表

幼儿的问题	教师梳理及引导
大班植物角和中班植物角有什么不一样？	实地对比观察与记录。 儿童会议。

续　表

幼儿的问题	教师梳理及引导
我们可以种植哪些蔬菜？怎么种？	查阅资料，制作调查表。 投放相关图书。
我们应该怎样照顾植物角里的蔬菜呢？	收集秧苗与种子。 记录生长过程中发现的问题。 寻找解决的办法。

三、项目目标

自主对植物进行养护和管理，在种植活动中积累有益的经验。

观察不同植物的外形特征和生存环境，提升观察判断和解决问题的能力。

四、项目网络

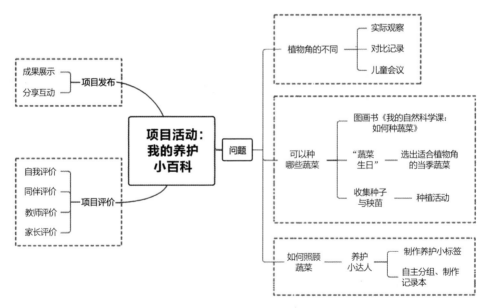

项目活动实施网络图

五、项目启动及过程记录

项目活动过程记录表

活动一：不同的植物角			
活动时间	2023 年 9 月	活动地点	教室
活动形式	小组活动。		
活动目标	了解植物角的变化并记录。 在儿童会议中大方自信地表达。		
活动准备	照相机、记录表、笔等。		
活动过程	1. 实地观察并记录 　　利用午休散步、自由活动时间分小组实地观察植物角,将观察信息记录在调查表上。 **幼儿植物角对比记录图** 2. 儿童会议 　　在儿童会议上,教师将问题抛出:"植物角有哪些变化?"有的幼儿说:"原来的植物角在室内,现在的植物角在户外了。"有的幼儿说:"我发现户外的植物角能晒到太阳,室内的植物角晒不到很多太阳。"有的幼儿问:"我们现在的植物角在走廊上,那我们在走廊上运动怎么办?"另一名幼儿提议:"那只能把植物角变窄一点。""走廊的植物角已经变小了,比我们中班时小了很多。" 　　在部分幼儿的带动下,大家对植物角的变化进行了热烈讨论。		
活动提示	小组实地观察,鼓励幼儿自己记录与表述。		

续　表

活动反馈	1. 幼儿的发展 　　幼儿实地观察后,能够用图画、符号等形式完成调查表,幼儿A说:"植物角的位置发生了改变。"幼儿B说:"照射到的太阳光变得不一样了。"通过记录表的呈现,幼儿对自己的发现进行重新思考梳理,能够在同伴群体中大胆讲述自己发现的过程。 　　幼儿了解了植物角的变化后,随之产生了"我们可以种植哪些蔬菜? 怎么种?"等问题。 2. 教师的感悟 　　小组实践的活动形式能引导幼儿在观察探究中思考,尝试进行简单的推理和分析,发现事物之间的关系。  <div align="center">中大班植物角的对比</div>

活动二: 图画书《我的自然科学课: 如何种蔬菜》

活动时间	2023 年 9 月	活动地点	教室
活动形式	集体活动。		
活动目标	理解画面内容,尝试用简单的语言大胆表述。 感受植物种植过程的不同。		
活动准备	图画书、PPT。		
活动过程	1. 封面导入 　　猜猜看,这是一本什么书? 　　你觉得,这本书中记录了哪些植物呢? 2. 师幼共读,理解画面 　　导入:今天我们来看一看黄瓜的种植过程吧。 　　幼儿自主阅读:四人一组对黄瓜的生长过程进行排序。 　　分享与交流:说一说黄瓜的生长过程。		

续　表

活动过程	阅读图画书,了解书中讲述的黄瓜的种植过程。 　　重点提问:你觉得在黄瓜种植、生长的过程中,我们应该注意什么? 　　总结:黄瓜是爬藤植物,需要搭架子;种植的时候要注意间隔。 3. 延伸活动 　　除了黄瓜,别的蔬菜是怎样种植的? 　　幼儿自主阅读图画书,了解故事内容。  幼儿阅读图画书
活动提示	集体活动结束后让幼儿在阅读区自主阅读图画书。 自主阅读时,引导幼儿关注其他植物的播种和收获时间。
活动反馈	1. 幼儿的发展 　　通过集体活动的开展,幼儿了解了《我的自然科学课:如何种蔬菜》这本书的内容,能根据图书内容说出自己的看法,感受植物不同的种植过程。 2. 教师的感悟 　　本次活动的目标是借助图画书的阅读引发幼儿对科学探究的兴趣,让幼儿积累植物种植的经验。

活动三:"蔬菜生日"

活动时间	2023 年 9 月—11 月	活动地点	教室、植物角
活动形式	个别化活动。		
活动目标	自主阅读图画书,了解不同植物播种和收获的时间。 尝试对图画书中植物的播种和收获时间进行统计。		
活动准备	图画书、纸、笔、统计表。		

续　表

活动过程	自主阅读图画书,了解不同植物播种和收获的时间。 对比不同植物播种和收获时间的差异。 运用简单记录的方式,尝试对图画书中植物的播种和收获时间("蔬菜生日")进行初步统计。 "蔬菜生日"记录表
活动提示	幼儿对统计有了初步了解。 运用统计表发现当下可以种植的植物。
活动反馈	1. 幼儿的发展 　　幼儿通过自主阅读,尝试搜集信息,在不断对比中,进行猜测和验证,获取信息、积累经验。 2. 教师的感悟 　　引导幼儿自主学习,在阅读中获取知识,初步学习统计的方法。

活动四:植物角种植活动

活动时间	2023 年 9 月—11 月	活动地点	植物角
活动形式	个别化活动。		
活动目标	尝试运用科学的种植方法参与种植活动,大胆发表自己的见解。 感受种子生长的神奇,体验种植带来的快乐。		
活动准备	种植工具、秧苗、种子等。		
活动过程	1. 经验回顾 　　导入:根据"蔬菜生日",我们罗列了许多当下可以播种的蔬菜,如豌豆、萝卜、小油菜、洋葱、菌菇等。		

活动过程	2. 分小组进行种植活动 　　幼儿根据自己的意愿选择想要种植的蔬菜,根据蔬菜种类自发分为豌豆组、萝卜组、小青菜组、洋葱组和菌菇组。 　　每组认领秧苗或种子,制作小组记录表。 　　团队合作,尝试采用科学的方法种植蔬菜。 3. 制作标签,方便后续观察  幼儿种植蔬菜
活动提示	活动前进行班级谈话活动,确定秧苗的种类和数量。 活动时提醒幼儿注意栽种的间隔距离、数量等。
活动反馈	1. 幼儿的发展 　　幼儿在统计—播种—栽种秧苗—做标签的过程中积累种植蔬菜的经验,尝试科学的种植方法。 2. 教师的感悟 　　播种的过程整合了幼儿多领域的知识经验。比如:播种时保持间距一致,制作标签时进行科学表征等。 　　提升幼儿多元能力,如发现问题、解决问题的能力,合作协商的能力等。活动中,幼儿需要团队合作,共同参与种植活动;产生问题时,大家协商解决。

活动五:养护小达人

活动时间	2023 年 9 月—12 月	活动地点	植物角
活动形式	个别化活动。		
活动目标	通过查找资料,了解不同植物的养护特点。 在动手实践中,积累植物养护经验。		
活动准备	纸笔、水壶、推车、放大镜、剪刀等。		

活动过程	1. 养护实践 　　幼儿记录植物角养护过程中遇到的困难,并通过分享交流的形式,尝试解决问题。 　　● 豌豆组:在豌豆发芽的过程中,幼儿发现泡在水里的豌豆种子很容易变质发臭。有幼儿提议,让种子多晒阳光;有幼儿则认为水太多把种子泡烂了,水要少一点。 　　尝试解决的方法:将豌豆发芽盆放到教室里能照到太阳的地方,将盆里的水倒掉一些,每次只放浅浅的一层水。 　　● 萝卜组:萝卜的叶子越来越长,总是倒垂下来,碰倒旁边的种植瓶。有的幼儿说,用扭扭棒把叶子绕起来;有的幼儿说,用筷子架起来;有的幼儿说,用绳子吊起来,像种子探趣室的百香果一样。 　　尝试解决的方法:提供多元材料,例如扭扭棒、绳子、胶带、小积木、筷子等尝试让萝卜叶子竖起来。 　　● 小青菜组:青菜苗变黄了,总长不大。有幼儿认为,是光照不足的原因;有的幼儿觉得,是水浇得不够多,幼苗枯萎了。 　　尝试解决的方法:每天给青菜种植盆晒太阳,小组成员每天轮流给青菜浇水。 　　● 洋葱组:洋葱的叶子太长了,散开倒下来时,看起来乱乱的。怎么让洋葱的叶子整齐一点? 有的幼儿说:可以用扭扭棒绑起来。有的幼儿说:可以用皮筋扎起来,像女孩的辫子一样。有的幼儿说:可以用树枝固定起来。 　　尝试解决的方法:提供多元材料,例如扭扭棒、树枝、皮筋、胶带等尝试将洋葱叶子捆扎起来。 　　● 菌菇组:每天都给菌菇喷水,但袋子里的菌菇一直没有长出来,只有靠近墙角的几个袋子长出了一点点菌菇,怎么回事? 有的幼儿说:会不会是太亮了,菌菇要在很暗的地方才长得出来。有的幼儿则说:会不会是太冷了,冷了也长不出。 　　尝试解决的方法:收集纸盒、纸箱、黑色塑料袋等为菌菇制作暗房和暖房。 2. 制作标签 　　通过查找资料,为植物制作标签。 　　豌豆组:搬运小标签、太阳小标签。 　　萝卜组:"扎头发"小标签、清理枯叶小标签。 　　小青菜组:每日浇水小标签、午间搬运小标签。 　　洋葱组:"扎头发"小标签、换水小标签。 　　菌菇组:每日喷水小标签、遮光小标签。 　　幼儿根据"养护小标签"的提示对植物进行针对性的护理。

续　表

活动过程	 幼儿护理植物角
活动提示	指导幼儿仔细观察植物的变化,进行记录。 观察幼儿根据"养护小标签"对植物进行护理的情况。
活动反馈	1. 幼儿的发展 　　幼儿因为有了前期养护植物的经验积累,能够根据植物的状态进行针对性的养护。 2. 教师的感悟 　　在耐心观察幼儿的过程中,教师也积累了对幼儿的观察能力,通过活动的实施,真实地看到幼儿的成长。

活动六: 收获与品尝

活动时间	2023 年 12 月	活动地点	植物角、幼儿家中

活动形式	个别化活动、亲子活动。
活动目标	通过采摘、清洗、品尝,体验劳动收获的快乐。
活动准备	剪刀、篮子等工具。
活动过程	1. 采摘 　　幼儿分组观察蔬菜的生长情况,挑选合适的工具采摘成熟的蔬菜。 　　菌菇组的幼儿发现菌菇的小伞盖长得大大的,中间摸起来硬硬的,菌菇已经成熟了,可以进行采摘了。他们做好记录后,用剪刀将菌菇采摘下来放在篮子里,有平菇、黄金菇、伞菇等。 2. 分享 　　亲子共同将收获的蔬菜制作成美味佳肴,品尝收获的果实。如菌菇组的幼儿将菌菇带回家,动手清洗,请爸爸妈妈制作成了美味的菌菇佳肴,共同品尝。

续　表

活动过程	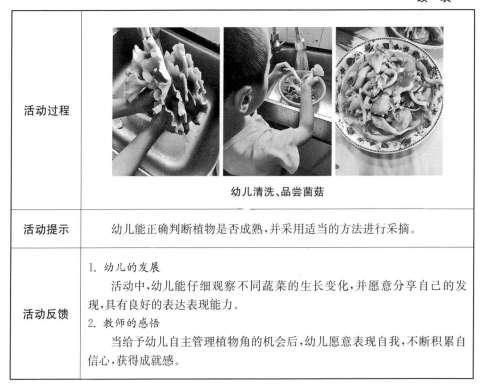 幼儿清洗、品尝菌菇
活动提示	幼儿能正确判断植物是否成熟，并采用适当的方法进行采摘。
活动反馈	1. 幼儿的发展 　　活动中，幼儿能仔细观察不同蔬菜的生长变化，并愿意分享自己的发现，具有良好的表达表现能力。 2. 教师的感悟 　　当给予幼儿自主管理植物角的机会后，幼儿愿意表现自我，不断积累自信心，获得成就感。

六、项目发布

为了给幼儿创造更多表现自我的机会，分享学习过程中的点滴收获，我园举行了一场幼儿自己的成果发布会。

（一）真实情境助力幼儿多元发展

在"我的养护小百科"项目实施过程中，幼儿借助多元渠道进行调查，对信息进行统计，体验选种、播种、养护的种植过程。幼儿从真实的情境出发，动手实践、科学探究，积累了丰富的养护经验。

（二）借助图书阅读培养科学探究兴趣

通过集体共读和自主阅读，幼儿将收集到的各种科学信息转化为自己的认知经验。在具体的生活实践，幼儿应用已习得的科学知识开展种植养护活动，将理论应用于实践，检验知识的有效性。

七、项目评价

（一）项目成员自评

幼儿 A：我发现中班时的植物角和大班时的植物角有很多不同，特别是植物角的光照时间不一样，这是影响植物生长的重要因素。

幼儿 B：我在看图画书的时候发现不同蔬菜的种植方式完全不一样，有的要搭架子，有的要搭暖棚。

幼儿 C：我遇到困难，都会动脑想办法解决。

（二）同伴互评

幼儿 A：我觉得幼儿 C 很厉害，他能很清楚地将我们的问题记录下来。

幼儿 B：我觉得幼儿 A 很好，他能够收集到很多不同的蔬菜种子和秧苗。

幼儿 C：我觉得幼儿 B 最认真，他每次看书都很认真，能发现不一样的地方。

（三）教师评价

学习品质的发展：培养了幼儿初步探究和观察比较的能力。

语言能力的发展：幼儿有一定的阅读理解和表达能力，能够与同伴分享自己的发现和看法。

社会性发展：幼儿喜欢合作交流，有良好的合作能力，能客观地评价自我和他人。

动手能力的发展：幼儿善于使用各种种植、养护工具，能够用图画、符号等进行记录。

（四）家长评价

"我的养护小百科"项目活动带给幼儿自主的种植体验。幼儿不仅在家尝试种植各种蔬菜，还喜欢和爸爸妈妈分享蔬菜的生长变化。在养护过程中，幼儿自己浇水、松土、打扫卫生，动手能力更强了。

（傅佩瑶）

项目活动9：向日葵

年龄段：中班

一、项目背景

（一）缘起

"瓜子是从哪里来的?"这是我班幼儿近期最热门的话题。"这个瓜子是种子,种到土里就可以了。""这个怎么会是种子呢? 这个是能吃的,我奶奶最喜欢吃。"那么瓜子到底是不是种子呢? 教师鼓励幼儿和父母一起查找资料,寻找答案。第二天,一名幼儿告诉大家:瓜子是从向日葵里长出来的,是向日葵的种子。大家听后感到既惊喜又疑惑:这小小的瓜子真的会变成美丽的向日葵吗? 向日葵的生长过程是怎样的呢? 幼儿对向日葵的种植产生了极大的兴趣,都想亲手种植一株向日葵,感受植物生命成长的真实过程。因此,"向日葵"项目在幼儿的期盼中正式启动了。

（二）价值判断

项目活动"向日葵"由幼儿感兴趣的话题产生,"瓜子是从哪里来的?"是驱动整个项目实施的关键性问题。由关键问题引发了一系列问题,如:向日葵什么时候种? 种在哪里? 怎样种? 幼儿将在自主探究和学习中解答这些问题。项目活动的目标是让幼儿体验种植,在实践中探究,在操作中表达,用自己的方式发现向日葵的变化。在"春天来了"主题活动中,幼儿已经积累了一定的发现、提问能力,以及植物种植和成长的经验,这些是助推项目活动有效实施的基础保证。

"向日葵"项目活动从工程、艺术、数学、科学等多个方面促进幼儿的发展,预估可以达成《上海市幼儿园办园质量评价指南(试行稿)》中"3—6 岁儿童发展行为观察指引"的指标"能用一些简单的方法来验证自己的猜测""能发现和了解典型动植物的外形特征、习性与其生存环境之间的适应关系""能运用数字、图画、图表或其他符号等记录探究过程和结果"。

二、驱动性问题

项目驱动性问题梳理一览表

幼儿的问题	教师梳理及引导
瓜子是从哪里来的？（核心问题）	调查问卷。 实地考察。
怎样才能种出瓜子？	发芽实验对比。
向日葵什么时候种？种在哪里？怎样种？	查找资料。 实地考察。
为什么有的瓜子发芽了，有的没发芽？向日葵越长越高，要是倒了怎么办？	记录发现的问题。 观察对比。 去田园里试一试。 记录发现的问题。 寻找解决的办法。

三、项目目标

了解播种的方法，尝试自己动手用不同方式种植向日葵，体验种植的乐趣。

遇到问题时，能观察记录、大胆猜测、实施改进。

四、项目网络

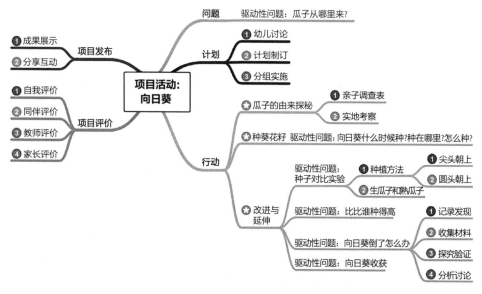

项目活动实施网络图

五、项目启动及实施过程

项目活动过程记录表

活动一：探秘瓜子的由来		
活动时间	2023 年 3 月	活动地点　瓜子摊、家里、愚农庄园
活动形式	亲子活动、集体活动。	
活动目标	调查了解瓜子的由来。 探寻瓜子由来的过程，产生播种瓜子的愿望。	
活动准备	记录表、瓜子摊、生瓜子、炒瓜子的机器。	
活动过程	1. 调查并记录 　调查记录，讨论"瓜子的由来"。 　瓜子到底从哪里来？ 　如何探索瓜子的由来？ **瓜子调查表** 表格见下 **幼儿完成的瓜子调查表** 　从调查表中可以看出，幼儿通过网络搜索、实地采访，以及参观愚农庄园葵花园的活动探秘瓜子的由来。	

瓜子调查表

关于瓜子我知道	
瓜子从哪里来？	
我的调查方法	

活动过程	2. 交流调查结果 　　通过网络调查,获取相关信息:向日葵的果实就是瓜子,而瓜子又是向日葵的种子。 　　去愚农庄园调查采访的幼儿反馈:里面有一大片向日葵园,每年6月到9月会开两次花,能收获大量的瓜子。 　　参观并采访幼儿园周边的炒货店,向工作人员咨询相关问题;观看炒瓜子的过程;比较生熟瓜子的异同;品尝熟瓜子。 3. 延伸 (1)萌发播种的愿望 　　教师:你们通过调查知道了瓜子的由来,那你们想不想一起种瓜子,一起见证瓜子的生长过程? 　　幼儿A:瓜子插到土里就能变成向日葵? 　　幼儿B:瓜子到底怎么种呢? 　　幼儿C:向日葵好漂亮,我好喜欢向日葵,我好想自己种一棵。 (2)讨论 　　提问:是不是所有的瓜子都能发芽长大,最后变成向日葵呢?
活动提示	比较瓜子生熟的状态,熟的瓜子可以品尝。 前往参观的过程中注意安全。
反馈跟进	1. 幼儿的发展 　　幼儿首先通过亲子调查,了解了瓜子的由来。幼儿A,我们吃的熟瓜子原来是这么来的;幼儿B,生的瓜子叫葵花籽,是从向日葵身上采下来的;幼儿C,我们也来种向日葵收获瓜子吧。 2. 教师的感悟 　　利用周边资源如参观愚农庄园拓展幼儿的知识经验。 　　对幼儿提出的新问题开展讨论,与幼儿共同提出驱动性问题:"向日葵什么时候种? 种在哪里? 怎么种?"

活动二:种葵花籽

活动时间	2023 年 3 月	活动地点	家里、"娃娃田园"
活动形式	小组活动。		
活动目标	观察葵花籽的特征,了解播种的方法。 尝试自己动手种植葵花籽。		
活动准备	收集各种废旧材料。		

续　表

活动过程	1. 驱动性问题 　　向日葵什么时候种？种在哪里？怎么种？ 2. 分组 　　分为两组，一组幼儿在幼儿园"娃娃田园"播种，另一组幼儿在自己家里种植。 3. 计划 　　幼儿自主收集葵花籽，选择合适的种植工具（铲子、水壶等）进行种植，并将播种及生长的过程记录下来。  幼儿播种葵花籽 4. 分工 　　一组幼儿来园种植，后期浇水、松土、施肥；另一组幼儿在家自行种植，并做好日常记录。 5. 行动：第一组、第二组同时进行播种 　　幼儿播种后，经过一段时间的观察与记录，有的幼儿说家里的瓜子发芽了，顶了个"小帽子"；有的幼儿说土里的瓜子不见了；有的幼儿说瓜子还没发芽。幼儿们迫切想了解瓜子不发芽的原因。
活动提示	用照片记录播种方法并做好标记，以便后期对比观察。
活动反馈	1. 幼儿的发展 　　幼儿通过亲身体验，获得种植的经验和知识；通过选择不同的种植方式，有针对性地观察、比较，发现播种方式与向日葵生长之间的关系。 2. 教师的感悟 　　教师应给予幼儿充分探索的时间与空间，让幼儿自主进行观察、记录、提问。 　　充分利用家长资源，指导幼儿开展项目活动。

活动三：种子对比实验			
活动时间	2023 年 4 月	活动地点	家里、"娃娃田园"
活动形式	小组活动。		
活动目标	观察比较哪种方法种的葵花籽先发芽。 仔细观察向日葵外形并做记录。		
活动准备	浇水护理工具、记录本。		
活动过程	1. 对比实验 (1) 对比家里和幼儿园葵花籽发芽情况 　　幼儿园小田园和家里种植盆中的葵花籽都有部分发芽了,发出的芽上面就是瓜子壳,就像顶着一顶"帽子"。  幼儿园和家中向日葵的生长情况对比 (2) 对比收集来的生瓜子和熟瓜子的发芽情况 　　生瓜子发芽了,而熟瓜子没有发芽。 2. 原因分析与结论 　　要想瓜子发芽一定要用生瓜子,炒熟的瓜子是不会发芽的。 　　种植方式直接影响瓜子的发芽状况,比如瓜子圆头朝上插进土里的发芽快,将种子顶到泥土上面,头顶"小帽子",芽就出来了。		

活动过程	有的瓜子不见了,很有可能是被小鸟啄食了。 3. 交流分享 　　幼儿将自己的发现用绘画的形式记录下来,并与同伴一起分享,将个体经验变成集体经验。
活动提示	利用前期记录的播种方法进行对比观察。
活动反馈	1. 幼儿的发展 　　"是不是所有的瓜子都能发芽?"针对这一问题,幼儿通过对比实验得出结论:生瓜子能发芽,熟瓜子不能发芽;播种的方式会影响生长。通过调整种植方法,大家的向日葵日渐长大。幼儿 A 说:"我的向日葵已经到我肚子这里了。"幼儿 B 说:"这朵向日葵马上和我长得一样高了。"于是新的驱动性问题产生:"比比谁的向日葵长得高。" 2. 教师的感悟 　　让家长担任协助者,与幼儿一同找寻答案。家长的参与会使幼儿的收获更加丰富,家长也能积累有效的教养方法和策略。

活动四:比比谁种得高

活动时间	2023 年 5 月	活动地点	家里、"娃娃田园"
活动形式	小组活动。		
活动目标	观察向日葵绽放的过程,发现向日葵的高矮变化并记录。 大胆猜测向日葵长歪的原因。		
活动准备	记录本。		
活动过程	1. 观察向日葵绽放的过程 　　幼儿观察向日葵从发芽长大到开花的过程。 　　幼儿用自己的方式把观察过程记录下来,其中有幼儿通过分时段观察和记录,把向日葵播种、发芽、长大的过程画了下来,形成了自己的向日葵记录本。 2. 发现与解决 　　幼儿 A 利用目测的方式,发现家里的向日葵比自己高了。幼儿 B 发现田园里的向日葵有高有矮,使用测量工具测量后发现两者相差 30 厘米。	 向日葵生长记录	

活动过程	在分享会上,幼儿们交流分享了自己的发现和收获。幼儿C说:"我家的向日葵5月12日的时候才36厘米,5月18日的时候已经长到62厘米了,长得好快呀!"幼儿D说:"田园里的向日葵5月10日的时候是20厘米,现在已经长得比我高了。"  与向日葵比身高 3. 观察与分析 　　幼儿大胆猜测向日葵高矮不一的原因:有的认为,家里的向日葵种在房间里的小花盆里,没有晒到太阳;有的认为,家里的向日葵种在厨房的外面,长得还可以。大家讨论后认为,影响向日葵高矮的原因是光照。
活动提示	鼓励幼儿自己寻找测量工具。
活动反馈	1. 幼儿的发展 　　幼儿采用各种方式与向日葵比身高,有的用小棒,有的用尺子。幼儿对向日葵的生长情况进行持续且深入的观察与记录,在此过程中保持强烈的好奇心和求知欲,体验植物生长所带来的乐趣。有的幼儿发现长得高的向日葵花盘垂下来了,将枝干压弯了,无法继续生长。怎么让向日葵继续向上生长呢? 一场向日葵拯救行动就这样开始了。 2. 教师的感悟 　　教师退后,让幼儿自行猜测和比较,给予幼儿自主进行科学探索的机会。

活动五:拯救向日葵行动			
活动时间	2023年6月	活动地点	家里、"娃娃田园"
活动形式	小组活动、集体活动。		
活动目标	探索让向日葵直立生长的方法。		

活动准备	绳子、木棍等。
活动过程	1. 观察发现 　　幼儿发现,有的向日葵花盘垂下来了,将枝干压弯了,无法继续生长。 　　讨论:利用工具将向日葵的枝干固定起来,让其继续向上生长。 2. 操作实践 　　收集绳子、木棍、剪刀、量尺、扭扭棒等工具。 　　幼儿A将木棍插进土里,用绳子把向日葵和木棍绑在一起,向日葵还是倒下来了。幼儿A又找来一根比向日葵长的木棍,他把木棍插进土里,把绳子系在了向日葵的花盘下方,向日葵固定住了。 　　幼儿B看到自己家里的向日葵种在阳台上,发现阳台上面有围栏。于是,他和妈妈一起把向日葵的枝干绑在了围栏上,将向日葵固定住。 拯救向日葵 　　向日葵拯救成功,继续向上生长。大家觉得向日葵好漂亮,要把向日葵画下来了。幼儿积极参与向日葵的写生活动,并将作品发布在了班群里与其他家长、幼儿分享。

活动过程	
	向日葵写生
活动提示	幼儿自主收集材料,家长可以帮忙固定捆绑。
活动反馈	1. 幼儿的发展 　　幼儿在拯救向日葵的过程中,能大胆操作、自主寻找解决问题的办法,也会主动寻求成人的帮助;在固定捆绑的过程中,与同伴合作、交流,锻炼了手眼协调能力。 2. 教师的感悟 　　拯救向日葵的过程调动了幼儿多领域的经验,提升了幼儿联系生活实际解决问题的能力。

活动六: 向日葵收获

活动时间	2023 年 6 月	活动地点	家里、“娃娃田园”
活动形式	小组活动、集体活动。		
活动目标	采摘瓜子,制作并品尝。 体验种植收获的乐趣。		
活动准备	采摘与炒制工具。		
活动过程	1. 收获 　　幼儿 A:“我们的向日葵长大了,可以吃了吗?”幼儿 B:“瓜子大了一定可以吃了。”幼儿 C:“那我们一起去收获吧!” 收获向日葵		

活动过程	讨论收获的方式：摇下来、剥下来、先剪下来再剥。 2. 炒瓜子与品尝 　幼儿将瓜子带回家，由爸爸妈妈炒制成熟瓜子。 　炒好瓜子与家人一起品尝。幼儿 A：自己种的瓜子好香啊！幼儿 B：我种的瓜子特别大。幼儿 C：我会种瓜子了，下次我要教弟弟妹妹们种瓜子。 炒瓜子
活动提示	采摘时注意工具使用的安全，炒制时需要成人看护或帮忙。
活动反馈	1. 幼儿的发展 　幼儿通过亲自调查、对比实验、种植、拯救、收获、品尝，体验了完整的田园项目过程，从中体验了种植收获的乐趣，也将自己的经验分享给他人。 2. 教师的感悟 　教师对于项目活动的开展有了清晰的思路，在过程中提高了对幼儿的指导能力和项目执行能力。

六、项目发布

学期接近尾声，教师整理前期资料，和全体幼儿一起制作"向日葵"项目活动线上成果发布会的报告资料。线上发布会邀请了幼儿园的教师和班级家长共同参与，获得大家的一致好评。

（一）真实问题驱动，真实情景支持

此次项目活动源于幼儿真实的问题，教师带着幼儿还原了向日葵从种植到品尝的过程。结合园所及周边的教育资源，如"娃娃田园"、愚农庄园等，为幼儿提供真实的学习和探究场域。

（二）多元形式支持，多种能力提升

教师首先要梳理项目网络图，便于项目顺利开展，如：集体探究、区域探究、亲子探究、参观探秘等。"向日葵"项目活动让幼儿在种植活动中直接、主动地获取科学知识。通过向日葵的种植活动,幼儿不仅能亲自动手验证自己的猜想,而且在与同伴交流互动的过程中,了解了植物生长所需的环境及条件,同时还获得了植物种植和照护的经验,培养了爱心与责任感。

(三)跨学科领域融合,建构良好品质

"向日葵"项目活动体现了跨学科教育理念。幼儿在播种瓜子时要考虑多方面的问题,如每个洞里放几颗瓜子,瓜子放置的方向等;向日葵写生活动则体现了幼儿的艺术表现力;拯救向日葵时,如何搭建固定的支架需要幼儿技术和工程思维的支持。总之,本活动通过项目式、探究式、合作式的方法,引导幼儿主动探究、解决问题,激发他们对田园种植的兴趣和热情。

七、项目评价

(一)项目成员自评

幼儿A:下一次种植向日葵的时候,要把瓜子尖尖朝下插在土里。

幼儿B:我这次种的向日葵长得真好,收获了好多瓜子。

幼儿C:我看到你收获的瓜子了,我家种的向日葵也收获了很多瓜子。

幼儿D:我把向日葵的生长过程全部记录下来了,我画的向日葵也很好看。

幼儿E:发布会课件是我配的音,因为这是我们自己参与的活动,我知道怎么说。

(二)同伴互评

幼儿A:我觉得幼儿C画的向日葵真好看,像梵高的《向日葵》一样。

幼儿B:我觉得幼儿A很聪明,她把向日葵绑在了栏杆上,不用找木棍。

幼儿C:我觉得幼儿D很会照顾植物,他会给向日葵浇水。

幼儿D:我觉得幼儿B很厉害,他能够自己炒瓜子。

(三)教师评价

学习品质的发展:观察比较能力、解决问题的能力显著提高,视野也变得更开阔。

语言能力的发展:表述能力、语言的逻辑性有显著提高,能够将自己的问题与发现有条理地分享给同伴。

社会性发展:喜欢分享交流,愿意表达自己的想法,在项目过程中能客观地评价自己和他人,有良好的交往能力。

动手能力的发展：善于选择与使用各种种植材料与工具，记录能力显著提升。

（四）家长评价

家长对项目活动给予了充分的肯定，幼儿主动学习的意识有所提高，能够主动查找资料，寻找材料，尝试解决。同时，通过此次活动，幼儿对种植产生了浓厚的兴趣，探究事物的能力也显著提升。

（周玮依）

项目活动10：桂花飘香

年龄段：大班

一、项目背景

（一）缘起

金秋送爽，丹桂飘香，幼儿园里的桂花开了。一阵秋风吹过，桂花从树上掉了下来，金黄金黄的，幼儿们都蹲在地上捡桂花，放在鼻尖闻了又闻，爱不释手。同时，大家也好奇这些掉落下来的桂花能做什么，于是本次项目活动便产生了。

（二）价值判断

大班幼儿好奇、好问，时不时产生很多想法，教师应抓住幼儿活动中感兴趣的问题，识别幼儿话题的价值，并给予有效支持。此项目中幼儿对桂花的关注，对桂花话题的讨论，正是幼儿自发生成的兴趣点。教师应立足幼儿兴趣点，激发幼儿的探究欲望，培养幼儿初步的探究能力。

本项目是根据问题"掉下来的桂花还有用吗？"展开的。在整个项目开展过程中，通过幼儿与幼儿间的合作探究、幼儿与家长间的亲密互动、幼儿与教师间的良好沟通，保障项目有序推进。此项目促进幼儿对事物的深入探究，多感官探索事物与环境、事物与人的联系，在动手操作的过程中萌发主动学习的兴趣，为良好学习品质的构建奠定基础。项目过程中幼儿的表现预估可以达到《上海市幼儿园办园质量评价指南（试行稿）》中"3—6岁儿童发展行为观察指引"的"乐于在动手、动脑中寻找问题的答案，对探索中的发现感到高兴和满足""能用一些简单的方法来验证自己的猜测，并根据结果进行调整"。

二、驱动性问题

项目驱动性问题梳理一览表

幼儿的问题	教师梳理及引导
掉下来的桂花还有用吗？	桂花是从哪里掉下来的？ 掉落的桂花还有用吗？ 亲子调查，了解有关桂花的知识。
怎么把掉下来的桂花收集起来？ 怎样将桂花的味道保存起来？	分组收集桂花。 查阅资料，了解保存桂花的方法。 动手制作桂花制品。

三、项目目标

在探秘桂花香味、收集桂花和制作桂花制品的过程中，激发幼儿对身边事物的探究兴趣。

在动手收集和制作中，培养合作意识、语言表达能力、艺术表现力和初步的探究能力。

四、项目网络

图示见下页。

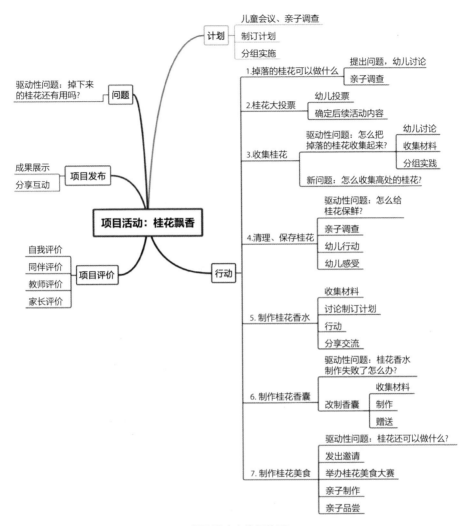

项目活动实施网络图

五、项目启动及过程记录

项目活动过程记录表

活动一：掉落的桂花可以做什么			
活动时间	2023 年 9 月	活动地点	幼儿家里、教室
活动形式	亲子活动。		

续　表

活动目标	集体讨论,形成初步的桂花保存计划。 亲子调查与尝试,积累保存桂花香味的相关经验。
活动准备	调查表、有关桂花的图书等。
活动过程	1. 提出问题 　　桂花好香呀,我刚才看到好多桂花掉在地上了,掉下来的桂花可以用来做什么? 2. 师生讨论 　　幼儿 A:桂花是可以吃的。 　　幼儿 B:可以做桂花蜜,我还吃过桂花糖藕。 　　幼儿 C:还有桂花糕。 　　幼儿 D:我吃过桂花酒酿。 　　教师:原来桂花能制作很多美食,除此之外,桂花还有什么用? 　　幼儿 B:它很香。 　　幼儿 C:是呀,它的香味很独特,桂花能不能做成香囊呢? 　　幼儿 A:做成香囊,它的香味就可以保存下来啦。 　　幼儿 C:是呀,是呀。 　　教师:桂花能做成香囊吗?除了香囊还有什么办法保存它的香味呢?请你们回去和爸爸妈妈一起找找关于桂花的资料,下次我们一起分享哦。 3. 亲子调查 　　幼儿与家长一起调查关于保存桂花香味的方法,查询网络或翻阅图书。 　　将查询的信息记录在调查表上,并与同伴分享自己调查到的内容。 **桂花制品调查表** 姓名:＿＿＿＿＿　　学号:＿＿＿＿＿　　班级:＿＿＿＿＿ 桂花可以做什么? 我是如何知道的?

活动过程	4. 调查结果 通过调查,幼儿了解到桂花可以做成很多工艺制品,如桂花香囊、桂花香皂、桂花香水、桂花书签等;桂花还能做成很多美食,如桂花茶、桂花糕、桂花蜜、桂花小圆子等。 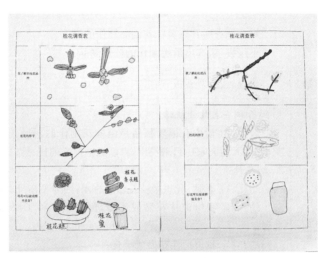 **桂花制品调查结果**
活动提示	亲子共同参与,鼓励幼儿自己记录与表述,鼓励家长查阅资料,为幼儿进行经验铺垫。
活动反馈	1. 幼儿的发展 幼儿带着问题主动探究,通过问题讨论、亲子调查对桂花形成全面认识。互动过程凸显了幼儿对问题探究的兴趣,幼儿 A 说:"我查到可以把桂花做成香囊。"幼儿 B 说:"我妈妈说可以把桂花做成香水。"幼儿 C 说:"桂花还可以做成很多美食,妈妈在家里为我做过。" 2. 幼儿的行为 幼儿在分享调查结果的过程中,也产生了新的想法:"幼儿园里的桂花很多,我们可以收集起来做好玩的东西,好吃的点心呀。""我想把幼儿园里的桂花收集起来做成香水,喷在身上香香的。""我想做桂花蜜,肯定很好吃。"大家各抒己见,畅想着桂花的新奇用法。 3. 教师的感悟 亲子调查的活动既是家园共育的一种体现,又能够让幼儿在家长的支持下探究自主发现的问题,让幼儿在探索问题的过程中习得能力。 幼儿在亲子活动的过程中产生了新的兴趣点,想要收集幼儿园里的桂花,进而延伸了如何给桂花保鲜,以及使用桂花制作食品的活动。

活动二：桂花大投票

活动时间	2023 年 9 月	活动地点	教室
活动形式	小组活动。		
活动目标	结合调查展开有关桂花制品制作的讨论。 小组投票，选出最想制作的桂花制品。		
活动准备	调查表、投票展板、贴纸。		
活动过程	1. 结合调查表展开谈话 　　教师：生活中有很多制品是由桂花制作的，我们幼儿园里也有很多桂花，那今天请大家一起来投票，自己想把掉落的桂花做成什么呢？ 2. 幼儿讨论 　　幼儿 A：老师，我想把桂花做成香水，因为喷在身上香香的。 　　幼儿 B：我想把桂花做成香囊，因为我在种子探趣室里做过香囊，我会做。 　　幼儿 C：我想把桂花做成美食。 　　幼儿 D：我吃过妈妈做的桂花蜜，很好吃，我也想做。 　　教师：你们说了这么多，那到底做什么呀？ 　　幼儿 A：那我们投票吧。 3. 幼儿投票 　　经过集体投票，最终得票最多的是桂花香水。		
活动过程	 <div align="center">幼儿投票</div>		
活动提示	针对调查展开讨论，了解并尊重幼儿制作桂花制品的想法。		

活动反馈	1. 幼儿的发展 　　幼儿通过调查获得了相应的知识经验,在此基础上开展讨论,为后续活动进行铺垫。幼儿通过投票决定后续活动的开展,体现了幼儿对活动的自主决定权。 2. 教师的感悟 　　在活动中,教师需要充分尊重幼儿的想法,并给予幼儿表达表现的机会,所有的活动都应以幼儿为主体,体现幼儿的自主性。

活动三: 收集桂花

活动时间	2023 年 9 月	活动地点	幼儿园内
活动形式	小组活动。		
活动目标	探索收集桂花的方法。 与同伴一起收集桂花。		
活动准备	布、袋子、雨伞、晾衣竿、梯子。		

活动过程	1. 活动准备 　　针对桂花收集的问题进行讨论,幼儿出现了不同的想法。有的幼儿认为,可以直接用手捡到袋子里去;有的认为,可以在地上铺一块布,等桂花掉下来就可以收集了;还有的说,可以用雨伞倒挂的方法来收集桂花。于是,幼儿自发分成三组,分别采用三种方法收集桂花。 2. 收集工具 　　幼儿以小组为单位,收集本组活动所需的工具。 3. 行动 　　第一组:把捡到的桂花放进袋子里。 　　第二组:把布放在地上,然后轻摇桂花树,让桂花轻轻掉下来。 　　第三组:用雨伞倒挂在树枝上收集掉落的桂花。 4. 尝试 　　三组幼儿使用不同的工具收集桂花,并在实践中发现收集方法的优缺点。

收集桂花记录表

方　案	我 的 发 现
把捡到的桂花放进袋子里	和好朋友一起把地上的桂花捡到袋子里。
把布铺在树下	很多桂花掉在了布上面。
把雨伞倒挂在树枝上	过了一天,伞里就掉落了很多桂花。

活动过程	 幼儿收集桂花 5. 出现新问题 　　幼儿在收集桂花的过程中又发现了新的问题："怎么才能收集树枝高处的桂花呢?" 　　通过讨论,幼儿提出了一些可以实施的方法。 **收集高处桂花记录表** 表格见下

收集高处桂花记录表

方　案	我 的 发 现
摇桂花树,让高处的桂花掉下来	桂花被摇得掉下来。
用梯子爬上去摘桂花	爬上梯子采摘高处的桂花。
用竹竿把雨伞挂到树枝高处	不用爬梯子就可以收集到高处的桂花。

活动提示	活动中提醒幼儿不要用脚踢树木或用力掰树枝,要爱护树木。 各组幼儿按照各自的方法采摘桂花。
活动反馈	1. 幼儿的发展 　　幼儿在真实的活动情境中尝试自己的方法,积累生活经验,并在与同伴方法的观察对比中发现,不同的方法会产生不同的结果。 2. 教师的感悟 　　教师应给予幼儿充分自主的空间,让幼儿能够在动手实践中将自己的想法付诸行动,助推探究学习的发生。 　　教师利用幼儿园里现有的自然资源,帮助幼儿计划、分组、实施探究活动。

续　表

活动四：清理、保存桂花			
活动时间	2023 年 9 月	活动地点	教室
活动形式	小组活动。		
活动目标	和同伴一起清理和保存收集的桂花。 了解一些保存桂花的方法。		
活动准备	密封袋、盐、纸巾、晒网、瓶子、水盆、镊子、盘子。		
活动过程	有幼儿发现，收集来的桂花没多久就变黑了，香味也变得越来越淡，于是他们想要探索将收集的桂花进行清理和保存的方法。 　　1. 查阅资料 　　幼儿上网查阅资料，发现了清理和保存桂花的方法：先用镊子将桂花中的杂质清理出来，用盐水浸泡 5 分钟，再用清水轻轻冲洗后用纸巾吸干，放在通风处晾晒，最后密封保存。 　　2. 行动 　　幼儿先收集材料，然后按照查阅到的方法处理桂花。在这个过程中，由于密封袋不够，他们还想到了用塑料瓶密封保存桂花的方法。 　　3. 幼儿的发现与感受 　　在清理桂花的时候，幼儿发现必须要很仔细把已经发黑的桂花挑出来，这需要极大的耐心。而且桂花的花瓣上还会有一些小虫子，用镊子夹的时候不小心就会弄坏桂花。所以桂花的清理保存没那么容易，是一件很辛苦的事情。		
活动提示	幼儿已经习惯从网络上获取一些解决问题的方法，教师还应给予幼儿验证方法的机会，从中获得真正属于自己的真实体验。同时也要在活动中鼓励幼儿耐心完成一件事，并在活动后说一说自己的感受。		
活动反馈	1. 幼儿的发展 　　通过活动，幼儿发现，因为桂花的数量较多、体积较小，所以清洗难度很大，在清理桂花的过程中需要投入很多的耐心和细心。 　　2. 教师的感悟 　　教师在活动中不仅要支持幼儿的一些想法，同时也要关注幼儿在活动中的成长，比如在本次活动中，幼儿没有因为桂花又多又小而放弃，坚持高质量地完成桂花的清理工作。		

活动五：制作桂花香水			
活动时间	2023 年 10 月	活动地点	种子探趣室
活动形式	集体活动、小组活动。		
活动目标	尝试用水和桂花制作桂花香水。		
活动准备	水壶、水、桂花、喷瓶、药捻子。		
活动过程	1. 准备材料 　大家讨论后把种子探趣室作为制作桂花香水的区域。 　提问：制作桂花香水需要什么材料？（水和桂花） 2. 尝试制作 　导入：你们已经把桂花放进了水里，接下来闻一闻味道。 　幼儿 A：有一点香香的味道。 　幼儿 B：我觉得味道不浓，我闻过妈妈的香水，很香，这个味道太淡了。 3. 讨论 　怎么让桂花的味道更浓一点呢？ 　还需要用到哪些材料？ 4. 行动 　幼儿在讨论后得出三种方法。 　第一种方法：把桂花碾碎了放进水里，让桂花的味道变浓。 　第二种方法：水少放一点，桂花多放一点。 　第三种方法：把已经制成的桂花香水全部混合在一起。 **桂花香水变浓实验**

方　案	得　出　结　论
第一种方法：碾碎桂花放在水里	失败：加了碎桂花后味道还是很淡。
第二种方法：增加桂花数量，减少水	失败：加了很多桂花的水味道还是很淡。
第三种方法：把几瓶桂花香水混合在一起	失败：味道淡的桂花香水加在一起也不能变得更香。

活动过程	5. 分享交流 　　尝试：三组幼儿分别尝试了自己的方法,最后得出结论,这三种方法都不能使香水的香味变浓。 　　教师：我们虽然做出了桂花香水,但是味道并不浓郁,看起来用做香水的方法保存桂花的香味行不通,还有什么方法可以保留桂花的香味呢? 　　幼儿 A：我看到种子探趣室里还有香囊,我们可以试试制作桂花香囊。 　　幼儿 B：我闻过香囊,很香的。
活动提示	活动中的方法来自幼儿的想法,教师应支持幼儿验证自己的想法。
活动反馈	1. 幼儿的发展 　　幼儿在动手操作的过程中提升了逻辑思维能力,在大胆探究的过程中建立了气味与水之间的关系,了解到数量的多少并不能决定气味的浓淡。幼儿在实践探究的过程中自主习得经验。 2. 教师的感悟 　　教师要鼓励幼儿尝试验证自己的想法,动手操作,仔细观察结果,从而引发思考和探究。

活动六：制作桂花香囊

活动时间	2023 年 10 月	活动地点	种子探趣室
活动形式	集体活动、小组活动。		
活动目标	尝试制作桂花香囊。		
活动准备	桂花、勺子、香囊袋。		
活动过程	幼儿发现自制的桂花香水味道不浓,所以产生了制作香囊的想法,由此引发了制作桂花香囊的活动。 1. 收集材料 　　种子探趣室的香囊里包着中草药。幼儿迁移已有的香囊制作经验,收集了空的香囊袋和勺子,准备制作桂花香囊。 2. 制作香囊 　　幼儿将收集的桂花清理完毕,用勺子装入了香囊袋中并封口,桂花香囊就制作好了。 3. 装饰香囊 　　为了使制作好的香囊更有特色,大家决定装饰香囊,有的用彩笔在香囊袋上画画,有的在香囊袋上贴了毛球和彩纸。		

续　表

活动过程	 幼儿制作桂花香囊 4. 分享交流 　　在分享会上,幼儿们都表达了对自己亲手制作的香囊的喜欢,表示要把香囊送给自己的好朋友。 5. 赠送香囊 　　幼儿将自己做好的香囊赠送给了朋友、家人和老师。
活动提示	利用赠送香囊的机会,鼓励幼儿积极表达自己对同伴、长辈的喜爱之情。
活动反馈	1. 幼儿的发展 　　幼儿在收集材料、制作香囊、装饰香囊的过程中既提升了动手能力及艺术表现力,同时又抒发了自己对身边人的喜爱之情。 2. 教师的感悟 　　当发现桂花香水味道很淡之后,幼儿并没有放弃,而是迁移制作香囊的经验,形成了制作香囊的活动,并且延伸出赠送香囊的活动。幼儿不断突破想法解决问题,从制作香囊到赠送香囊,使桂花的香味飘到每个人的身边。

活动七：制作桂花美食

活动时间	2023 年 10 月	活动地点	教室
活动形式	亲子活动、集体活动。		
活动目标	了解到将桂花制作成美食也是保留桂花香味的好办法。 在品尝桂花美食的过程中感受桂花的迷人香气。		
活动准备	亲子共同参与,了解和制作一些能够保留桂花香味的美食。		
活动过程	在前期调查时,幼儿了解到桂花可以制作食品,于是引发了制作桂花美食的活动。		

活动过程	1. 幼儿讨论 　　幼儿通过调查了解到桂花可以制作成桂花糕、桂花蜜、桂花酒、桂花汤圆、桂花糖藕、桂花茶等。但是,幼儿发现桂花美食的制作难度比较大,大家针对美食的制作便产生了以下讨论: 　　幼儿 A:妈妈上次带我去收桂花,回家给我做了桂花蜜。 　　幼儿 B:好不好吃? 我也想吃桂花蜜。 　　幼儿 A:那我请我妈妈为我们做桂花蜜吧。 　　幼儿 C:我妈妈也会做,她上次给我做了桂花小圆子,可甜了。 　　幼儿 D:那请她来教我们做吧。 　　幼儿对桂花制成的美食很感兴趣,都想尝一尝味道,于是决定在幼儿园里举办桂花美食餐宴,邀请家长一起参与。 2. 制作邀请函 　　幼儿制作邀请函,邀请厨艺精湛的妈妈们参与活动。 3. 亲子共制作 　　家长与幼儿共同准备制作桂花美食所需的材料。 　　幼儿分组制作桂花蜜和桂花汤圆。 　　大家品尝制作好的桂花美食,并说一说味道。 　　将制作好的桂花蜜和桂花汤圆分享给幼儿园里的其他人品尝。 4. 幼儿感受 　　幼儿 C:我妈妈做的桂花汤圆很好吃。 　　幼儿 B:我妈妈做的桂花蜜也很好吃。 　　幼儿 A:我觉得都很好吃。 　　幼儿 D:我想把桂花蜜带回家给弟弟吃。 　　幼儿 E:原来桂花做的汤圆这么好吃,我吃了好几个。
活动提示	家园联动,增强幼儿与家长的亲子互动体验。
活动反馈	1. 幼儿的发展 　　邀请家长、准备材料、制作美食的过程既提升了幼儿的动手能力又增进了亲子情感。 2. 教师的感悟 　　从开始想要保留桂花香味所做的各种尝试,到最后家园合作制作和品尝桂花美食,幼儿经历了闻桂花、品桂花的过程,探索出了保留桂花香味的方法。

六、项目发布

　　学期接近尾声,项目活动的发布如约而至,幼儿们将活动的缘起、过程和成果分享给了大家,获得了大家的一致好评。

(一) 真实问题的驱动

从驱动性问题产生开始,到后续围绕问题展开行动,幼儿都是在真实情境中逐步完成的。整个过程中不仅有幼儿与幼儿间的互动讨论、策划实施,也有幼儿与教师间的互动讨论。真实情境引发真实问题,促进幼儿的主动探究和主动学习。

(二) 真实活动的展开

整个活动的开展并不只停留在讨论的层面,而是在调查、投票、收集、清理保存、做香水、做香囊、做美食等具体实践中让幼儿获得真实的体验。比如要把有杂质的桂花清理干净,幼儿需要仔细认真地筛选,这个过程不仅锻炼了动手能力,也培养了耐心细致的学习品质,体验到劳动的辛苦。

(三) 真实体验的获得

在项目开展的过程中,幼儿也收获了丰富的情感体验:和好朋友一起捡桂花的快乐,把桂花清理干净的成就感,把亲手制作的香囊赠送给老师的自豪感,和妈妈一起制作桂花美食的满足感,品尝桂花美味的甜蜜感。

伴随着项目活动的开展,我也深深感受到了幼儿成长的力量。作为教师,我们不仅要支持幼儿的自主探索,还要适时观察与指导,为幼儿搭建成长的支架。

对于家长而言,项目活动不仅让他们近距离了解幼儿的想法和做法,增进了亲子间的情感,同时加强了家长对家园工作的认识,让家长更加愿意协助和配合幼儿园的工作。

七、项目评价

(一) 项目成员自评

幼儿 A:在和妈妈查资料的时候,我很会记录,把很多保留桂花香味的方法画了下来。

幼儿 B:我收集的桂花最多,因为妈妈带我去收集过桂花,所以我知道怎么收集最方便。

幼儿 C:我想到了还可以做桂花香囊,因为我发现种子探趣室的香囊很香,可以保留香味。

幼儿 D:我吃过很多桂花美食,爸爸妈妈经常用桂花蜜给我做好吃的,所以我知道很多桂花做的食物。

幼儿 E：我长得很高，可以收集到很多高高树枝上的桂花。

（二）同伴互评

幼儿 A：我觉得幼儿 B 在收集桂花的时候很认真，他还帮助我一起想办法收集更多的桂花。

幼儿 B：我觉得幼儿 C 很聪明，她先想出来用伞倒挂在树枝上收集桂花。

幼儿 C：我觉得幼儿 D 最博学，他说出好多桂花可以做的美食。

幼儿 D：我觉得幼儿 B 在清洗桂花的时候很熟练，他在家里肯定经常帮忙做家务。

（三）教师评价

学习品质的发展：探究能力、观察比较能力、创造力显著提高，也愿意说出自己的问题，尝试和家长一起查阅资料、寻找答案；在遇到疑问时，能够自己动手寻找答案。

语言能力的发展：语言的完整性、逻辑性显著提高，能够把自己观察到的事情有条理地说出来。

社会性发展：在与同伴、教师和家长的交流互动中提升交往能力，同时也善于向他人表达自己的情感。

动手能力的发展：尝试自己收集材料、清洗桂花，自己动手制作香水、香囊。

（四）家长评价

家长通过项目成果的发布了解了本次活动对幼儿发展的意义，认为项目活动的实施培养了幼儿的探究能力和合作能力。同时，在亲子互动过程中，家长感受到了幼儿熟练的动手能力，感受到了幼儿的成长。家长自身的家庭教育能力也有所提升，亲子关系也更加融洽。

（陈泽秀）

项目活动 11：蚂蚁探秘

年龄段：大班

一、项目背景

(一) 缘起

田园活动时,几名幼儿在银杏树下蹲了好久,还不停地聊着什么。凑近一看,原来是几只蚂蚁引起了大家的兴趣。"我见过蚂蚁,它们可能在搬家。""嘘,小点儿声,别把蚂蚁吓着了!""这些蚂蚁都是黑色的,还有许多脚。""这些蚂蚁的家在哪里呢?"幼儿们围着蚂蚁兴奋地谈论着。原本比较调皮的幼儿,也能安静地盯着蚂蚁观察很久。慢慢地,观察蚂蚁的幼儿越来越多,"蚂蚁探秘之旅"也由此开始。

(二) 价值判断

"蚂蚁探秘"项目源于幼儿的兴趣点,"蚂蚁是怎样生活的?"是驱动幼儿启动项目的关键性问题。《3—6岁儿童学习与发展指南》中指出:幼儿科学学习的核心是激发探究兴趣,体验探究过程,发展初步的探究能力。成人要善于发现和保护幼儿的好奇心,充分利用自然和实际生活机会,引导幼儿通过观察、比较、操作、实验等方法,学习发现问题、分析问题和解决问题。《幼儿园教育指导纲要(试行)》中指出,幼儿的科学活动应密切联系幼儿的实际生活,教师应充分利用幼儿身边的事物和现象作为科学探究的对象,引导幼儿对身边常见事物和现象的特点、变化产生兴趣和探究的欲望,体验探究过程,发展探究能力。因此,综合以上内容,幼儿园项目活动的宗旨是让幼儿自己动手完成他们感兴趣的,和他们的生活密切相关的项目,从过程中学习各种知识经验,发展探究技能。

通过"蚂蚁探秘"项目的实施,大班幼儿的观察力、注意力、记忆力、思维能力和想象能力都有了显著提升,他们的求知欲和好奇心逐渐增强,对身边的事物产生了浓厚的兴趣,并且乐意动手去探索。整个"蚂蚁探秘"项目有利于提高大班幼儿主动学习和探索的能力,有利于增进小组之间的社会性交往。

二、驱动性问题

项目驱动性问题梳理一览表

幼儿的问题	教师梳理及引导
蚂蚁长什么样? 蚂蚁生活在哪里?	了解蚂蚁身体的构造。 寻找蚂蚁。
蚂蚁吃什么?	饲养蚂蚁。 了解蚂蚁的生活习性。 记录发现的问题。
蚂蚁的分工? 蚂蚁怎么能爬到高高的树上?	在种子探趣室的昆虫馆里饲养蚂蚁。

三、项目目标

　　收集资料,了解蚂蚁身体构造及生活习性,提升观察判断能力。

　　饲养蚂蚁,观察并记录小组发现,提高解决问题的能力。

四、项目网络

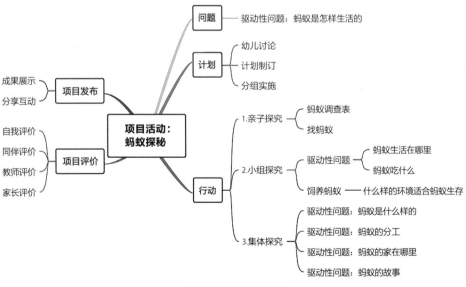

项目活动实施网络图

五、项目启动及过程记录

项目活动过程记录表

活动一: 蚂蚁的秘密			
活动时间	2023 年 3 月 30 日	活动地点	幼儿家里
活动形式	亲子活动。		
活动目标	了解蚂蚁的身体构造及生活习惯。 积累饲养蚂蚁的相关经验,并尝试在家中饲养蚂蚁。		
活动准备	调查表、有关蚂蚁的图书资料。		
活动过程	幼儿与家长利用书籍、网络或昆虫博物馆等途径共同调查蚂蚁的身体构造及生活习惯。 幼儿将所了解到的信息记录在调查表上,能自己表述并与同伴分享。 **蚂蚁调查表** 表格见下 		

蚂蚁调查表

姓　名	内　　容
轩轩	蚂蚁长什么样?
文文	蚂蚁的家在哪里?
甜甜	蚂蚁吃什么?
乐乐	蚂蚁的分工?

续　表

活动过程	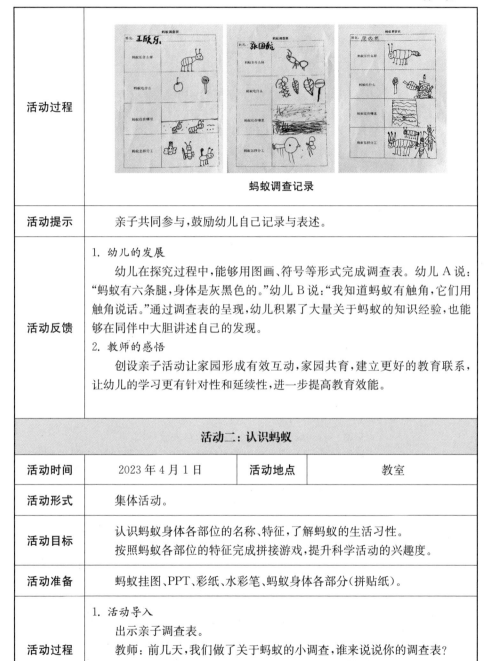 蚂蚁调查记录
活动提示	亲子共同参与,鼓励幼儿自己记录与表述。
活动反馈	1. 幼儿的发展 　　幼儿在探究过程中,能够用图画、符号等形式完成调查表。幼儿 A 说:"蚂蚁有六条腿,身体是灰黑色的。"幼儿 B 说:"我知道蚂蚁有触角,它们用触角说话。"通过调查表的呈现,幼儿积累了大量关于蚂蚁的知识经验,也能够在同伴中大胆讲述自己的发现。 2. 教师的感悟 　　创设亲子活动让家园形成有效互动,家园共育,建立更好的教育联系,让幼儿的学习更有针对性和延续性,进一步提高教育效能。

活动二:认识蚂蚁

活动时间	2023 年 4 月 1 日	活动地点	教室
活动形式	集体活动。		
活动目标	认识蚂蚁身体各部位的名称、特征,了解蚂蚁的生活习性。 按照蚂蚁各部位的特征完成拼接游戏,提升科学活动的兴趣度。		
活动准备	蚂蚁挂图、PPT、彩纸、水彩笔、蚂蚁身体各部分(拼贴纸)。		
活动过程	1. 活动导入 　　出示亲子调查表。 　　教师:前几天,我们做了关于蚂蚁的小调查,谁来说说你的调查表? 　　幼儿:我的调查表上画的是一只蚂蚁,有头、身体、触角和腿。我在书上看到蚂蚁喜欢吃甜食,它们生活在地下,会在地下筑巢。		

活动过程	过渡语:他的调查正确吗? 幼儿思考并说说自己的想法。 2. 认识小蚂蚁 (1)回忆蚂蚁的外形 　教师:你们见过蚂蚁吗?在哪里?小蚂蚁长什么样?你知道蚂蚁的身体由哪几部分组成吗? (2)播放 PPT,认识蚂蚁的身体部位 　教师:老师把一只蚂蚁变成大大的图放在了电脑上,我们再来仔细观察,重新认识一下蚂蚁朋友。 　引导幼儿分步认识蚂蚁,认识蚂蚁身体部位的名称和作用等。 (3)观看视频 　导入:蚂蚁喜欢吃甜食,会在地下筑巢,我们一起观看一段小蚂蚁生活的视频,看看它们的家在哪里,它们是怎样找到家的。 　幼儿:它们的家在地下,靠触角引路,也可以靠触角或气味传递信息。 　小结:我们认识了蚂蚁的身体部位,也知道了蚂蚁的特征和生活习性,接下来请你们动手试一试,拼出完整的蚂蚁图案。 3. 观察操作 　结合蚂蚁的观察结果,将关于蚂蚁身体部位的贴纸按顺序拼贴在彩纸上。 　教师:想一想,蚂蚁的身体由哪几部分构成?每个部分的形状是什么样的?有什么特征? 　拼完的幼儿用水彩笔画出蚂蚁的触角和足,想一想:蚂蚁有几条触角?有几条足? 　可以看一看蚂蚁工坊里的小蚂蚁,亲自去数一数。 　检查操作纸,看一看小蚂蚁的身体部位贴正确了吗,触角和足的数量有没有画正确。
活动提示	仔细观察再进行拼贴和添画。
活动反馈	幼儿不仅认识了蚂蚁的身体构造,会将蚂蚁的身体部位进行正确拼贴,还对蚂蚁的分工有了初步了解,观察力和推理判断能力得到提高。

活动三、寻找蚂蚁

活动时间	2023 年 4 月 17 日	活动地点	操场、"娃娃田园"
活动形式	小组活动。		
活动目标	在活动中对蚂蚁产生探究兴趣。 猜测蚂蚁喜欢的食物,讨论引诱蚂蚁的方法,尝试用食物引诱蚂蚁。		

活动准备	经验准备：幼儿认识蚂蚁，对蚂蚁有一定的认知经验。 物质准备：昆虫盒或透明的小瓶、纱布、皮筋、碎饼干、小铲子、放大镜、笔、画纸、贴有双面胶的白纸。
活动过程	1. 小组探讨 导入：在哪里可以找到蚂蚁？ **找蚂蚁记录表** （表格见下）  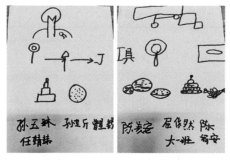 找蚂蚁记录

找蚂蚁记录表

地　　点	方　　式
公园的石头缝下	用铲子装进小瓶
小区大树下	用夹子夹起装进瓶子里
楼下小花园内	用棒棒糖吸引蚂蚁
草地里	苹果核上有蚂蚁

活动过程	2. 分组捉蚂蚁 　你们觉得用哪些工具可以捉到蚂蚁呢?捉蚂蚁时还要注意什么? (1)提出分组要求 　幼儿根据猜测的地点分成四个小组,每组 4—5 人。 　每个小组选出一个组长,选择一个蚂蚁出没地点的图标贴在组长的衣服上。 (2)计划 　幼儿自由分组,根据组别选择相应的组长;大家寻找蚂蚁,并请发现蚂蚁的小组及时向大家通报;捉到蚂蚁的小组就地观察蚂蚁。 (3)分工 　四组幼儿在项目实施中能够分工合作,并对研究的内容感兴趣。在过程中,四组幼儿都能有效迁移自己的生活经验,如:幼儿 A 会在石头缝下、大树底下找蚂蚁,幼儿 B 会用甜食、饼干渣引诱蚂蚁。 (4)行动 　第一组:用小铲子、透明盒捉蚂蚁。 　第二组:用碎饼干、放大镜捉蚂蚁。 　第三组:用贴有双面胶的白纸捉蚂蚁。 　第四组:用昆虫盒捉蚂蚁。 (5)尝试 　四组幼儿将自己捉到的蚂蚁拿回种子探趣室饲养,并把蚂蚁画下来。

各小组问题汇总表

方　　案	发　现　问　题
第一组:用小铲子、透明盒捉蚂蚁。	捉到了,成功。
第二组:用碎饼干、放大镜捉蚂蚁。	能将蚂蚁吸引过来,仔细观察。
第三组:用背面贴有双面胶的白纸捉蚂蚁。	没过多久,蚂蚁死了。
第四组:用昆虫盒捉蚂蚁。	成功了。

活动提示	同伴们分工合作,先思考再行动。
活动反馈	1. 幼儿的发展 　幼儿尝试多种途径寻找蚂蚁、引诱蚂蚁、捕捉蚂蚁,在过程中探究蚂蚁的住所和生活习性。 2. 教师的感悟 　草丛里、花坛边随处可见的蚂蚁令幼儿十分好奇。通过亲身体验和实际操作,幼儿自主探索蚂蚁世界,引发对自然生命的喜爱。

续　表

活动四：蚂蚁王国			
活动时间	2023 年 5 月 13 日	活动地点	教室、"娃娃田园"
活动形式	集体活动。		
活动目标	大胆想象,尝试表现蚂蚁的生活习性和生活情境。 体验想象画的乐趣。		
活动准备	经验准备：对蚂蚁的种类、分工与外形特征有充分了解。 物质准备：PPT、音乐、12 张已分割好的蚁洞背景图、勾线笔。		
活动过程	1. 说说蚂蚁(在观察讨论中感受蚂蚁的聪明与可爱) 　本环节通过观察图片、模仿讨论等形式,帮助幼儿积累对蚂蚁的认识,解决幼儿创作的难点。 　出示蚂蚁图。 　教师：猜猜这是谁呀? 　出示西瓜图。 　教师：有一只蚂蚁在草地上散步时发现了一块西瓜,想一想小蚂蚁会怎样把大西瓜运回家。 　请 2—3 个幼儿简单介绍蚂蚁搬西瓜的方法。 　出示蚂蚁搬西瓜的图。 　教师：蚂蚁到底是怎么把西瓜搬回家的? 我们一起来看看。 　主要策略：根据幼儿的回答,引导幼儿重点观察抬、推、背、抱等动作。 　引导幼儿针对某些动作姿态进行观察模仿。 　小结：小蚂蚁虽然非常小,但它们用抬、推、背、抱等方法搬西瓜,齐心协力,终于把西瓜搬回了家。 2. 画画蚂蚁(尝试表现蚂蚁的生活习性和生活场景) 　本环节是幼儿的表现环节,引导幼儿大胆想象不同种类的蚂蚁在蚁洞里的生活情景,并加以表现,从中体验创意绘画的乐趣。 　出示蚂蚁蚁窝的大幅画面。 　教师：瞧,这是什么? 如果你是蚂蚁王国里的小蚂蚁,你会在这个神奇的王国里发生哪些有趣的故事呢? 　幼儿绘画时,教师应重点关注以下几个方面。 　关注一：幼儿是否能大胆想象并表现不同种类蚂蚁的生活情景? 　关注二：幼儿在分割好的蚁洞背景图上画小蚂蚁时,是否能表现小蚂蚁在不同的地方,如蚁窝外面和里面?		

活动过程	关注三：鼓励幼儿把蚂蚁画大,引导幼儿要表现放大镜中的蚂蚁。 3. 创编蚂蚁故事(感受人多力量大的理念,愿意表达自己的创意故事) 　　本环节将幼儿的美术作品巧妙组合在一起,再现蚂蚁窝中的有趣情景。幼儿通过编一编、说一说的方式,将语言和绘画有机结合,再次体验创意画的乐趣。 　　共同欣赏：请根据小蚂蚁家背后的数字把小蚂蚁送到对应的家里吧。 　　幼儿将绘制的蚁洞画面组合到一起。 　　幼儿创编故事,说说蚂蚁王国里的故事。  幼儿创编蚂蚁的故事
活动提示	尝试表现蚂蚁的生活场景。
活动反馈	通过说一说、画一画、编一编,幼儿对蚂蚁的生活环境和生活习性有了详细了解,也更喜欢小蚂蚁了。幼儿们感受到小蚂蚁小小的身躯里蕴含着无穷的力量。

活动五：饲养蚂蚁

活动时间	2023 年 4 月 28 日	活动地点	种子探趣室
活动形式	小组活动。		

活动目标	尝试饲养蚂蚁,仔细观察蚂蚁,了解蚂蚁的生活习性和活动环境。 萌生对蚂蚁进行观察研究的兴趣。
活动准备	经验准备:幼儿对蚂蚁的生活习性有所了解。 物质准备:昆虫盒或透明的小瓶、玻璃容器、饲养箱(鞋盒或纸箱制作)、沙土。
活动过程	1. 提出分组要求 　　幼儿分为 A、B、C、D 四个小组,每组人数 4 至 5 人。 　　每个小组选出一名组长,选择好饲养箱和场地。 2. 计划 　　幼儿自由分组,选择图标贴在组长的衣服上。 　　饲养蚂蚁,并请组员每天轮流做好观察记录,如:蚂蚁吃些什么? 温度怎样? 活动空间如何? 3. 分工 　　四组幼儿在项目中能够分工合作,并且对研究的内容感兴趣。过程中,四组幼儿都能将自己的生活经验运用到蚂蚁的饲养中,如:A 小组会给蚂蚁喂面包屑,碎饼干;B 小组会给蚂蚁的活动场地铺上一层厚厚的沙土,为蚂蚁提供建造洞穴的环境。 4. 行动 　　第一组:用纸盒制作饲养箱。 　　第二组:用塑料盒子和塑料管制作饲养箱。 　　第三组:用透明玻璃箱和玻璃管制作饲养箱。 　　第四组:用昆虫盒饲养蚂蚁。 　　结果:一段时间后,有的蚂蚁死了。于是,他们想把活着的蚂蚁画下来并放生,认为大自然才是最适合蚂蚁生活的地方。 各小组问题汇总表 表格如下

各小组问题汇总表

方　案	发　现　问　题
第一组:用纸盒饲养蚂蚁。	存活了一个月。
第二组:用塑料盒子和塑料管饲养蚂蚁。	存活了一个半月。
第三组:用透明玻璃箱和玻璃管饲养蚂蚁。	存活了三个月。
第四组:用昆虫盒饲养蚂蚁。	没过多久蚂蚁就死亡了。

活动提示	饲养过程中,同伴分工合作,记录并思考蚂蚁死亡的原因。
活动反馈	1. 幼儿的发展 　　幼儿尝试用多种方式观察蚂蚁、饲养蚂蚁、熟悉蚂蚁的生活习性。养蚂蚁不仅需要适宜的温度,还需要一定的土壤湿度,并做好饲养管理和清洁工作。 2. 教师的感悟 　　教师放手,给予幼儿更多的自主空间,让幼儿用自己的经验进行想象、猜测、验证。充分利用现有资源,引发幼儿更多的探究行为。

活动六:蚂蚁在哪里

活动时间	2023 年 5 月 29 日	活动地点	教室
活动形式	集体活动。		
活动目标	运用模式排序经验猜测蚂蚁的位置,尝试描述推测的方法和结果。 理解并遵守游戏玩法和规则,体验竞赛游戏的快乐。		
活动准备	经验准备:有过模式排序的经验。 物质准备:分别贴有泥土和蚂蚁图案的泡沫垫子 24 块,磁性黑板一块,呼啦圈 2 个,红色和绿色的磁力片若干、塑封透明格、记分牌。		
活动过程	1. 看材料猜玩法 (1) 根据材料,猜测游戏玩法 (2) 听儿歌猜游戏玩法 　　教师念儿歌:我是小巧手,天天练本领,动脑筋,想一想,3、2、1,找蚂蚁! 　　小结:游戏材料和儿歌能给我们的猜测提供线索。 2. 游戏:找蚂蚁 (1) 玩法 　　游戏开始时,大家围成圆圈念儿歌,当儿歌念到"3、2、1,找蚂蚁"才能动手翻泡沫垫,每个幼儿每次只能翻开一块泡沫垫,翻完赶紧回座位。 (2) 幼儿游戏 　　幼儿试玩。(贴有蚂蚁和泥土图案的垫子 1 个 1 个间隔排列) 　　蚂蚁是怎么排的?(幼儿辨识排列规律) 　　教师将泡沫垫翻面,图案在下面。 　　分享:找到了几只蚂蚁?有什么好方法? 　　小结:记住蚂蚁排列的规律,才能又快又准地找到蚂蚁。		

续　表

活动过程	两队竞赛： 第一次，贴有泥土和蚂蚁图案的垫子按照 ABB 模式间隔排列。 　相关提问：找到几只蚂蚁？泥土里还有几只蚂蚁，藏在哪里？请说说理由。 　小结：记住蚂蚁排列的规律，看看已经找到的泥土和蚂蚁，这能帮助我们准确找到其他蚂蚁。 　第二次，贴有泥土和蚂蚁图案的垫子按照 BBA 模式间隔排列。 　相关提问：排列图式变了，要重新调整吗？从哪里开始看，就不要调整了？ 　小结：起点位置变一变就不用调整了。 　引发思考：排列规律和找到的蚂蚁都能给我们提供线索。 　图片排列又发生了什么变化？（贴有泥土和蚂蚁图案的垫子按照 BAB 模式间隔排列） 　图片模式发生了一点变化，泥土和蚂蚁还需要调整吗？（回去接着玩）
活动提示	第一次试玩游戏，主要让幼儿辨识排列模式，了解游戏玩法。第二次是竞赛游戏，通过两次有层次的游戏，引导幼儿记住规律，根据已有线索推测结果。
活动反馈	1. 幼儿的发展 　虽然幼儿的年龄特点和经验水平决定了他们对事物的理解和判断能力还比较浅显，但同伴之间的交流能产生一些热点或新的主题。"蚂蚁探秘"项目活动不仅让幼儿获得了关于蚂蚁的科学知识，而且让幼儿在真实的操作体验中自主建构思维的发展。 2. 教师的感悟 　收集蚂蚁资料的活动，有助于培养幼儿信息收集的能力，引导幼儿根据自己的需要从不同角度了解探索对象，进而产生问题意识，增强解决问题的能力。 　在项目活动开展过程中，要注重探究实践，促进幼儿科学探究能力的发展。对于幼儿来说，实践是学习的根本，只有他们全身心地经历了探究的过程，充分享受了探究的乐趣，才是有收获、有价值的学习。

六、项目发布

随着"蚂蚁探秘"项目活动接近尾声，该项目的主要成员进行了"蚂蚁探秘"的项目介绍及演示体验。他们将捕捉与饲养蚂蚁的故事与大家进行了分享，激发大家对自然探究的兴趣。

第一，通过观察蚂蚁的组织能力和分工合作，幼儿懂得了团队合作和协商的重要性。他们学会了如何在团队中发挥自己的才能,共同为团队的荣誉而努力。

第二,蚂蚁的行为和生存技巧激发了幼儿的好奇心和探索欲望。长久的观察和养殖活动培养了幼儿的观察力、问题解决能力和创新思维,以及浓厚的自然探究兴趣。

第三,通过了解蚂蚁的生活环境和生活方式,幼儿意识到自然生态保护的重要性,激发了环境保护的责任感和行动意识,明白了每一种生物都有其独特的价值和重要性。

七、项目评价

(一)项目成员自评

幼儿 A:我和妈妈去昆虫博物馆看过蚂蚁标本,发现蚂蚁有六条腿,还有一对触角,身体分三段。

幼儿 B:我和妈妈一起捉过蚂蚁,所以我知道用甜食可以吸引蚂蚁。

幼儿 C:你们捉蚂蚁的时候要有耐心,在大树底下或者石头缝下可以找到很多。

幼儿 D:我觉得用画画的方式记录很好。当大家在饲养蚂蚁的过程中出现问题时,我都会用画画的方式记录下来,及时问问老师或同伴。

幼儿 E:我会使用工具捉蚂蚁,我捉得又快又多。

幼儿 F:我记忆力比较好,发布会的内容我都记住了。

(二)同伴互评

幼儿 A:我觉得我们大家很团结,齐心协力就能把一件事做好。

幼儿 B:我觉得幼儿 C 很厉害,他知道哪里蚂蚁又多又好捉。

幼儿 C:我觉得幼儿 A 很仔细,他会记录,遇到问题会及时寻求帮助,所以我们的蚂蚁养得特别好。

幼儿 D:幼儿 E 和幼儿 F 还做了蚂蚁的立体翻翻书,很漂亮。

(三)教师评价

学习品质的发展:如观察比较能力、制订计划并执行的能力得到了显著提高,遇到困难坚持不放弃、愿意挑战的勇气都较为突出。

语言能力的发展:语言表达能力、思维的逻辑性有明显提高,能够将自己的发现与同伴分享。

社会性发展：乐于交流，并且能够自信地表达自己的想法，小组间配合融洽，能客观地评价自我和他人，有良好的沟通合作能力。

动手能力的发展：善于使用各种材料与工具，能够进行准确记录。

(四) 家长评价

家长对幼儿在项目中的成长，给予了充分的肯定和支持。他们觉得孩子在做一件事情之前就有制订计划的意识了，过程中遇到问题也能自主寻找解决问题的方法，善思考、乐探究，拥有积极向上的学习品质。

（杨　曼）

项目活动 12："蒜"你有趣

年龄段：中班

一、项目背景

（一）缘起

项目活动"'蒜'你有趣"来源于图画书《妮妮的蒜苗》。在阅读图画书时，幼儿对图画书中的内容非常感兴趣，有的问："长长的叶子是什么？"有的说："那个是大蒜叶，能吃的。"还有的说："老师，我们能让大蒜发芽吗？"在兴趣与问题的驱动下，幼儿们收集大蒜头，各种盆和罐子，还有泥土，"'蒜'你有趣"项目正式启动。

（二）价值判断

幼儿园种植活动可以让幼儿有机会体验植物生长的过程，引发幼儿对植物生长的好奇心和探究欲望，并丰富相关的知识经验。在由图画书《妮妮的蒜苗》引发的项目探究过程中，幼儿主动收集大蒜头，主动参与种植养护的过程，充分展现了较高的动手实践能力。同时，围绕"为什么别人的蒜头发芽了，我的蒜头一点动静也没？"这个问题所进行的一系列探究，反映了幼儿对自己的种植活动关注度极高，解决问题的态度主动、积极。整个种植养护过程不仅让幼儿了解了大蒜的生长过程，也让原本挑食的幼儿慢慢接受了大蒜独特的味道。

《3—6岁儿童学习与发展指南》指出："幼儿的学习是以直接经验为基础，在游戏和日常生活中进行的。要珍视游戏和生活的独特价值，创设丰富的教育环境，合理安排一日生活，最大限度地支持和满足幼儿通过直接感知、实际操作和亲身体验获取经验的需要。""应注重引导幼儿通过直接感知，亲身体验和实际操作进行科学学习，不应为追求知识和技能的掌握，对幼儿进行灌输和强化训练。"因此，在整个项目过程中，作为教师，我们应追随幼儿的兴趣，把幼儿作为项目执行的主体，让幼儿在项目过程中主动思考、主动探究，促进多元能力的发展。

二、驱动性问题

项目驱动性问题梳理一览表

幼儿的问题	教师梳理及引导
大蒜怎样才能发芽？	绘本阅读，了解大蒜的种植方式。 尝试种植大蒜。
大蒜可以长多高？	观察大蒜的生长过程。 选用不同的工具测量大蒜的高度。
大蒜叶剪了还会长出来吗？	将长高的大蒜叶剪下来继续观察。
大蒜还有什么用？	亲子调查表。 制作大蒜娃娃、蒜皮贴画。
大蒜怎么做好吃？	亲子制作美食。 分享大蒜美食。
醋大蒜怎么做？	调查制作醋大蒜的方法。 收集所需材料。 亲子制作醋大蒜。

三、项目目标

认识大蒜的特征，了解大蒜的生长过程。

通过种植大蒜，感受劳动的快乐以及收获的喜悦。

参与美食的制作，探索大蒜的多种烹饪方法，敢于尝试或者喜欢吃大蒜。

四、项目网络

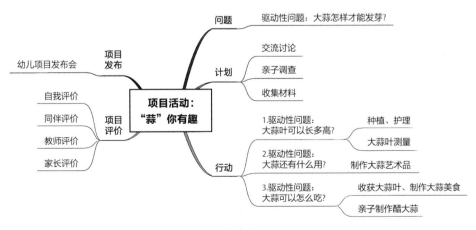

项目活动实施网络图

五、项目启动及实施过程

项目活动过程记录表

活动一：妮妮的蒜苗			
活动时间	2023 年 9 月 23 日	活动地点	教室
活动形式	集体活动。		
活动目标	阅读绘本，了解故事中大蒜从发芽到长大再到被做成食物的过程。		
活动准备	图画书《妮妮的蒜苗》。		
活动过程	1. 出示图画书封面，介绍故事主人公 　导入：有个小朋友叫妮妮，有一天老师给大家布置了任务：回家种蔬菜！你们猜猜，妮妮会种什么蔬菜？ 　提问：妮妮怎么也想不出，她就去问外婆，外婆拿出了什么？（一串大蒜） 　提问：大蒜怎么种？ 2. 出示大蒜，引导幼儿认识大蒜的外形特征 　出示大蒜，引导幼儿观察。 　引导幼儿从颜色、形状上认识大蒜的外形特征。 　剥大蒜，引导幼儿进一步认识大蒜。 　请幼儿摸一摸、闻一闻，并说说自己的感受。 　教师：摸上去感觉怎样？有什么气味？ 3. 阅读绘本，了解种植大蒜的方法 　仔细观察绘本故事中的画面，了解故事中妮妮和外婆种植大蒜的方法。 　幼儿讨论种植需要的材料和器具，如种植容器、洒水壶等。 4. 观察大蒜的生长过程 　妮妮的大蒜发芽了吗？ 　大蒜叶长高后发生了什么事情？ 　大蒜叶被剪掉了还会再长出来吗？ 5. 了解大蒜叶的作用和功效 　你们吃过大蒜叶吗？ 　大蒜叶有什么功效和作用？			
活动提示	鼓励幼儿仔细观察图画书中的画面，大胆表达自己的发现。		
活动反馈	1. 幼儿的发展 　《妮妮的蒜苗》是一本贴近幼儿生活的图画书。幼儿可以在欣赏图画故事内容的过程中体验生活，亲近自然，感受生命的过程，丰富情感体验。		

活动反馈	幼儿能够仔细观察画面,了解故事中的情节和妮妮种植大蒜叶的过程,并自发产生种植大蒜的想法。 2. 教师的感悟 　　贴近生活的故事内容带给幼儿直观而深刻的情感体验,有助于幼儿积累有益的生活经验。

活动二：种植大蒜

活动时间	2023 年 10 月 16 日	活动地点	教室
活动形式	集体活动。		
活动目标	尝试种植大蒜,愿意照料大蒜并关注大蒜的生长过程。 了解大蒜的主要特征,体验发现的乐趣。		
活动准备	大蒜种子、种植容器、种植工具。		
活动过程	1. 经验回忆：说说种植大蒜的方法 　　引导幼儿讨论种植需要的材料和器具,如种植容器、土、洒水壶等。 　　教师：你会种大蒜吗？ 我们种大蒜需要哪些工具？ 　　引导幼儿自由讲述种植大蒜的方法。 　　教师：如果请你来种大蒜,你会怎样做？ 　　请个别幼儿尝试种大蒜。 2. 幼儿尝试种植大蒜 　　区分大蒜的根部和头部。 　　教师：在种大蒜的时候要把蒜头朝上,根部朝下。 　　幼儿分组自由种植大蒜,教师巡回指导。 3. 分享交流 　　展示幼儿的种植结果,引导幼儿观察。 　　师幼一起检验种植效果,并进行改进。 　　给大蒜浇水,再将种好的大蒜摆放在户外植物角。		
活动提示	在种植区展示幼儿和家长收集的大蒜资料;把关于大蒜每个时期生长情况的照片按顺序贴在墙面上,帮助幼儿了解大蒜的生长过程。		
活动反馈	1. 幼儿的发展 　　在整个活动过程中,幼儿以饱满的热情种植和探究大蒜,教师则利用关键性提问调动幼儿对大蒜的已有经验。幼儿畅所欲言,能完整讲述对大蒜的认识和发现。		

活动反馈	新奇的种植场景大大激发了幼儿参与种植的兴趣。大蒜种植过程中幼儿乐意模仿教师的动作,在学习种植技能的同时,又锻炼了小肌肉,提高了手指的灵活性。 　　2. 教师的感悟 　　幼儿的兴趣是项目活动的助推器。教师要善于发现幼儿感兴趣的事物,挖掘其中蕴含的教育价值,并把握时机,积极引导。 　　活动结束后请幼儿回家再和爸爸妈妈一起种植大蒜,这既是活动的延伸,也是幼儿经验的再现,能增加亲子互动,培养亲子情感。

活动三：养护大蒜

活动时间	2023 年 11 月 10 日	**活动地点**	教室、幼儿家里
活动形式	小组活动。		
活动目标	了解护理大蒜的方法,尝试利用各种工具护理大蒜。 尝试用不同的工具测量大蒜的长度并记录。		
活动准备	铲子、水壶、剪刀、笔、记录纸、雪花片、直尺、积木等。		
活动过程	1. 讨论 　　幼儿 A:我的大蒜什么时候发芽呀? 　　教师:我们再多给大蒜一点时间吧! 　　幼儿 B:怎样才能让大蒜快快发芽呢? 　　教师:回家和爸爸妈妈一起调查大蒜不发芽的原因。 　　2. 行动 　　幼儿和爸爸妈妈调查了大蒜生长的条件,了解到大蒜在生长过程中需要浇水、晒太阳、施肥、捉虫。 　　幼儿 A:原来我的大蒜种反了,头朝下,根朝上。 　　幼儿 B:原来我的大蒜浇水太多,烂掉了。 　　幼儿 C:我爸爸说要给大蒜施肥才会长得快。 　　某天早上,幼儿发现了大蒜的变化。 　　幼儿 A:快来看,我的大蒜发芽啦! 　　幼儿 B:我也是,我有三个大蒜发芽了! 　　3. 测量和记录 　　教师:大蒜的叶子长出来,如何知道大蒜叶有多长呢? 　　幼儿寻找各种工具开始观察、测量,并记录大蒜的生长变化。		

活动过程	测"蒜"真有趣记录表	
	测量大蒜叶的方法	
	大蒜生长过程记录	

幼儿测量大蒜　　　　　　　大蒜的观察日记

幼儿在观察大蒜的同时,给同伴和老师分享了自己的劳动成果,并将自己种植、养护时的场景画了出来。

活动提示	施肥需在成人的帮助下开展,幼儿不可独立进行。 鼓励幼儿采用不同的方法测量大蒜,积极动脑、动手操作。
活动反馈	1. 幼儿的发展 　　在种植大蒜的过程中,幼儿自主发现问题,并解决问题,不仅积累了种植经验,也提升了问题解决能力。 　　幼儿在观察大蒜的时候,认真且专注。他们敢于尝试,勇于探究,不断和故事中妮妮的大蒜叶进行比较。 2. 教师的感悟 　　《幼儿园教育指导纲要(试行)》中指出:要充分利用自然环境的教育资源,扩展幼儿的生活和学习空间。于是,教师从幼儿的问题出发,尊重幼儿的兴趣点,引导幼儿深入探索大蒜。 　　中班幼儿具有初步的探究能力,他们通过多种感官全面感受物体的特征,教师应该提供丰富的材料和环境,支持幼儿的认知活动。

活动四:"蒜"享美味			
活动时间	2023 年 11 月 18 日	活动地点	家中
活动形式	亲子活动。		

续　表

活动目标	采摘大蒜叶并尝试用大蒜叶制作美食。 体验成功与收获的快乐。
活动准备	大蒜、厨具、调料等。
活动过程	1. 收获大蒜叶 　　"一分耕耘，一分收获"，植物角里种植的大蒜已经长出了很长的叶子。豆豆说："老师，我可以带一些大蒜叶回家吗？我奶奶特别喜欢吃。"小瑞说："我也想带一些回家！"姚姚说："我家里种的大蒜也可以采摘了。" 2. 制作美食 　　幼儿把植物角内或家中的大蒜叶采摘下来。 　　和爸爸妈妈一起了解大蒜叶的做法。 　　收集做菜的配菜、调料。 　　和爸爸妈妈一起切菜、洗菜，请爸爸妈妈炒菜。 　　享受大蒜美食。 　　幼儿收获自己的劳动成果——大蒜叶，并协助家长完成了美食制作，如蒜叶炒鸡蛋、香煎大蒜叶豆腐、大蒜叶炒土豆丝…… 亲子制作的大蒜美食　　　　幼儿品尝大蒜美食
活动提示	切菜时幼儿应使用安全的儿童刀具；观看家长炒菜时，幼儿不要靠太近，避免烫伤。
活动反馈	1. 幼儿的发展 　　在体验美食的活动中，幼儿通过直接感知、亲身体验、快乐品尝的方式，对蒜的味道有了进一步的了解和喜爱。 　　不爱吃大蒜的幼儿也慢慢开始接受大蒜的味道，改掉了挑食的毛病。 2. 教师的感悟 　　幼儿在种植到收获的过程中，不仅学习了基本的种植方法，提高了动手操作能力，体验到了劳动和收获的快乐，也知道了吃大蒜对身体的好处，养成了良好的饮食习惯。

活动五："蒜"你最美			
活动时间	2023 年 11 月 23 日	活动地点	教室
活动形式	个别化学习活动。		
活动目标	尝试根据大蒜的自然形状,借助辅助材料制作创意美术作品。 尝试通过修剪、粘贴等方法,制作蒜皮贴画。		
活动准备	大蒜、剪刀、彩泥、彩笔、彩纸等。		
活动过程	1. 讨论 　教室里还有很多幼儿从家里收集来的大蒜头,这些大蒜还有什么用? 　幼儿 A:我妈妈很喜欢做手工,她在家里用大蒜给我做了一个大蒜娃娃,我也想学着做。 　幼儿 B:我妈妈说大蒜外面的皮可以做成好看的画。 2. 师幼共同收集辅助材料 3. 幼儿在个别化学习活动中进行创意表现 4. 幼儿将自己的大蒜作品摆放在植物角展示 幼儿制作的大蒜娃娃　　　　幼儿制作的蒜皮贴画		
活动提示	鼓励幼儿尝试利用不同的材料制作造型各异的大蒜娃娃、蒜皮贴画。		
活动反馈	幼儿在制作大蒜娃娃的活动中感知大蒜的形状、颜色等特征,亲手制作大蒜娃娃。幼儿能够使用黏土、画笔、彩纸等为大蒜进行装饰,还有的幼儿把蒜皮一片一片剥下来,经过修剪、拼贴制作成了蒜皮贴画。这不仅锻炼了幼儿小手的灵活性及审美能力,同时利用作品装饰教室,美化了学习环境。		
活动六:亲子制作醋大蒜			
活动时间	2023 年 1 月 10 日	活动地点	幼儿家中

续　表

活动形式	亲子活动。
活动目标	收获大蒜头并尝试用大蒜制作美食。 体验成功与收获的快乐。
活动准备	大蒜、冰糖、醋、盐、容器等。
活动过程	1. 亲子调查 　　以亲子调查的形式,请家长与幼儿一起了解醋大蒜的做法。 2. 准备并收集制作醋大蒜所需要的材料和工具 3. 剥蒜皮 4. 清洗、晾干、加调料、密封保存 5. 静置1个月后品尝美味
活动提示	幼儿剥蒜皮后的手不能揉眼睛,防止大蒜辣眼睛。 　　虽然醋大蒜酸甜可口,但大蒜多吃容易上火,也容易刺激肠胃,要控制摄入量。
活动反馈	1. 幼儿的发展 　　在活动中,幼儿有了实际操作的体验,认识了生活中的各种调料,感受到了发现问题、解决问题的重要性。在过程中幼儿积累了很多生活经验,比如:清洗过后的大蒜要充分晾干后才能加入调料,否则大蒜会变质。 2. 教师的感悟 　　家长参与的积极性非常高,能积极了解制作醋大蒜的方法,带着幼儿共同制作醋大蒜。

六、项目发布

项目活动接近尾声,幼儿用图画、符号等不同方式记录了大蒜的生长过程,并制作了立体翻翻书。幼儿的积极性提高了,观察能力、书写能力也提高了。

(一) 真实情境中多感官体验与学习

项目活动让幼儿在真实的情境中多感官学习,调动了学习的积极性、主动性,使幼儿真正成为学习的主人。幼儿阶段是认知发展的关键时期,他们通过感官与周围世界互动,建立起对事物的认知和理解。在本次项目活动中,幼儿通过触觉、味觉、嗅觉等多种感官,运用摸一摸、闻一闻、尝一尝、做一做的方式,观察、比较大蒜的外观、味道,体验并记录大蒜发芽长高的过程。多感官的学习体验给幼儿提供了丰富的感觉刺激,帮助他们认识大蒜的种植、烹饪等知识,并在真实参与实践的过程中锻炼了多元能力。

（二）符号、标识的有效运用

在观察过程中，幼儿会将大蒜生长变化的过程用图画记录下来；在测量大蒜高度的过程中，幼儿也会运用图画、数字、符号等方式将测量结果记录下来。每个幼儿的表征方式都不相同，都具有自我的个性特点，且都能完整表达自己的观察内容。

（三）多种能力的提升

幼儿在观察和调查大蒜的过程中，通过图片、实物、视频等途径了解大蒜的相关特征。他们通过多种方式将观察结果表现出来，观察分析能力得到了有效提升，为今后的学习和发展奠定了基础。

（四）增进亲子情感

项目活动的开展离不开家庭的配合与支持，很多活动是以亲子活动的形式开展的。亲子活动不仅有益于亲子间的情感交流，提升家庭的幸福指数，还能促进幼儿各方面能力的发展。亲子活动给幼儿提供了宽松愉悦的环境，让他们分享与父母一起探索的乐趣。通过亲子调查、亲子种植、亲子收获、亲子烹饪等活动，幼儿的情感、认知、语言、运动、创造、社会交往等多种能力得到全面发展。

七、项目评价

（一）项目成员自评

幼儿 A：第一次种大蒜的时候，我分不清大蒜的头部和根部，通过老师的介绍，我知道毛毛的部分是大蒜的根部，要朝下种。

幼儿 B：虽然大蒜闻起来有点臭，但是吃起来很香，而且大蒜对身体有益，多吃大蒜会杀死身体里的病毒和细菌。

幼儿 C：我在制作大蒜娃娃的时候遇到了困难，双面胶和透明胶都粘不住。这时，我想到了热熔枪，所以我请老师帮忙粘贴。

幼儿 D：我很喜欢制作立体翻翻书，把我和大蒜的故事都写进我的立体翻翻书中。

（二）同伴互评

幼儿 A：我觉得幼儿 B 种的大蒜比我的大蒜长得快，一定是她照顾得更好。

幼儿 B：我觉得幼儿 C 做的大蒜娃娃很可爱，她动手能力很强。

幼儿C：我觉得幼儿A和爸爸妈妈做的大蒜美食颜色很好看,看上去很好吃。

（三）教师评价

表达表现能力的发展：幼儿在项目实施的过程中提高了观察和记录能力。在利用大蒜制作美术作品的过程中,提升了审美和表现能力。

学习品质的发展：幼儿在真实的情景中进行多感官学习,调动了学习的积极性、主动性。

动手能力的发展：幼儿不仅学习了基本的种植方法,还学习了各种工具的使用方法,提高了动手操作能力。

社会性发展：幼儿能够相互学习种植护理大蒜的方法,欣赏同伴制作的美术作品,在与同伴、教师、家长的互动交流中增强自信心。

（四）家长评价

因为大蒜的气味独特,大部分幼儿一开始并不喜欢吃。本次活动中,幼儿亲自参与种植大蒜、收获大蒜的过程,了解了大蒜的营养价值,尝试品尝大蒜美食,改掉了挑食的毛病,非常有意义。

（陈晓璐）

项目活动13：搭架子

年龄段：大班

一、项目背景

（一）缘起

在我们班的植物角，有几株黄瓜苗，在幼儿的精心护理下，慢慢长高了。有一天，幼儿发现黄瓜苗耷拉下来了，大家积极思索解决办法，萌生了要给黄瓜苗搭架子的想法。于是教师与幼儿一起商议，开启了"搭架子"的项目活动。

（二）价值判断

"怎样搭架子？""搭什么样的架子？"是项目活动的核心问题。在"有用的植物"主题活动开展过程中，幼儿了解到有些植物是爬藤植物，需要借助中介物向上攀爬。所以幼儿看到黄瓜苗耷拉下来时，会想到给它搭架子。给蔬菜搭架子对幼儿来说是全新的体验，需要幼儿去了解、去探索、去发现、去实践。在整个项目过程中，幼儿的发展预估可以达到"3—6岁儿童发展行为观察指引"中的"能通过简单的调查，收集自己需要的相关信息""能在探究中与同伴合作，并交流自己的发现、问题、观点和结果等""能用一些简单的方法来验证自己的猜想，并根据结果进行调整"。

"搭架子"项目让幼儿在活动中主动思考、操作实践、交往互助。教师要充分利用项目活动的时机，提升幼儿发现问题、分析问题和解决问题的能力，帮助幼儿不断积累经验。教师要根据项目活动的特点，采取适当的指导策略，促进幼儿各方面能力的发展，从而推动项目发展。

二、驱动性问题

项目驱动性问题梳理一览表

幼儿的问题	教师梳理及引导
怎样帮助黄瓜向上生长？（搭架子）	了解架子的种类。 了解搭架子需要的材料。 了解搭架子的方法。
搭什么样的架子？ 搭架子需要哪些材料？ 搭架子的方法？	
什么样的架子适合黄瓜生长？	亲子制作架子模型。 幼儿小组制作架子。 参观黄瓜种植基地并实验。 在小田园里实践。

三、项目目标

了解爬藤架的种类，收集材料，小组合作搭架子。

在自主搭架子的过程中提高发现问题、解决问题的能力。

四、项目网络

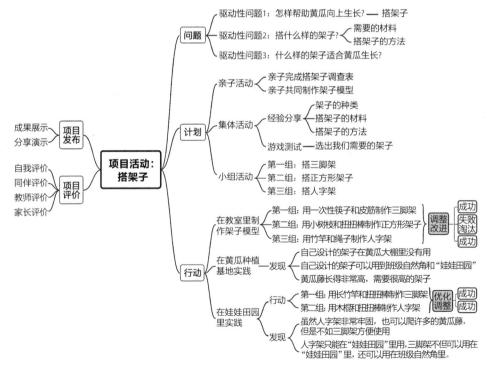

项目活动实施网络图

五、项目启动及实施过程

项目活动过程记录表

活动一：我们的发现			
活动时间	2023 年 9 月 16 日	活动地点	植物角
活动形式	小组活动、集体活动。		
活动目标	观察植物的生长状况，了解它们的生存环境。 寻找让黄瓜苗向上生长的办法。		
活动准备	植物角护理材料。		
活动过程	1. 小组活动 　　幼儿 A：快来看呀！黄瓜苗长大了！ 　　幼儿 B：真的！可是它的藤叶怎么耷拉下来了。 　　幼儿 C：怎么办呢？怎样才能让它往上长呀？ 　　幼儿 A 拿来一根小竹竿说：我们来帮助它吧，让它沿着竹竿往上长。 　　幼儿 C：一根竹竿不行，我奶奶说黄瓜是爬藤植物，要搭架子才可以长大。 　　幼儿 B：要不然我们给黄瓜苗搭个架子吧！架子怎么搭呢？ 　　幼儿 A：我没见过，不知道怎么搭？ 　　幼儿 C：是不是像葡萄架？ 　　幼儿 B：不是吧，应该像"娃娃田园"里的豇豆架那样吧？ 　　幼儿 C：那怎么办呢？ 2. 集体讨论 　　幼儿 C：今天，我们在植物角护理植物时发现黄瓜苗长大了，我们很开心。 　　幼儿 A：我们今天遇到一个问题，黄瓜苗耷拉下来，需要搭架子，怎么搭呢？ 　　幼儿 D：我知道，搭一个三脚架吧，就像老师拍视频的那个三脚架一样。 　　幼儿 E：我觉得可以搭成正方形的架子。 　　幼儿 F：我见过像楼梯一样的架子。 　　幼儿 G：我见过那种像尖尖屋顶一样的架子。 　　幼儿 A：谢谢你们的建议，有这么多架子，我们选哪种好呢？			
活动提示	尽量不干预幼儿的谈话，让他们自主交流，自主寻找解决办法。			

活动反馈	1. 幼儿的发展 　　幼儿能够观察到黄瓜苗的变化,发现了黄瓜苗耷拉下来没法往上生长的问题。幼儿能够和同伴交流,并发表自己的观点和想法,也能接纳同伴提出的观点和想法。幼儿通过同伴交流和集体讨论的方式寻找问题的答案。 2. 教师的感悟 　　项目活动来源于幼儿的兴趣,源于幼儿实际生活的真问题才是项目活动持续开展的动力。

活动二：调查表中知多少

活动时间	2023 年 9 月 27 日	活动地点	幼儿家里
活动形式	亲子活动。		
活动目标	了解架子的种类和结构。 积累搭架子的相关经验,并尝试制作架子模型。		
活动准备	调查表。		
活动过程	1. 亲子共同调查 　　幼儿与家长共同调查架子的种类、搭架子需要的材料、搭建的方法。 　　幼儿将所了解的问题记录在调查表上,并与同伴分享。 **"搭架子"亲子调查表** 表格略 2. 亲子共同制作 　　家长与幼儿共同利用家中现有的材料,如一次性筷子、吸管、木棍、绳子、皮筋、硅胶等制作架子模型。		

"搭架子"亲子调查表：

自然角的哪些植物需要搭架子?	
为什么要搭架子?	
有哪些种类的架子?	
搭架子需要哪些材料?	
用什么方法搭架子?	

活动过程	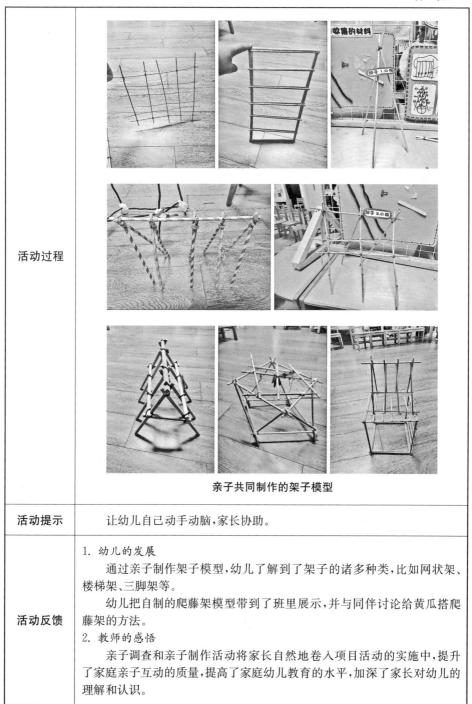 亲子共同制作的架子模型
活动提示	让幼儿自己动手动脑,家长协助。
活动反馈	1. 幼儿的发展 　　通过亲子制作架子模型,幼儿了解到了架子的诸多种类,比如网状架、楼梯架、三脚架等。 　　幼儿把自制的爬藤架模型带到了班里展示,并与同伴讨论给黄瓜搭爬藤架的方法。 2. 教师的感悟 　　亲子调查和亲子制作活动将家长自然地卷入项目活动的实施中,提升了家庭亲子互动的质量,提高了家庭幼儿教育的水平,加深了家长对幼儿的理解和认识。

续　表

活动三：我们的发现			
活动时间	2023 年 10 月 11 日	活动地点	教室
活动形式	集体活动。		
活动目标	分享自己和爸爸妈妈共同制作架子的经验。 通过游戏挑选出稳定性能好的架子。		
活动准备	各种架子模型。		
活动过程	1. 分享制作架子的材料和方法 　教师：国庆长假期间，小朋友们在家和爸爸妈妈一起认识了架子的种类和制作方法，也制作了一些架子模型。今天请大家来介绍一下自己制作的架子模型吧！ 　幼儿 F：我做的是楼梯架，我家隔壁的老奶奶就用楼梯架给黄瓜爬藤。 　幼儿 B：我做的是网状的架子，我想它上面可以爬很多的藤，我家的花架就是这样的，上面爬满了月季花。 　幼儿 A：这个网状架和楼梯架都立不起来，黄瓜苗怎样爬呀？ 　幼儿 B：它们可以靠着墙，也可以靠着围栏呀！ 　幼儿 A：那要是没有墙和围栏，你怎么办呀？ 　幼儿 A：我和妈妈了解到，适合黄瓜生长的架子有三脚架和人字架，家里正好有小木棍，我们就做了三脚架。把三根小木棍用橡皮筋扎在一起就做好了，一次可以供三根黄瓜苗往上爬。 　幼儿 E：我和爸爸一起做了人字架，爸爸说人字架稳定不会被风吹倒，许多爬藤植物都可以用。 　幼儿 D：我和妈妈做的多边形的架子也很稳当，可以爬许多黄瓜苗呢。 　幼儿 C：这个多边形架子太难了，我们自己可搭不了。 　幼儿 G：我和爸爸做的架子是正方体，先用一次性筷子做成正方形，再在四个角上竖四根筷子，固定好后再绑四根筷子将它们连接起来。正方体很稳定不会倒。 2. 测试架子的稳定性 　教师：接下来我们玩个游戏，测试你们制作的架子模型的稳定性。 　提问：用什么办法可以测试架子的稳定性和牢固程度呢？

<table>
<tr><td rowspan="40">活动过程</td><td colspan="4">提问：什么情况下需要搭足够稳定的架子？
幼儿讨论方法。
方法一：用扇子或大型纸板用力扇风，看架子是否会倒。
方法二：摇晃桌子，看桌子上的架子是否稳定不倒。</td></tr>
</table>

提问：什么情况下需要搭足够稳定的架子？

幼儿讨论方法。

方法一：用扇子或大型纸板用力扇风，看架子是否会倒。

方法二：摇晃桌子，看桌子上的架子是否稳定不倒。

关于架子稳定性测试方法一

架子种类	用扇子或 大纸板用力扇	是否倒掉	是否淘汰
三脚架	5 次	否	否
人字架	5 次	否	否
正方形架	5 次	否	否
多边形架	5 次	否	否

关于架子稳定性测试方法二

架子种类	摇晃次数	是否倒掉	是否淘汰
三脚架	左右摇晃 5 次	是	否
人字架	左右摇晃 10 次	否	否
正方形架	左右摇晃 10 次	否	否
多边形架	左右摇晃 10 次	否	是

幼儿 A：三脚架倒了，是因为桌面太光滑了，如果放置在地里，它可以固定到土里，不一定会倒！而且三脚架搭起来简单，我们自己就可以搭。

幼儿 F：我同意她的想法，三脚架简单，我们可以试一试。

幼儿 D：我觉得多边形的虽然稳固，但是看起来好难呀！要那么多的棍子，那么多的连接处，太难做了。

幼儿 C：我觉得三脚架和正方形架子，还有人字架可以试试。

活动提示	教师应充当本次活动的组织者、引导者，推动幼儿去探索发现。

活动反馈	1. 幼儿的发展 　　幼儿在活动中,大胆分享自己的经验,大胆猜测和推断,提出和表述自己的看法与想法。在游戏测试环节,大家对问题的看法全面而细致,体现了缜密的逻辑思维能力。 2. 教师的感悟 　　为幼儿创造条件,激发幼儿的兴趣和探究精神,使其积极主动地投入到项目活动中来,促进项目活动不断向纵深推进。

活动四：实践与发现

活动时间	2023 年 10 月 12 日	活动地点	教室、"娃娃田园"

活动形式	小组活动。

活动目标	收集制作架子的材料。 完成架子制作。

活动准备	棍子、绳子、扭扭棒、皮筋。

活动过程	1. 问题和计划 　　根据幼儿在集体活动中的测试结果,幼儿分组制作架子。 　　问题一：搭架子需要什么材料? 　　幼儿 A：我们就用一次性筷子和皮筋搭三脚架吧! 　　幼儿 C：我们用树枝和扭扭棒搭正方形架子。 　　幼儿 F：我们用上次去"娃娃田园"捡回来的细竹竿和材料架上的绳子就可以了。 　　幼儿 B：我家有很多一次性筷子,我明天带来。 　　幼儿 E：我家有很多皮筋,我也明天带来。 　　问题二：怎样搭架子? 　　幼儿 C：我们有材料了,要怎样才能搭出正方形架子呢? 　　幼儿 G：我们可以先搭一个正方形,再在四个角上绑上树枝,最后再用树枝把它们连起来。 　　幼儿 C：听起来有点难。 　　幼儿 A：我觉得可以先拼出两个正方形的架子,然后用四个树枝把它们支起来就行了。

	2. 分工和行动

搭架子实践情况表

方　案	发现问题	解决办法	结　果
第一组用一次性筷子搭三脚架	橡皮筋不好操作,容易断。 筷子长短不一,架子站不稳。	把橡皮筋换成了扭扭棒。 换成了三根一样长的筷子。	成功。
第二组用树枝和扭扭棒搭正方形架子	正方形的四个角不好固定,站不起来。	用白色橡皮泥加固。	失败:树枝歪歪扭扭很难固定,架子总是东倒西歪的。
第三组用竹竿和绳子搭人字架	不会给绳子打结。需要多人一起分工合作。	把绳子换成扭扭棒。 请两位同伴扶竹竿,两位同伴绑绳子。	成功。

活动过程

3. 发现和结论

　　幼儿 A:我发现搭三脚架时,要选择三根一样长的筷子,这样才稳当。用橡皮筋绑的时候,力气太大就会断,力气太小又固定不牢。最后,我们换成了扭扭棒,固定起来容易多了。

　　幼儿 C:搭正方形架子的时候四个角固定不好,歪歪扭扭的,有点难度。

　　幼儿 F:我们组在搭架子的时候发现,绳子虽然可以固定架子,但是我们不会打结,架子会散掉。所以,我们换成了扭扭棒。大家一起合作,有的人扶着架子,有的人把架子绑牢,最后成功完成任务。

　　幼儿 A:正方形架子搭起来不方便,真正搭的时候没有那么多彩泥,我们就用三脚架和人字架吧!

　　幼儿 C:好吧,下次我们把搭三脚架和人字架的材料带上,去黄瓜地里试试吧!

活动提示　给予幼儿充足的时间和空间去探索。

活动反馈

1. 幼儿的发展

　　幼儿在面对问题时,会采用同伴交流讨论的形式表达自己的发现和观点,愿意探索解决问题的方法。

　　幼儿通过讨论制订了搭架子的计划,收集了自己需要的材料,并在实践的过程中,发现问题、解决问题。在解决问题的过程中,他们发现:搭三脚架最方便,搭人字架最牢固。

活动反馈	2. 教师的感悟 　　项目活动中,教师应给予幼儿充分的时间、空间去探索,让幼儿充分发挥自己的主观能动性解决问题。		
活动五：参观黄瓜种植基地			
活动时间	2023 年 11 月 21 日	活动地点	黄瓜种植大棚
活动形式	小组活动。		
活动目标	观察了解黄瓜的生长情况。 到黄瓜地里去实践。		
活动准备	搭架子的材料、记录本。		
活动过程	1. 参观黄瓜种植基地,了解黄瓜的生长情况 　　幼儿 A：黄瓜是长在暖棚里的! 　　幼儿 B：我奶奶说正常情况下,黄瓜是夏天成熟的,现在黄瓜就只能生长在暖棚里了。 　　幼儿 C：哇! 暖棚里好热呀! 感觉像夏天。 　　幼儿 D：我感觉比夏天还要热。 　　幼儿 A：瞧! 黄瓜藤是用绳子吊起来的! 　　幼儿 B：那我们的架子还有用吗? 　　幼儿 A：当然有用啦! 这里用绳子是因为有许多黄瓜,我们的植物角和"娃娃田园"里只有几棵黄瓜,所以用架子就可以了! 　　幼儿 C：绳子是绑在顶棚上的,我们没有顶棚绑在哪里呢? 　　幼儿 D：关键是黄瓜长这么高,我们的架子好像不够它们往上爬。 　　幼儿 A：我们可以用长一点的竹竿搭三脚架不就行了吗? 　　幼儿 B：对,竹竿越长,架子越高,可以让黄瓜一直向上爬。 2. 尝试给黄瓜搭架子 　　幼儿 A 和伙伴们开始搭三脚架。他们拿来三根长长的竹竿和扭扭棒,一人扶架子,一人负责固定架子。可是竹竿太长了,他们够不到固定的地方。幼儿 A 提出把竹竿倒在地上,先用扭扭棒固定,再立起来。他们用这种方法很快把架子搭好了。架子被拿到大棚里去试用,却根本站不稳。幼儿 E 说："我有办法,把竹竿插到泥土里,就不会倒了。"于是,大家分别拿着一根竹竿往泥土里插,但泥土太硬了插不进去。大家都被难住了,觉得还需要改良架子。		
活动提示	鼓励幼儿坚持、不放弃,积极动脑、动手解决问题。		
活动反馈	1. 幼儿的发展 　　幼儿在参观黄瓜种植基地时,观察发现自己设计的架子与实际有区别,他们产生了疑问：我们设计的架子有用吗? 当然有用啦! 幼儿敢于坚持自己的意见并说出自己的理由。		

续　表

活动反馈	2. 教师的感悟 　　实地体验为我们的项目活动提供了新的活力,为幼儿的探索提供了动力,激发了幼儿的探究欲望。 　　幼儿在参观黄瓜种植基地时,产生了思维碰撞,积累了搭架子的经验,使其感受到了探究的乐趣和成功的喜悦,提升了幼儿的学习品质。		
活动六: 调整与优化			
活动时间	2023 年 11 月 22 日	活动地点	"娃娃田园"
活动形式	小组活动。		
活动目标	为黄瓜制作稳定的支撑架。 确保架子坚固耐用,能够承受黄瓜的重量。		
活动准备	搭架子的材料。		
调整与优化的缘由	参观完黄瓜种植基地后,幼儿开始思考,什么样的架子更适合植物角和"娃娃田园"呢? 怎样的架子才更牢固? 通过讨论,他们分成两组,开始优化自己设计的架子。		

活动过程	1. 到"娃娃田园"里去实践体验 　　有了黄瓜种植基地的经验,幼儿带着材料来到了"娃娃田园",开始搭架子。在这个过程中,他们探索出了一些改进办法。 2. 在实践中收获

架子调整优化情况表

	发现问题	改进办法	结果
第一组: 三脚架	泥土太硬,没办法固定。	把三脚架的底部削得尖尖的,再用铲子把泥土铲松。	成功
	黄瓜长高了,不够爬。	选择长长的竹竿搭架子。	
	长竹竿立起来太高,够不到捆绑固定点。	把竹竿放倒捆绑固定好,再立起来固定在土里。	
第二组: 人字架	架子的结构复杂,交叉点比较多。	把架子先分开搭,再把它们拼在一起。	成功
	黄瓜长高了,不够爬。	选择长长的竹竿搭架子。	
	架子太高够不到要固定的部位。	请老师帮助固定。	

续　表

活动过程	3. 我们的发现 　　幼儿 A：我觉得三脚架不管是在"娃娃田园"还是在植物角里都能用。 　　幼儿 E：是的，因为它不占地方，使用方便，搭起来又简单。 　　幼儿 C：你们的三脚架没有我们的人字架牢固，风一吹三脚架就倒了，人字架还在呢？ 　　幼儿 B：我们的人字架可以爬很多黄瓜藤，而且不会倒掉！ 4. 我们成功啦！ 　　幼儿 A：我们组的黄瓜架子终于成功啦！我们架子搭起来既简单又实用，在我们的自然角里也能用。你们的架子虽然成功了，但是你们的架子在自然角里没法用，太占地方了。 　　幼儿 C：那我们的架子放到"娃娃田园"里，你们的架子放到植物角里吧！
活动提示	幼儿自主收集材料，自己商量动手改良。
活动反馈	1. 幼儿的发展 　　幼儿在观察中发现问题，并通过实践与观察找出了解决的办法。幼儿具有挑战困难的勇气，也乐意与同伴交流讨论自己的发现和思考。 2. 教师的感悟 　　在项目活动中，教师要给幼儿创造各种探寻答案的机会，鼓励幼儿的新发现、新思考，让幼儿始终保持轻松愉快的情绪。

六、项目发布

　　项目发布时，幼儿们非常兴奋，带着照片、视频、资料及架子进行经验介绍及演示体验。项目组主要成员能够自信讲述，对同伴的提问和回答都能够响亮互动，小观众们也投来了赞许的目光。

七、观察与分析

　　（一）问题驱动促进幼儿的深度学习

　　项目活动中的驱动性问题来源于幼儿实际碰到的真实问题，比如：黄瓜苗耷拉下来怎么办？架子怎么搭呢？需要哪些材料呢？幼儿围绕真实问题，主动探究、验证猜想、尝试解决。真实问题驱动幼儿主动探究、主动学习，深入了解材料的特点与使用效果。

（二）活动过程提升幼儿的多元能力

项目实施过程中，幼儿以亲子、集体、小组的形式展开探究，通过亲子调查、查阅资料、收集资料、分享经验、集体讨论、分组合作、制定方案、动手操作、形成结论等过程，理解了搭架子的方法，将其转化为自己的生活经验，提升了多元能力的发展。

（三）项目活动促进教师教育观念的不断更新

教师是项目活动的组织者、引导者和支持者，教师要把握好不同角色之间的关系，从而融入项目活动。首先，教师要追随幼儿的脚步，尊重幼儿的行为，激发幼儿的兴趣。其次，教师在项目实施中要把握幼儿的年龄特点，要基于儿童视角，以儿童优先发展理念推动幼儿项目的进程，让他们在项目活动中真正理解和建构知识和经验。最后，教师要为幼儿项目活动的开展提供保障，推动幼儿不断发现、思考、探索和创新。

八、项目评价

（一）项目成员自评

幼儿A：我们搭的三脚架非常实用。

幼儿B：你们用扭扭棒固定三脚架的办法是我们想出来的。

幼儿C：我们的人字架可以爬许多黄瓜藤呢。

幼儿D：我的力气大，每次都是我固定支架的。

幼儿E：我会动脑筋想办法，想到了把三脚架插在泥里固定的方法。

幼儿F：我想到了把绳子换成扭扭棒，让支架更方便固定。

幼儿A：我还想到了要用三根同样长的竹竿做三脚架。

（二）同伴互评

幼儿A：我觉得幼儿C很聪明，他可以带着朋友们把人字架搭起来了。

幼儿B：我觉得幼儿A很会观察，她发现制作三脚架的竹竿要一样长才能站稳。

幼儿C：我觉得幼儿A和幼儿E在搭架子时，搭得很快。

幼儿D：我觉得人字架非常有用，一个架子可以爬许多黄瓜藤。

（三）教师评价

学习品质的发展：观察比较能力、发现问题的能力、解决问题的能力显著

提高。

语言能力的发展：沟通能力、表述能力、语言的逻辑性有显著提高，能够将自己的发现或观点大胆表达出来，乐意与同伴分享交流。

社会性发展：喜欢沟通交流，能够自信表达自己的想法，在项目过程中能客观评价自我和他人，有良好的沟通能力。

动手能力的发展：善于使用各种材料与工具，动手制作简单的模型，并能把制作模型时获得的经验迁移到实践活动中。

(四) 家长评价

幼儿在观察、比较、操作、实验等方面的能力有显著提升，幼儿主动发现问题、分析问题和解决问题的能力也有了很大进步。

（陈　芳）

项目活动 14：孵蜗牛

年龄段：中班

一、项目背景

（一）缘起

有一天，班级植物角的菜叶上来了一只蜗牛，幼儿们兴奋地大叫起来："看，有蜗牛。"苗苗问："蜗牛的壳是硬的还是软的？"源源答："硬硬的，这样遇到危险它就能躲进壳里。"依依说："对的，就像乌龟一样，壳就像它的家。"第二天一大早，苗苗兴奋地跑进教室："看，我带来了小蜗牛！"大家纷纷围到她的身边。除了小蜗牛，苗苗还带来了白色的蜗牛卵。"好小呀！""这是蜗牛妈妈生的宝宝吗？""这么小应该是的吧。""我上次看到一本书里说，蜗牛妈妈产的卵就是它的宝宝。""白色的点点是蜗牛卵吗？""我们能一起孵蜗牛吗？"幼儿的探究兴趣随着蜗牛的到来被引发。"孵蜗牛"项目由此产生。

（二）价值判断

《3—6岁儿童学习与发展指南》指出：成人要善于发现和保护幼儿的好奇心，充分利用自然和实际生活机会，引导幼儿通过观察、比较、操作、实验等方法，学习发现问题、分析问题和解决问题。皮亚杰（Jean Piaget）的儿童认知发展理论明确指出，儿童是主动学习者，主动学习能使幼儿获得良好发展。项目活动以真实问题为导向，改变了以往消极被动的学习模式，把主动权交给幼儿，让幼儿自己去探索、去发现、去学习。

在"孵蜗牛"项目开展过程中，幼儿逐渐能将日常积累的经验迁移到蜗牛孵化中。比如当幼儿发现蜗牛卵后，主动收集资料，通过小组讨论的方式，每天照顾蜗牛卵，成功孵出了36只小蜗牛。幼儿通过查阅资料、动手操作、观察记录等方式创设小蜗牛的家，了解蜗牛孵化需要的环境和条件，了解温度和湿度与蜗牛孵化之间的关系等。在孵化蜗牛卵的过程中，幼儿耐心照顾蜗牛卵，见证了生命的奇妙，真切感悟到生命的珍贵。

二、驱动性问题

项目驱动性问题梳理一览表

幼儿的问题	教师梳理及引导
白色的点是蜗牛卵吗？	观察蜗牛产的卵。 收集孵化蜗牛需要的材料。
怎样才能孵出小蜗牛（核心问题）？	
怎样照料孵化出来的小蜗牛呢？	记录发现的问题。 寻找解决的办法。
孵出了几只小蜗牛？	记录观察小蜗牛的成长变化。
小蜗牛长什么样？	
蜗牛黏液有什么用？	通过查找资料、小组活动等方式探究。

三、项目目标

小组合作寻找孵化小蜗牛的方法，并收集材料。

观察小蜗牛的外形特征，记录小蜗牛的数量及成长变化。

四、项目网络

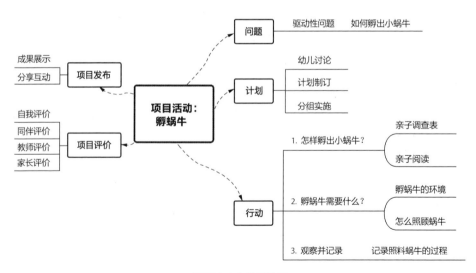

项目活动实施网络图

五、项目启动与实施评价

项目活动过程记录表

活动一：班级来了蜗牛			
活动时间	2023 年 4 月 8 日	活动地点	自然角
活动形式	小组活动。		
活动目标	观察、了解蜗牛的外形特征。 了解蜗牛喜欢吃的食物。		
活动准备	收集的青菜叶、喷壶、放大镜。		
活动过程	1. 分享交流寻找蜗牛的经验 　　提问：你在哪里找到了蜗牛？ 　　苗苗：我在幼儿园的长廊外发现了蜗牛，并把它带到了教室，放在了自然角。 　　源源：我早上来幼儿园时，发现植物角的菜叶上躲着一只蜗牛。 　　小结：潮湿的树丛中，下雨过后的草丛或者潮湿的墙角、菜叶上、泥土里都能找到蜗牛，蜗牛喜欢待在比较阴暗潮湿的地方。 2. 蜗牛的外形讨论 　　关于蜗牛的壳，你有什么发现？（壳是螺旋形的） 　　蜗牛的眼睛长在哪里呢？（长在触角上） 　　蜗牛是怎么走路的？（身体蠕动向前爬） 　　小结：蜗牛有两对伸缩自如的触角，长的那对长有眼睛，短的那对是用来寻找食物的，每只蜗牛壳上花纹都不一样，蜗牛爬过后留下一条白色的印迹使蜗牛足部保持湿润。 3. 分享交流蜗牛喜爱吃的食物 　　分组收集蜗牛喜欢吃的食物。 　　鼓励幼儿经常观察蜗牛对食物的喜好，并将观察到的情况记录下来。 <div align="center">观察蜗牛</div>			

活动提示	小组讨论,鼓励幼儿记录与表述。
活动反馈	1. 幼儿的发展 　　通过自然角实际观察,幼儿能够更深入地了解蜗牛的特征,激发好奇心和学习兴趣。 2. 教师的感悟 　　结合项目内容,教师要善于捕捉价值点,支持幼儿的探究需求。

活动二:我给蜗牛照个相

活动时间	2023 年 4 月 16 日	活动地点	教室

活动形式	集体活动。
活动目标	会用刮画纸表现蜗牛不同的动态,进一步了解蜗牛的身体构造。 能大胆想象蜗牛的故事并进行绘画。
活动准备	刮画纸、PPT、水彩笔、铅画纸。
活动过程	1. 启发幼儿想象蜗牛不同的动态 　　导入:今天,小蜗牛也来到了我们班级的自然角,我们一起看一看吧!(教师和幼儿一起观察蜗牛) 　　观察小蜗牛的动态,猜猜小蜗牛可能在做什么。 　　小结:有的小蜗牛在吃树叶,有的小蜗牛在散步,有的小蜗牛在房子里睡觉,它们有着不同的动态。 2. 给蜗牛拍个照 　　幼儿自由观察自然角中的蜗牛,并大胆说出自己的发现。 　　导入:今天我们就来给蜗牛拍照好吗? 　　幼儿边唱儿歌边画蜗牛 　　儿歌:蜗牛外形螺旋形,一圈一圈往外转,画身子像条虫,前头圆圆后面尖,一对触角伸出来,触角上面画眼睛。 　　教师可鼓励幼儿选择一只蜗牛,尝试用绘画的形式将蜗牛不同的形态表现出来。 3. 分享作品 　　展示幼儿作品。 　　幼儿将自己绘画的蜗牛编成故事讲给其他幼儿听。

活动过程	 幼儿绘画的蜗牛
活动提示	绘画过程中,鼓励幼儿大胆想象和表现。
活动反馈	1. 幼儿的发展 　　能够初步感知不同动态的蜗牛,能用各种材料丰富作品,具有创新能力。 　　体验给蜗牛拍照的快乐,萌发喜爱蜗牛的情感。 2. 教师的感悟 　　结合幼儿的已有经验和疑问,教师列出幼儿的兴趣点,设计绘画活动,让幼儿产生初步的审美意识,并进一步探究蜗牛,感受情趣。

活动三:诞生了! 蜗牛

活动时间	2023 年 4 月 26 日	活动地点	教室
活动形式	集体活动。		
活动目标	激发幼儿喜爱蜗牛、爱护蜗牛的情感。 探究蜗牛便便的秘密。		
活动准备	《诞生了! 蜗牛》图画书及相关视频。		
活动过程	1. 通过图画书《诞生了! 蜗牛》引出内容 　　教师:小朋友们,瞧! 我给你们带来了一位小客人。 　　教师:雨一直下,一只蜗牛正在公园里爬行。这只蜗牛发生了很奇妙的事,我们一起来看看。 2. 了解蜗牛的一生 (1) 播放视频 　　教师:蜗牛妈妈在草地上爬,一点点地挖洞,然后开始产卵。一天的时间产了一百多粒白白的卵。		

活动过程	（2）交流绘本内容 　　引导幼儿观察画面,并根据画面进行简单回忆,了解故事内容。(个别幼儿讲述) 　　教师:蜗牛妈妈产卵之后发生了哪些有趣的事情? 　　大恒:过了十五天,卵慢慢变成了黄色,到了第三十天,蜗牛宝宝从卵里孵化出来了。 　　欣怡:下雨了,一只小蜗牛掉在了一片黄色的落叶上,它吃得饱饱的,第二天拉出了一条粑粑。 　　泽泽:雨水把小蜗牛冲到了水坑里,小蜗牛把壳当成救生圈,游了起来。 　　小结:蜗牛真有趣,你们观察得很仔细,了解了很多关于蜗牛的事情。这么多有趣的事情连起来,这个故事叫《诞生了! 蜗牛》。 3. 讨论交流 　　教师:刚才我们一起读了故事,你知道了哪些关于蜗牛的事情呢? 　　雯雯:孵出小蜗牛后,白白的壳怎么不见了? 是被蜗牛宝宝吃掉了吗? 　　依依:我听到,蜗牛卵壳里有蜗牛宝宝生长需要的营养。 　　静静:是的,我还听到了蜗牛喜欢吃水泥,水泥中的碳酸钙是壳生长需要的东西。 　　芸芸:你们知道小蜗牛需要多久才能孵化出来吗? 　　昊昊:我知道,大概三十天。 　　邦邦:我还知道蜗牛便便的颜色,蜗牛吃了南瓜,便便是黄色的;蜗牛吃了青菜,便便是绿色的;蜗牛吃了番茄,便便是红色的。 4. 探究蜗牛便便的秘密 　　观察自然角中的蜗牛,探究蜗牛便便的秘密。 　　请幼儿大胆猜测蜗牛吃的食物的颜色。 　　小结:蜗牛的便便和吃下去的食物的颜色是一样的,如果吃了很多东西,便便就是茶色的。 5. 活动延伸 　　和幼儿讨论如何孵化小蜗牛。
活动提示	活动过程中,鼓励幼儿用完整的语言表述故事内容。
活动反馈	1. 幼儿的发展 　　通过图书阅读了解蜗牛从出生到产卵的过程,了解蜗牛的一生。 2. 教师的感悟 　　注重幼儿主体性的发展,给予幼儿表达的自由,鼓励幼儿用完整的语句表述画面内容,激发幼儿尊重生命、爱护生命的情感。

活动四：孵蜗牛			
活动时间	2023 年 5 月 26 日	活动地点	教室
活动形式	集体活动。		
活动目标	引导幼儿探究科学的孵化方法。 了解蜗牛的生长规律。		
活动准备	放大镜、透明盒子、喷壶、沙土等。		
活动过程	1. 发现蜗牛卵 　　苗苗：你看，蜗牛旁边的白点应该就是小蜗牛。 　　源源：是呀，这是蜗牛的卵。 　　苗苗：小蜗牛怎样才可以孵化出来呢？ 2. 亲子调查：怎样孵出蜗牛 　　通过询问成人、查找资料等方式探究蜗牛的孵化方法。 **亲子调查表** _(见下表)_ 3. 孵化蜗牛需要的环境条件 (1) 讨论 　　蜗牛卵是怎么变成小蜗牛的？需要什么样的环境条件呢？ 　　源源：蜗牛的卵不能和蜗牛妈妈在一起。 　　苗苗：为什么？ 　　源源：蜗牛妈妈会压坏卵的。 　　苗苗：那怎么办？ 　　源源：让蜗牛卵和蜗牛妈妈分开住吧！			

亲子调查表

姓名：_____　　　　班级：_____　　　　日期：_____
怎样孵化蜗牛？
探究小蜗牛孵化需要的环境条件

活动过程	（2）行动 　　大家找来了装金鱼的透明小盒子,在盒子底部放一层土,把卵放上去,再盖一层沙土,然后喷点水,让沙土保持湿润的状态,把盒子放在暖和的房间里,等待蜗牛卵孵化。 4. 观察照料:蜗牛卵的变化过程 　　幼儿观察照料自然角中的蜗牛卵,并记录自己的发现。 　　欣欣:过了三天了,为什么卵还是白白的? 　　依依:我们继续每天照顾蜗牛卵,给沙子喷水。 　　欣欣:十五天过去了,我发现白白的蜗牛卵,已经变成了黄黄的颜色。 　　依依:我们每天观察蜗牛卵,发现蜗牛卵颜色有了变化! 　　欣欣:看,小蜗牛的卵裂开了,小蜗牛孵出来了! 　　依依:上个月还是白白的蜗牛卵,现在就变成了小蜗牛! 5. 结论 　　盒子里有很多密密麻麻的白色小圆球,一开始,白色的卵几乎没有变化,但幼儿还是坚持每天观察、喷水。 　　渐渐地,幼儿发现,白色小圆球渐渐变成了黄色,之后黄黄的颜色慢慢变深。 　　三十天了,卵壳出现裂缝,蜗牛宝宝爬出来了! 6. 延伸活动 　　讨论交流:如何照顾小蜗牛? 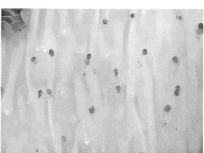 小蜗牛孵出来了
活动提示	亲子共同参与,鼓励幼儿自己记录与表述。
活动反馈	1. 幼儿的发展 　　通过亲子调查和小组讨论,幼儿对蜗牛的孵化过程有了详细了解,对蜗牛在孵化过程中的阶段变化也有了明确认识。 2. 教师的感悟 　　让幼儿在探索中寻找解决问题的办法,并运用到自己的生活中。

续　表

活动反馈	自然角活动中设置了"孵化小蜗牛"的活动,让幼儿初步了解简单且科学的孵化方法,并在动手操作中增加个体经验。

<table>
<tr><td colspan="4" align="center">活动五：放生小蜗牛</td></tr>
</table>

活动时间	2023 年 5 月 26 日	活动地点	户外
活动形式	集体活动。		
活动目标	了解小蜗牛的生存环境。 了解照顾小蜗牛的方法。		
活动准备	放大镜、塑料板、玻璃板、木板等。		
活动过程	1. 照顾小蜗牛 　　密密麻麻的蜗牛卵终于孵出了小蜗牛,幼儿们兴奋极了。他们定期清理蜗牛粪便,每天在沙子上喷水,保持土壤湿润和饲养箱的干净卫生。 　　天气很热,气温较高,饲养箱内不时会有小飞虫,大家急坏了,赶紧为蜗牛更换沙土。 　　渐渐地,小蜗牛越长越大。  渐渐长大的小蜗牛 2. 发现问题 　　经过 30 天孵化,有 36 颗蜗牛卵孵化成了小蜗牛,整个饲养箱里挤满了小蜗牛,空间明显太小了。 　　经过几天的热烈讨论,幼儿最后达成共识,要将 30 只小蜗牛放生,只留 6 只小蜗牛继续照料。 3. 放生小蜗牛 (1) 小蜗牛的生存环境 　　通过观察与了解,幼儿了解了蜗牛的生活习性,知道蜗牛喜欢住在潮湿的地方。 (2) 放生小蜗牛 　　将 5 只小蜗牛放在树下的落叶里;将 8 只小蜗牛放在农田旁的泥地上;将 7 只小蜗牛放在潮湿的墙角;将 10 只小蜗牛放在潮湿的草丛中。		

续　表

活动提示	引导幼儿了解小蜗牛的生存环境。
活动反馈	1. 幼儿的发展 　　幼儿通过集体讨论,一起决定将大部分小蜗牛放生。通过资料收集、亲子阅读等方式,幼儿了解了蜗牛的生活习性,并将蜗牛放生在了适宜的环境中,提高了蜗牛的成活率。 2. 教师的感悟 　　《3～6岁儿童学习与发展指南》中提出,要充分利用自然和实际生活机会,学习发现问题、分析问题和解决问题。应鼓励幼儿去探索周围环境,从而获取知识、积累经验。 　　幼儿通过同伴间的讨论,探索、行动,最后体验到十足的成就感。

活动六：蜗牛散步(科学活动)

活动时间	2023 年 6 月 6 日	活动地点	教室
活动形式	集体活动。		
活动目标	引导幼儿观察蜗牛的爬行方式。 了解蜗牛黏液的作用。		
活动准备	放大镜、塑料板、玻璃板、木板等。		
活动过程	1. 游戏活动：蜗牛散步 　　自然角中,经过幼儿细心照顾,6只小蜗牛慢慢长大了,大家决定一起和小蜗牛去散步。 　　每位幼儿选择自己的"最佳选手"参赛,观察蜗牛的爬行方式。 　　将蜗牛分别放在塑料板、木板、玻璃板上爬行,从玻璃的背面观察蜗牛的身体。 2. 幼儿自由观察,发现记录 　　蜗牛的爬行方式虽然慢,但它们的吸附能力很强,能够在水中游泳,在陆地上爬行。它们也能够垂直爬行,足部的吸盘能够吸附在物体表面,支撑自己的身体。 　　小结：遇到危险时,蜗牛就会缩进壳里。蜗牛是用腹足爬行的,经过的地方(木板、玻璃板、塑料板)都会留下一条白色印迹,那是为了前行时减少摩擦而分泌的黏液。 3. 蜗牛黏液的作用 　　通过调查,了解发现蜗牛黏液的作用。 　　蜗牛在爬行的时候,为了减少摩擦而分泌黏液。		

活动过程	 **黏液可以减少摩擦** 蜗牛冬眠和夏眠的时候会在壳口分泌液体形成薄膜,保护自己。  **黏液在壳口形成薄膜** 蜗牛的黏液是天然的抗生素,可以帮助蜗牛不受病菌的侵害。 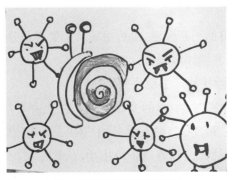 **黏液保护蜗牛不受病菌侵害**

续　表

活动过程	蜗牛的黏液还有紧肤的作用,可以帮助皮肤快速再生。 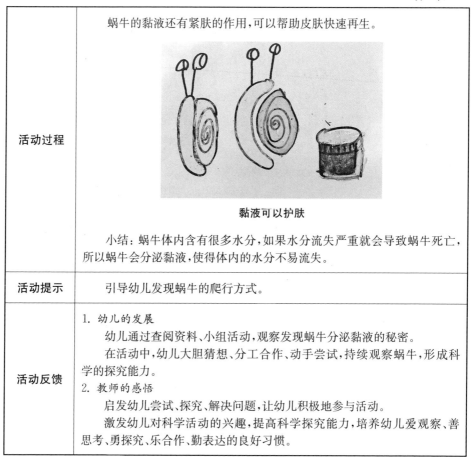 **黏液可以护肤** 　　小结:蜗牛体内含有很多水分,如果水分流失严重就会导致蜗牛死亡,所以蜗牛会分泌黏液,使得体内的水分不易流失。
活动提示	引导幼儿发现蜗牛的爬行方式。
活动反馈	1. 幼儿的发展 　　幼儿通过查阅资料、小组活动,观察发现蜗牛分泌黏液的秘密。 　　在活动中,幼儿大胆猜想、分工合作、动手尝试,持续观察蜗牛,形成科学的探究能力。 2. 教师的感悟 　　启发幼儿尝试、探究、解决问题,让幼儿积极地参与活动。 　　激发幼儿对科学活动的兴趣,提高科学探究能力,培养幼儿爱观察、善思考、勇探究、乐合作、勤表达的良好习惯。

六、项目发布

　　经过两个月的不断探索,最后由项目主要成员分享项目成果,针对蜗牛的外形和习性,孵化和照顾过程进行介绍。

(一)兴趣驱使幼儿主动探究

　　"蜗牛的习性""蜗牛卵的变化""蜗牛的生存环境"等问题引发了幼儿的兴趣。《3—6岁儿童学习与发展指南》中指出:要充分尊重和保护幼儿的好奇心和学习兴趣,帮助幼儿逐步养成积极主动、认真专注、不怕困难、敢于探究和尝试、乐于想象和创造等良好学习品质。正是因为有了幼儿感兴趣的话题才有了"孵蜗牛"项目活动的开展。

（二）问题驱使幼儿积极行动

项目进程中，幼儿提出了"怎么孵化小蜗牛？""蜗牛喜欢吃什么？""蜗牛喜欢生活在哪里？"等问题，这些问题都是在真实探究中产生的，符合幼儿的探究过程。在这些真实问题的驱动下，幼儿有强烈的观察学习需求，进而生成了"给蜗牛照相""放生小蜗牛""蜗牛散步"等活动。

（三）过程满足幼儿快乐体验

幼儿通过观察、阅读、亲子调查、绘画等活动，将抽象枯燥的问题探究变得更加具体。为此，在项目活动过程中，教师应更加关注幼儿的需求，助力幼儿在真实的情境中动手动脑解决问题。每天，幼儿都在期待蜗牛宝宝们破壳而生，当蜗牛卵孵化出来的时候，他们都特别兴奋，都在努力当好照料者的角色。

（四）家园共育凸显项目成效

项目活动的开展离不开家长的支持和配合，比如：在项目开展初期，亲子共同阅读并收集信息，项目过程中进行亲子调查，项目进入尾声时收集材料等。通过家庭和幼儿园之间的合作，项目活动卓有成效，幼儿在探索过程中形成了认真专注、不怕困难、敢于探究的良好学习品质。

七、项目评价

（一）项目成员自评

幼儿 A：在自然角中，我对蜗牛妈妈产的卵很感兴趣。

幼儿 B：在孵化小蜗牛的时候，我每天都用喷壶给蜗牛卵喷水，照顾蜗牛卵。

幼儿 C：我和妈妈一起查找资料，知道蜗牛卵在沙子里最容易孵化出来，我和妈妈一起找到沙子带来了幼儿园。

幼儿 D：我们一起在娃娃田园里找到了蜗牛喜欢吃的青菜，小蜗牛喜欢吃新鲜蔬菜。

幼儿 E：我会在每天放学时将小蜗牛们放回自然角，便于第二天的值日生照顾小蜗牛。

幼儿 F：我将小蜗牛的数量都记录下来了，每一页都记录日期，并把变化也记录下来。

（二）同伴互评

幼儿 A：我觉得我们能成功孵出蜗牛，是因为幼儿 B 从家里带来的沙子，蜗牛卵在沙子里很快就孵化出来了。

幼儿 B：幼儿 C 每天都给蜗牛卵喷水，让蜗牛卵湿湿的。

幼儿 C：我觉得幼儿 D 对孵蜗牛很有想法，她在家里查找了相关资料，能有好办法照顾蜗牛卵。

幼儿 D：每天的值日生都很负责任，为小蜗牛送上新鲜的青菜，让小蜗牛能吃到新鲜的食物。

（三）教师评价

蒙台梭利指出：唯有通过观察和分析，才能真正了解孩子的内在需求和个别差异，以决定如何协调环境，并采取应有的态度来配合儿童成长的需求。幼儿观察孵蜗牛卵时，教师给予充分的讨论时间，介入时以提示、开放性提问为主，给予幼儿表达表现的空间。在环境创设上，教师结合幼儿的需求采用问题版、计划版、行动版等形式，推进项目不断向前发展。

（四）家长评价

家长们通过亲子调查、亲子阅读、收集信息等方式共同参与孵化蜗牛的项目活动。家长认为，孩子们在与蜗牛的互动中，体现出对生命的尊重意识，也满足了求知欲和好奇心。

（吕娇佼）

项目活动15：拜访大树

年龄段：大班

一、项目背景

(一) 缘起

从教室的窗户一眼望去，有一棵高大的香樟树，每次户外运动的时候，幼儿们总喜欢到树下玩耍。有太阳的时候，幼儿总喜欢躲在树下，把树当成他们的好朋友。大树蕴藏着许多秘密，等着我们去一探究竟，于是幼儿开启了"拜访大树"的行动之旅。

(二) 价值判断

"拜访大树"的项目来源于幼儿的想法，他们想了解大树更多的秘密。那么，如何从幼儿的实际水平、经验和兴趣出发，围绕真实的问题和任务，对大树展开探究活动呢？幼儿对树有过比较直观的了解，已经积累了相关的经验，对树的探究兴趣也非常浓厚，富有一定的好奇心和求知欲，在"拜访大树"的项目活动中愿意通过调查问卷、担任护绿员等方式动手动脑，进一步探究关于树的问题。此活动不仅结合了我园田园教育特色，还激发了幼儿对周边事物的好奇心与关注度，获取与生活经验相关的科学常识。在整个项目实施过程中，幼儿的发展预估可以到达《上海市幼儿园办园质量评价指南(试行稿)》中"3—6岁儿童发展行为观察指引"的"在帮助下，能制订简单的调查计划，并按计划收集信息""能运用数字、图画、图表或其他符号等记录探究过程和结果""能在探究中与同伴合作，并交流自己的发现、问题、观点和结果等""初步了解人类生活和自然环境之间的关系，懂得尊重和珍惜生命，知道保护环境的重要性"。

整个项目活动有利于提高大班幼儿爱学习、乐探究的良好品质，让幼儿形成爱护自然资源的意识。

二、驱动性问题

项目驱动性问题梳理一览表

幼儿的问题	教师梳理及引导
幼儿园有哪些树呢？	查阅资料了解树的外形特征和主要结构。 测量大树的方法。 探究树的生长方式。
怎么知道大树几岁了？	
如何测量树呢？	
如何保护树？	探索树与环境的联系以及对人类的作用。 了解保护树木的重要性。

三、项目目标

能运用数字、图画或其他符号记录探究过程和结果，体验探究的乐趣。

了解树的秘密，知道保护环境的重要性，提升观察记录、解决问题的能力。

四、项目网络

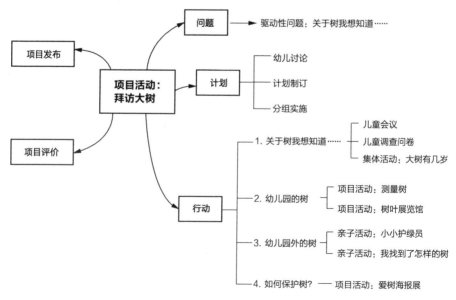

项目活动实施网络图

五、项目启动及过程记录

项目活动过程记录表

活动一：关于树我想知道……			
活动时间	2023 年 2 月	**活动地点**	家中及幼儿园
活动形式	亲子活动(调查表)。		
活动目标	幼儿集体讨论想了解的问题,形成项目的驱动性问题。 将问题分类,形成调查计划表。		
活动准备	树的各类调查表。		

活动过程	1. 亲子调查问卷 　　通过儿童会议的形式了解幼儿的问题,并形成调查问卷,亲子共同完成问卷调查。

亲子调查表

关于树木你最想知道的是什么呢?	
我的问题	我和爸爸妈妈的发现记录

2. 关于树我想知道……
　　问题一：我们幼儿园有哪些树呢?
　　问题二：树有多高? 有多粗?
　　问题三：树木是怎么长大的?
　　问题四：幼儿园外有哪些特别的树?
　　问题五：大树的叶子掉了还会再长吗? 树叶还有什么用?
　　问题六：怎么知道大树的年龄?
　　问题七：我们怎样保护大树呢?
3. 讨论

问题梳理记录表

问　题	讨论聚焦点	计划分工	实施策略
问题一：我们幼儿园有哪些树呢?	幼儿 A：幼儿园门口的两排树又粗又壮,是什么树呢? 　　幼儿 B：我看到紫藤长廊下面的树上还结满了各种果子,都是什么树呢?	苹果组、草莓组邀请教师讲解幼儿园的树。 　　橘子组、西瓜组向眼镜叔叔询问大树的品种。	午间散步观察幼儿园不同品种的树。 　　向眼镜叔叔(总务叔叔)了解幼儿园种植树木的品种。

(续表)

	问　题	讨论聚焦点	计划分工	实施策略
活动过程	问题二：树有多高？有多粗？	幼儿A：眼镜叔叔说门口的香樟树有三十多年了，所以又粗又壮。 幼儿B：我觉得香樟树的树干真粗呀，我双手都抱不住。 幼儿A：我们可以量一量，大树到底有多粗？	苹果队、橘子队收集材料。 西瓜队挑选测量的树。 草莓队准备记录本。 儿童会议讨论分组测量。	观察幼儿园内的树，收集可以用来测量的工具。 分组测量幼儿园大树的粗细。
	问题三：树木是怎么长大的呀？	幼儿A：香樟树三十多年才能长那么大，我们去年种的果树都结果了。 幼儿B：我也想种无花果树，我都没吃过。 幼儿C：树是怎样长大的呢？怎么照顾小树苗呢？	了解树的生长过程及树的种植方法。 与爸爸妈妈在植树节种一棵小树。	观看大树生长过程的视频及图画书。 与爸爸妈妈一起种植并照顾小树。
	问题四：幼儿园外有哪些特别的树？	幼儿A：我见过弯弯的树，树枝像头发一样。 幼儿B：我知道，我在华亭人家见过，是柳树。 幼儿C：我们身边有很多特别的树，愚农庄园有梨树。	亲子活动 问卷调查	幼儿交流生活中特别的树。 亲子探索身边特别的树。
	问题五：大树的叶子掉了还会再长吗？树叶还有什么用？	幼儿A：秋天的时候，银杏树叶子会变黄掉下来。 幼儿B：我们小区有枫树，叶子会变红。 幼儿C：树叶掉下来了还会长吗？掉下来的树叶有什么用？	了解常绿树与落叶树的区别。 收集不同的树叶。	亲子调查常绿树与落叶树的不同。 收集不同的树叶制作树叶贴画。

（续表）

<table>
<tr><td></td><td>问　题</td><td>讨论聚焦点</td><td>计划分工</td><td>实施策略</td></tr>
<tr><td rowspan="2">活动过程</td><td>问题六：怎么知道大树的年龄？</td><td>幼儿 A：我们幼儿园的香樟树已经三十多岁了，我们可以怎样知道大树的年龄呢？
幼儿 B：听爸爸说愚农庄园的梨树有一百多年了呢。</td><td>学习了解大树年龄的方法。</td><td>了解大树年轮的秘密。
完成关于大树年轮的绘画。</td></tr>
<tr><td>问题七：我们怎样保护大树呢？</td><td>幼儿 A：想知道大树的年龄就要看到年轮，这样会让大树受到伤害。
幼儿 B：现在很多人都伤害大树，用大树做家具。
幼儿 C：那怎样能让大家都自觉保护大树呢？
幼儿 D：我觉得可以贴一张宣传海报。</td><td>了解海报的内容。
参观展览，寻找灵感。
举办海报展，呼吁大家保护大树。</td><td>亲子参观各类海报。
制作爱树海报。
进行爱树海报展览，呼吁更多人保护树木。</td></tr>
</table>

4. 发现

午后散步时了解到幼儿园有种类繁多的树木，如去年新种了许多果树，有无花果树、金橘树、枇杷树、蓝莓树、桃子树和柿子树。

幼儿园里的大部分树都非常高大，我们决定收集一些测量工具，筛选一些大树和小树进行测量。

5. 活动延伸

除了幼儿园里的树，我们还想知道幼儿园附近以及华亭镇的特色景点里有没有特别的树，后续计划和爸爸妈妈一起去实地探秘。

通过观察发现树叶有不同的色彩和形状，可以用来制作美丽的树叶贴画。

大树的年龄可以通过观察大树的年轮来了解，但如果要看到树的年轮就需要把树干砍断，就会伤害大树，有什么其他的好方法吗？

人们利用大树进行生产制造，因此存在很多乱砍滥伐、破坏树木的现象，我们应该如何让大家一起保护大树呢？

<table>
<tr><td>活动提示</td><td>在儿童会议中，教师帮助幼儿进行会议记录与梳理。
提前排除幼儿活动中的安全隐患。</td></tr>
</table>

活动反馈	1. 幼儿的发展 　　通过儿童会议，大家梳理了整个项目活动的初步实施计划，有了计划意识。 　　幼儿在梳理计划时能够分工合作，将会议内容进行简单记录，并根据自己的选择进行分组，不仅培养了幼儿的前书写能力也提升了合作意识。 2. 教师的感悟 　　活动中的幼儿具有一定的计划意识，教师应适当给予支持，让幼儿真正通过发现问题、解决问题、分工合作来达成计划目标。 　　活动需要家长的支持，这不仅促进了良好的家园合作，也让家长进一步了解我园的自然教育办园理念。

活动二：小小护绿员（植树活动）

活动时间	2023 年 3 月	活动地点	幼儿家中
活动形式	亲子活动。		
活动目标	了解种植的基本方法。 感受亲子劳动的乐趣。		
活动准备	小树苗、种植工具。		
活动过程	1. 谈话活动：小树苗是怎样长成大树的？ 　　幼儿园里的小树是怎样长成大树的？如果你也能种一棵树，想要种什么树呢？ 　　幼儿 A：幼儿园的香樟树又高又大，眼镜叔叔说已经有三十多年了呢，我也好想在家里种一棵香樟树呀。 　　幼儿 B：我喜欢幼儿园的无花果树，如果家里种了无花果树，我也能尝尝无花果的味道了。 　　幼儿 C：我想种枇杷树，我吃过枇杷，可甜了！ 　　幼儿 D：种树很难吧，好像快到植树节了，我们可以一起试一试！ 2. 观看树木生长的视频以及图画书，初步了解树木的种植方法 3. 说说植树的好处 4. 讨论种植小树需要的工具材料（树苗、工具、水） 5. 和爸爸妈妈一起种植小树苗 　　浇水时浇树苗根部，水要浇透。 　　必要时要给树苗浇水、施肥和拔草。		
活动提示	注意种植安全。 外出做好防护工作。		
活动反馈	1. 幼儿的发展 　　通过简单的谈话活动，幼儿对于树木的成长过程有了一定了解，学会了养护植物的方法，知道了要给小树苗浇水。在家长的协助下，幼儿种植了一棵属于自己的小树，并与同伴分享自己的种植经验。		

活动反馈	2. 教师的感悟 给幼儿提供照顾小树的机会,让幼儿在动手操作中感悟生命的成长。 利用家长资源让幼儿的观察更有目的,让观察时间更灵活。		
活动三: 幼儿园里的树(测量树)			
活动时间	2023 年 4 月	活动地点	幼儿园内
活动形式	项目化学习活动。		
活动目标	尝试用首尾相接的方法测量树干的粗细,并能根据测量的结果进行比较。 尝试在户外探究树的粗细,感受测量的乐趣。		
活动准备	自然测量物若干、记录纸、笔等。		
活动过程	1. 寻找相应的树 教师:之前我们了解到幼儿园里有很多树,现在请你根据我说的树名,赶快找到相应的树,和它抱一抱。 小结:幼儿园有各种不同种类的树,都是我们的好朋友。 2. 讨论 幼儿园那么多树,哪棵树最粗? 哪棵树最细? 3. 提问 测量大树的粗细应该用什么工具呢? 幼儿 A:直接手拉手抱一抱就可以测量啊。 幼儿 B:但是抱一抱是多长呢,还是不准确,要用工具。 教师:那是不是需要收集一些工具呢? 幼儿 D:我们教室有直尺呀。 幼儿 C:可是直尺是直的,大树的树干是圆的,怎么测量呢? 幼儿 E:我觉得可以用丝带绕树干一圈,然后比一比丝带的长短。 幼儿 F:用回形针一个一个串起来可以吗? 幼儿 G:那我觉得麻绳也可以吧,还有没用过的垃圾袋。 4. 根据讨论结果收集测量材料 (1) 丝带、麻绳 (2) 回形针 (3) 直尺 (4) 未使用的垃圾袋 5. 分组测量 幼儿分成五组利用上述材料进行测量,有幼儿对双手环抱测量的方法也很有兴趣,决定也要去试试。测量活动结束后,大家汇总了测量结果。 丝带、麻绳:丝带和麻绳能够围住树干,最后比较丝带和麻绳的长度就可以比粗细,但不能得到准确数字,后续可以用直尺测量丝带和麻绳的长度。 回形针:回形针比较小,在测量香樟树时需要不断串联回形针,增加长度,难以得到准确的测量数据,不适合用来测量。		

续　表

活动过程	直尺：直尺上有明确的数字刻度，但树干是圆的，直尺无法采用首尾相接的方法进行测量。 　　手拉手环抱法：较粗的树干可以由两个人环抱测量，但较细的树干就不能采用这种方法。 　　未使用的垃圾袋：未使用的垃圾袋和丝带及麻绳有异曲同工的作用，但长度无法调节，如果需要测量较粗的树干就需要多个垃圾袋连接起来，没有丝带和麻绳便利。 6. 得出结论 　　丝带和麻绳便于进行树干的测量，且长度可以灵活调节，后续结合直尺测量还能得到更准确的数值。 7. 延伸活动 　　教师：今天我们尝试了各种方法测量树的粗细，但好多小朋友想知道树有多高。请你们想想有什么办法测量树的高度，并把你的办法画下来，看看谁的方法最可行。 　　在自然角中提供尺、吸管、小棒等测量工具，让幼儿用不同测量工具对植物进行测量，巩固首尾相接的测量方法。  幼儿测量大树
活动提示	注意测量时，测量工具要首尾相接。 　　记录测量结果进行分享。
活动反馈	1. 幼儿的发展 　　活动中，幼儿已经具备了一定的合作能力，能相互合作进行测量。幼儿结对自主寻找需要测量的树，对替代的测量工具也能探索运用，了解了不同工具的测量方法。 　　活动后，幼儿们用跨步的方式测量树的影子，用皮尺量高度，用双手环抱目测树的大小。

续　表

活动反馈	2. 教师的感悟 　　因为有多次探索,需要把握各环节的时间。活动中教师要关注幼儿的安全教育,加强对首尾相接测量方法的正确评价。 　　通过散步等方式收集资料,让幼儿进一步感受落叶的美。

活动四：幼儿园外的树

活动时间	2023 年 5 月	活动地点	幼儿园附近

活动形式	亲子活动。

活动目标	了解身边的树,找找幼儿园附近有哪些树。 合作完成前期的问卷调查。

活动准备	前期设计的问卷。

活动过程	1. 常绿树和落叶树调查问卷 　　我们了解了很多树的知识,香樟树一年四季都是绿色的,果树在不同季节会长出香香甜甜的果实,那幼儿园附近还有哪些特别的树呢? 2. 关于幼儿园附近的树,大家讨论的问题汇总 　　问题 1:"娃娃田园"里最大的树是什么? 　　问题 2. 华亭人家有哪些特别的树呢? 　　问题 3:愚农庄园里也有好多树,我想去看看。 　　问题 4:霜竹公路两边的树很美,我们能去看看吗? 　　问题 5:有些树叶很特别,我想去找一找。 3. 讨论分组

问题梳理记录表

问　题	讨论聚焦点	计划分工	实施策略
问题 1:"娃娃田园"里最大的树是什么?	幼儿 A:我看到银杏树最大。	田园活动时进行分组调查。	田园活动时,幼儿带上测量工具对树干进行测量。 　　询问幼儿园里的眼镜叔叔。
问题 2:华亭人家有哪些特别的树呢?	幼儿 A:我在华亭人家见过树叶红红的树,好漂亮。 幼儿 B:我见过湖边倒垂的柳树,好像长长的头发。	幼儿自主选择分组,与爸爸妈妈一起去华亭人家拍摄树的照片。	与家长前往华亭人家参观。 　　幼儿与喜欢的树一起合影。

（续表）

<table>
<tr><td rowspan="4">活动过程</td><td>问　题</td><td>讨论聚焦点</td><td>计划分工</td><td>实施策略</td></tr>
<tr><td>问题3：愚农庄园里也有好多树,我想去看看。</td><td>幼儿A：我上次在愚农庄园见过梨树。

幼儿B：好像有不同品种的梨呢,我和爸爸妈妈去买过,很好吃。

幼儿C：我听爸爸说,这些树在他小时候就有了,现在已经很大了。</td><td>幼儿自主分组,与爸爸妈妈一起了解愚农庄园梨树的品种与年龄。</td><td>幼儿与家长前往愚农庄园参观。

幼儿将愚农庄园中年龄最大的树记录下来,制作立体翻翻书。</td></tr>
<tr><td>问题4：霜竹公路两边的树很美,我们能去看看吗?</td><td>幼儿A：你们知道华亭镇最美公路在哪里吗?我上次和爸爸妈妈经过的时候看到好多大树,非常美。

幼儿B：我妈妈说,那是霜竹公路,秋天落叶的时候更美。</td><td>利用周末与爸爸妈妈一起去记录美景。</td><td>与家长前往霜竹公路参观。

在家长的帮助下记录霜竹公路的美景。</td></tr>
<tr><td>问题5：有些树的树叶很特别,我想去找一找。</td><td>幼儿A：华亭人家的树叶是红色的,那是枫树。

幼儿B：我们小区有像扇子一样的树叶。</td><td>华亭佳苑小区的幼儿自发组成树叶收集小队。其余组探索华亭人家、愚农庄园和霜竹公路的树叶。</td><td>幼儿收集园外特别的树叶。

用收集到的树叶制作树叶贴画。</td></tr>
</table>

4. 我的发现

"娃娃田园"最大的树是银杏树,每年秋天,银杏叶就会由绿变黄从树上掉落下来,因此银杏树属于落叶树。

通过简单讨论,幼儿自主分组,与家长一同前往华亭的各个景点进行新一轮的大树探秘,一起拍摄枫树、柳树;愚农庄园里有一大片的梨树园,树龄最大的砀山梨龄有一百多年,最年轻的翠冠梨树龄也有十多年了,幼儿参观后完成了立体翻翻书的制作;家长拍摄了与幼儿一起骑行霜竹公路的美景;幼儿将收集的树叶带到幼儿园与朋友们一起制作树叶贴画。

活动提示	外出进行亲子活动时注意安全。 在探索过程中进行适当记录,收集树叶。
活动反馈	1. 幼儿的发展 　户外亲子活动增进了亲子感情,增强了幼儿的探索兴趣。 　亲子探秘活动让幼儿不仅看到了郁郁葱葱的树,也感受到了家乡日新月异的变化,激发了幼儿爱家乡的情感。 2. 教师的感悟 　本次亲子活动让家长也融入幼儿园的项目活动中,陪伴幼儿共同探索大自然,充分了解我园课程理念下的家园协同育人方式,真正实现我园"亲自然、爱生活、乐探究、善表现"的幼儿培养目标。

活动五:树叶展览馆

活动时间	2023 年 5 月	活动地点	班级
活动形式	项目化学习活动。		
活动目标	区分落叶树和常绿树的特征。 收集树叶进行创意拼贴。		
活动准备	短视频、图画书、调查表、抹布、树叶标本、双面胶、铅画纸等。		
活动过程	1. 问卷调查 　根据前期的探索,幼儿发现了不同形状和颜色的树叶,有的树叶一年四季都是绿色,有的树叶却会在秋天变色、凋零。为了探求真相,大家开展了常绿树与落叶树的问卷调查。 亲子调查问卷		

活动过程	通过看看摸摸，知道叶子较厚、颜色较深、表面有光泽的一般是常绿树，反之就是落叶树。 2. 布置树叶展览馆 　　幼儿带来了好多种类的树叶，结合前期积累的资料，比如立体翻翻书、各类调查表等，布置"树叶展览馆"，让更多的人了解树的知识。 　　● 利用收集来的树叶制作贴画并展览。  幼儿树叶贴画作品 　　● 将树叶归类有创意地摆放在材料架上进行展览。 　　● 在教室里利用废旧材料和手工纸等制作一棵大树，将收集来的树叶粘贴在大树上进行展览。 　　● 将制作的各种调查问卷、翻翻书集结成册进行展览。 　　● 设计空白展板，让参观树叶展览馆的幼儿继续收集相关问题，为后续活动提供灵感。 　　● 将收集到的比较特别的树叶制成树叶书签和标本。标本可进行展览，书签则投放在图书角使用。
活动提示	制作树叶标本的时候，树叶表面应清理干净并弄平整，等树叶干燥后再进行标本制作。 　　树叶粘贴时可以适当进行剪贴。
活动反馈	1. 幼儿的发展 　　感受到了落叶树和常绿树的区别，能用剪刀在树叶上剪出想要的形状，同时具有一定的审美能力。

活动反馈	幼儿将前期的问卷、翻翻书等进行制作整理,发展了前书写能力以及材料整理能力。 　　幼儿的作品一直能够进行展览,不仅增强了幼儿的自信心,也启发了幼儿更多的创作灵感。 2. 教师的感悟 　　结合丰富的园外资源不仅让幼儿能够准确区分常绿树与落叶树,积累关于树的知识经验,还给了幼儿更多畅想与创作的机会。

活动六：大树有几岁

活动时间	2023 年 6 月	活动地点	幼儿家中、教室
活动形式	项目化学习活动。		
活动目标	了解树龄和年轮的关系。 感受我们的生活离不开树,乐意和树木做朋友。		
活动准备	经验准备:观察过树木的横截面。 物质准备:有年轮的树桩图片,故事课件。		
活动过程	1. 说说我们身边的树 　　教师:我们身边有各种各样的树,你都见过哪些树? 它长得什么样? 树木给我们带来了哪些好处? 　　小结:我们的周围有许多不同的树,我们的生活离不开树。树能让我们乘凉,能美化环境,还能制作很多生活必需品…… 　　教师:树是我们的好朋友,我们要怎样爱护它? 　　小结:我们要保护身边的树,和树做好朋友。 2. 讨论树的年龄 (1) 引导幼儿观察树桩,自由讨论 　　导入:今天有一个大树桩遇到了麻烦,请你看看,能不能帮它解决? (2) 观看课件,欣赏故事,边听边讨论 　　教师:你知道自己几岁吗? 　　提问:你们都知道自己的年龄,可是大树桩不清楚,怎样才能知道它的年龄? 　　看故事,了解年轮的秘密。 　　小结:大树的年龄就是它一圈一圈的年轮,它每长一岁,树桩上的圈圈就会多一圈,有几个圈就表示它几岁了。 　　出示年轮,让幼儿观察,总结年轮为什么有宽有窄。 　　出示偏心年轮让幼儿观察。		

续　表

活动过程	3. 游戏：和大树桩做朋友 　　自己找到的大树桩,数数它有几岁了。 　　找找大树桩的好朋友,看看它们合起来是几岁 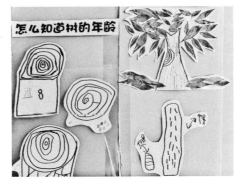 **幼儿的表征记录**
活动提示	提醒幼儿仔细观察年轮的不同。 帮助幼儿理解年轮的宽窄与气候有关。
活动反馈	1. 幼儿的发展 　　通过活动,幼儿知道了年轮的圈数就是大树的年龄,对年轮间出现的宽窄及疤痕现象也有了新的认识。 　　个别化活动时,有幼儿提出了自己的疑问：要想知道树的年龄就要砍下树吗? 还有其他办法吗? 之后,幼儿在项目探究中发现了新的方法,可以采用观察树枝的分叉数量来估算大树的年龄。为了让更多的人保护大树,大家还产生了制作海报的想法。 2. 教师的感悟 　　活动中幼儿喜欢提问,乐意用自己的方式解决问题。教师要鼓励幼儿、支持幼儿,让幼儿勇于尝试。

活动七：爱树海报展

活动时间	2023 年 6 月	活动地点	幼儿家中、教室
活动形式	项目化学习活动。		
活动目标	初步了解海报的用途,学习用多种方法制作海报。 通过海报展示活动,进一步激发幼儿爱护树木的情感。		
活动准备	经验准备：有海报制作经验,初步了解海报制作的内容。 物质准备：画纸等多种材料。		

活动过程	导入：大树在我们的生活中有什么用呢？ 幼儿 A：大树能做很多东西呢，我们家的桌子就是大树做的。 幼儿 B：我知道，柜子也是树做的。 幼儿 C：我们画画的纸也是大树做的。 幼儿 D：大树在生活中的应用这么广泛，我们应该保护大树，有什么保护树的方法吗？ 1. 爱树好方法 　　亲子互动，用自己的方式记录爱护树木的好方法。 　　多形式展示幼儿收集的资料。（如图片、翻翻书、照片、视频等） 　　小结：树是我们人类的好朋友，所以我们要让更多的人保护好身边的树朋友。 2. 海报怎么做 （1）亲子参观海报展 （2）亲子收集海报资料 （3）交流自己的发现 　　小结：海报上一般有图片和文字，突出爱树主题，编排、说明、装饰有序且合理。 （4）制作爱树海报 　　选择材料。 　　构思画面与主题。 　　用多种方式表现海报的内容，主题突出。 3. 我心仪的"爱树海报" 　　作品展示，幼儿给自己喜欢的海报投票。 　　讨论：海报一般贴在哪里？ 　　小结：海报一般会张贴在人流量大的地方，方便让更多的人看到，起到宣传的作用。 4. 延伸活动：海报展览 　　将设计的海报进行校园展示。
活动提示	制作前，家长带孩子实地参观，并讨论关于海报制作的想法。 制作时主题突出，把自己的想法和创意表现出来。
活动反馈	幼儿在制作海报的过程中了解了海报的表现形式，能将前期活动经验迁移到海报制作中，简单的文字说明和排版使海报更具有宣传性和美感。 　　通过展览作品，使更多的人树立了保护树木的意识，为自己制作的海报感到自豪。

六、项目发布

随着一张张海报制作的完成,"拜访大树"的项目活动也到了收尾阶段,我们通过微信推送了整个项目活动的探究过程和收获,让更多人了解大树的作用,提高保护树木、爱护大自然的意识。

(一)项目活动呈现幼儿跨学科领域的学习

"拜访大树"是跨学科领域学习的一系列活动,比如:幼儿完成了简单的亲子调查问卷和记录,创作了树叶贴画作品及爱树海报展览和立体翻翻书,还进行了大树的测量活动……这些以幼儿为中心的活动,不仅提高了幼儿对本次活动的兴趣度,还让幼儿采用多种方式进行学习,积累了学习经验,培养了自信心和独立思考的能力。

(二)项目活动促进幼儿多元能力的提升

"拜访大树"的活动发展了幼儿的多元能力,比如学习海报的制作方式,采用多种方式测量树的高度和粗细,以及活动过程中的合作与协商等。

(三)项目活动支持家园协同共育

在"拜访大树"的项目活动中,家长的支持与配合非常重要,不仅能提高幼儿探究学习的可能性,更是通过亲子调查、亲子共同参与扩展了幼儿学习的广度与深度,使幼儿的学习向纵深发展。

七、项目评价

(一)项目成员自评

幼儿A:我家种下的小树现在长得很高,我现在对树越来越了解了。

幼儿B:我发现我制作的树叶贴画有点不平整,我的好朋友告诉我要先把树叶放在书里压平再进行贴画。

幼儿C:我在测量的时候遇到了困难,树太粗了,于是我们小组的成员一起合作完成了测量,我们小组是最棒的。

幼儿D:我爸爸知道很多植物的秘密,在他的帮助下我也能告诉我的朋友们很多树的知识。

幼儿E:我想要去画更多的树,然后做一本树的写生书。

幼儿F:我们还可以把我们画的保护树木海报贴在幼儿园的公告栏里,让更多人知道要保护树木。

（二）同伴互评

幼儿 A：我觉得幼儿 D 的知识很丰富，每次都能告诉我们很多我们不知道的秘密。

幼儿 B：我觉得幼儿 F 画的海报特别好看，内容很丰富。

幼儿 C：我觉得幼儿 B 也不错啊，她做了很多树叶贴画，还装饰了教室呢。

幼儿 D：幼儿 C 的小组都非常团结，他们在测量树的时候互相帮忙，连最粗的那棵树都测量成功了，我觉得他们真厉害。

（三）教师评价

学习品质的发展：幼儿对树的探究兴趣浓厚，有自主查找资料的意愿，并且观察细致。

艺术能力的发展：喜欢用树叶制作创意美术作品，将自己了解的内容画在翻翻书里，初次尝试写生并制作海报等。

社会性发展：在项目活动中有小组成员间的合作交流，遇到困难时也能及时求助教师或家长的帮助，乐意与他人交流自己的探究过程和结果。

动手能力的发展：能用数字、图画、图表或其他符号记录探究过程和结果。

项目活动有别于主题活动，是幼儿在教师的支持、帮助和引导下，围绕某个值得学习的主题进行深入研究的活动。教师应该成为幼儿项目活动的支持者、指导者，甚至是玩伴。教师应保持必要的沉默，倾听幼儿的声音，观察幼儿的行为，思考和判断幼儿的需要和能力水平，给幼儿提供材料上的支持和帮助，通过建议、提问的方式推进项目活动进程。

（四）家长评价

"拜访大树"项目活动，让幼儿一直沉浸在探索树活动的乐趣中，家长对此表示非常有触动，与幼儿共同探索不仅增进了亲子情感，也让幼儿懂得了爱护大自然的重要性。

（武纫秋）

后　记

　　随着教育改革的不断深入,转变幼儿的学习方式,提升幼儿的学习品质已成为学前教育工作者不断研究并为之努力的目标。《田园趣事——幼儿田园项目活动的探索与实践》是我园全体师生以"幼儿发展优先"为理念,以课题为引领,深入开展五年实践与研究的成果结晶。通过探索与实践,我们看到了教师在教育观念、教学方式上的转变,看到了幼儿在活动中的主动学习及多元能力的发展。

　　在此,我们感谢上海市嘉定区教育局、嘉定区教育学院对本书出版的关心与支持,感谢上海市特级校长、特级教师周剑全程悉心的指导。

　　坐标美丽乡村,我们同样感谢上海市嘉定区华亭镇政府及相关社区的大力支持,是美丽乡村丰富的自然资源给了我们创新教育实践的动力。

　　更要感谢所有参与实践与研究的伙伴们的辛勤付出,我深深地感动于每一位项目成员的钻研与创新精神,也为我们整个团队在实践探索中取得的丰硕成果感到自豪。

　　《田园趣事——幼儿田园项目活动的探索与实践》已成书,但限于我们的研究水平有限,书中难免有粗疏之处,敬请各位读者予以批评指正。

徐　琴

2024 年 4 月

图书在版编目（CIP）数据

田园趣事：幼儿田园项目活动的探索与实践 / 徐琴
主编. —上海：上海教育出版社，2024.12.
— ISBN 978-7-5720-3289-9

Ⅰ. G612

中国国家版本馆CIP数据核字第2025PU4860号

责任编辑　钱　吉
封面设计　施雅文

TIANYUAN QUSHI: YOUER TIANYUAN XIANGMU HUODONG DE TANSUO YU SHIJIAN

田园趣事：幼儿田园项目活动的探索与实践

徐　琴　主编

出版发行	上海教育出版社有限公司
官　　网	www.seph.com.cn
地　　址	上海市闵行区号景路159弄C座
邮　　编	201101
印　　刷	上海龙腾印务有限公司
开　　本	700×1000　1/16　印张 18.25　插页 1
字　　数	302 千字
版　　次	2025年2月第1版
印　　次	2025年2月第1次印刷
书　　号	ISBN 978-7-5720-3289-9/G·2928
定　　价	96.00 元

如发现质量问题，读者可向本社调换　电话：021-64373213